제2판

SERVICE
INDUSTRY EVALUATION

서비스산업평가 실무론

서비스평가사(미스테리 쇼퍼) 자격증 시험문제 수록

김진수 저

(주)백산출판사

머리말

다양한 서비스를 기본으로 하는 서비스산업에서 성공의 열쇠에는 여러 가지가 있을 수 있지만, 그중에서도 절대 무시할 수 없는 것이 서비스이다.

따라서 평가되는 서비스산업도 다양하다. 기본적으로 음식점 · 카페 등과 같은 외식산업 분야와 쇼핑센터, 호텔, 병원, 백화점, 리조트, 안경점 · 마사지숍 · 편의점 등과 같은 프랜차이즈 산업, 공공기관 서비스, 전화 콜센터 등의 온라인 쇼핑몰도 언택트 시대를 맞이하여 평가 대상이 되고 있다.

서비스라고 하면 다양한 부문을 평가할 수 있다. 입구 외관이나 주차장 등의 하드웨어 서비스와 신속한 서비스 및 마케팅 기법 등의 소프트웨어 서비스, 친절한 마음가짐과 밝은 미소 및 인사말과 같은 휴먼웨어 서비스는 기본적으로 필수적인 서비스평가 부문이라고 할 수 있다.

성공한 사람들에게서는 서비스에 대한 열정을 볼 수 있다. 열정이 있는 사람과 열정이 없는 사람의 차이는 엄청나다. 성공이란 열정 있는 사람들이 그려놓은 삶 속에 그려진 가장 멋진 그림 중 하나이다. 서비스에 대한 열정이 있는 사람들은 세상을 바라보는 눈과 행동하는 모습이 다르다. 언제나 최선을 다하고 모든 일에 열심이다.

분명한 목적을 가지고 도전하여 성공을 만들어야 한다.

살아 있는 것은 모두 움직인다. 서비스는 살아서 움직이는 것이다. 우리 주변에서 항상 우리와 함께하고 있다. 생동하는 서비스에 대한 열정을 흔들어 깨워 행동하게 만들어야 한다. "나는 프로다!"고 외치며 열정을 쏟아야 한다. 우리는 할 수 있다. 우리에게 있는 열정을 다 쏟아낸다면 아무런 두려움 없이 성공을 만들어낼 수 있다.

능력이 없다고 생각하지 마라. 우리 안에는 무한한 잠재력이 있다.

환경이나 조건이나 여건을 탓하지 말고 자신의 삶은 자신의 열정으로 새롭게 만들어야 한다. 과거를 다 던져버리고 오늘 지금 이 순간부터 진정한 프로 서비스맨이 되어야 한다.

본 교재를 통하여 서비스에 대한 실무를 몸에 익혀 진정한 프로 서비스맨이 되기를 바란다. 우리의 삶은 우리의 꿈과 비전을 펼쳐 나가는 무대이다.

희망과 소망을 가지고 열심히 노력하는 사람에게는 반드시 성공이라는 축복이 주어질 것이라 믿는다. 서비스는 모든 사람을 행복하게 만드는 놀라운 기술이다. 행복 만드는 기술을 이용하여 성공의 길에 들어서기 바란다.

본 교재가 그러한 행복 만드는 기술을 여러분에게 알려줄 것이라 믿는다.

변화에 대비하지 않으면 영원한 성공은 없다.

차례

1부 • 재미있는 서비스 이야기

CHAPTER 01 서비스의 기본 이야기

CHAPTER 02 프로페셔널 서비스맨 이야기

CHAPTER 03 호감을 갖게 하는 첫인상 이야기

차례

CHAPTER 04 서비스 심리학 이야기

CHAPTER 05 진정성 있는 인사의 매력

CHAPTER 06 깨진 유리창의 법칙

차례

CHAPTER 07 기본적인 비즈니스 매너와 에티켓

CHAPTER 08 고객접점(MOT)의 법칙

CHAPTER 09 전화 커뮤니케이션 이야기

차례

차례

2부 • 미스테리 쇼퍼의 이해

CHAPTER 11 서비스평가사의 이해

CHAPTER 12 미스테리 쇼핑의 사례와 전망

CHAPTER 13 서비스 모니터링 & 고객만족도 조사의 이해

차례

1부

재미있는 서비스 이야기

CHAPTER

01 서비스의 기본 이야기

학습목표

1. 서비스와 고객에 대한 정확한 정의를 이해할 수 있다.
2. 서비스맨으로서 필요한 서비스에 대한 개념을 정립할 수 있다.
3. 서비스맨으로서 갖추어야 하는 서비스 마인드의 필수항목을 알 수 있다.

1 서비스란 무엇인가?

서비스가 무엇인가? 하는 질문은 강의 첫 시간에 던져보는 단골 질문이다. 다양한 답변들이 나오고 그중 대부분이 맞는 답변이다. 물론 우리나라에서만 통용되는 서비스의 독특한 의미를 요구하면서 던지는 질문이라 쉽게 맞추지는 못하기도 한다. 변화의 속도가 빨라지는 가운데 사람들이 미래를 준비하려 하는 것은 매우 바람직하다고 본다. 이러한 변화의 바람에 맞추어볼 때, 서비스를 하나의 의미로 정확하게 이야기하기는 쉽지 않다. 고객의 입장에서 보면 서비스란 무형적이어서 눈에 보이지 않고, 만질 수도, 잴 수도 없다. 특히, 우리나라에서만 사용되는 서비스는 공짜, 덤, 리필 등 돈 없이 그냥 주는 것이라는 개념이 더 컸던 게 사실이다. 그리고 서비스는 이성적이기보다는 감성적이다. 즉, 서비스를 하나의 표준화된 단어로 이야기할 수 없다는 것이다.

서비스에 대한 모든 정의는 서비스를 제공받는 고객에게 달려 있다. 즉, 서비스를 제공하는 서비스맨의 입장에서 보면 서운할 수도 있지만 고객의 주관적인 평가를 받을 수밖에 없다는 것이다.

고객이 평가할 수 있는 서비스는 크게 인적 서비스와 물적 서비스로 나눌 수 있다.

인적서비스는 고객을 응대하는 종사원의 자세, 마인드, 태도 등을 말하고, 물적 서비스란 눈에 보이는 일련의 가격, 양, 시간 등으로 구성되어 있다. 대부분의 기업들은 서비스 정책에 있어서 서비스 개선을 위하여 물적인 면을 강조하고, 투자하고 있다.

최근 서비스가 강요되다 보니 여기에 대한 부작용도 만만치 않게 나오고 있다. 내 마음은 불편한데 서비스를 회사로부터 강요받다 보니 '감정노동'이라는 이야기도 생기게 되었다. 감정노동으로 힘들어 하는 서비스 직원을 보면 의외로 직장에서 아주 친절하다고 이야기하고 평가받는 직원들이 더욱 힘들어 하는 경우를 보게 된다.

또한, 형식적인 인사나 서비스를 제공하다 보니 형식적인 서비스 행위만 하는 직원들도 꽤 되는 듯하다. 그런데 인사하는 사람의 마음속에 고객을 배려하는 마음이 담겨 있지 않다면 그건 서비스받는 고객의 입장에서도 썩 유쾌하지는 않을 것이다.

따라서 고객을 응대하는 서비스맨으로서 가장 기본적이면서도 중요한 것은 바로 '고객'을 귀하게 생각하는 마음가짐에서 시작해야 한다는 것이다. 마음가짐이 갖추어졌다면, 그 다음에는 어떤 것부터 집중적으로 서비스해야 할 것인가를 진단하고, 필요한 것들을 갖추어야 할 것이다.

2 서비스맨으로서 갖추어야 할 기본적인 역할

1) 고객과 특별한 관계를 형성해야 한다

서비스맨은 짧은 시간을, 때로는 아주 많은 시간을 갖고 고객이 원하는 서비스를 제공해야 하며, 그 태도와 행동 여하에 따라 고객의 만족도가 결정된다. 고객이 느끼는 서비스의 만족도가 서비스맨에게 달려 있다고 해도 과언이 아니다.

특히, 서비스 형성에 있어서 일선 접점 직원과 고객 사이에는 심리적으로 밀착관계에 있다. 따라서 서비스를 제공받는 수많은 고객들은 서비스맨의 의지나 마음에 관여하지 않고 고객이 생각하는 것과 차이를 느끼게 되는데, 가급적이면 이 차이를 줄이기 위하여 고객과의 강력한 유대관계로 좁혀 나가는 것이 좋다.

2) 고객에게 편익을 제공한다

고객 편익은 고객들이 제품이나 서비스를 구입해서 얻고자 하는 궁극적인 것이다. 마케팅 믹스에서 제품은 기업 관점에서 본 것이고, 이를 고객 관점에서 보면 편익이 된다. 예를 들어, 화장품을 사는 사람은 아름다움을 제공받게 되는 것이고, 대형 TV를 사는 사람들은 영화관에서 느끼는 즐거움을 사는 것이다. 따라서 기업은 단순히 화장품, TV 같은 제품을 팔기보다는 아름다움, 즐거움, 신뢰 같은 편익을 고객에게 제공해야 한다.

즉, 앞서가는 서비스맨은 고객에게 상품이 아닌 편익 서비스를 팔아야 하는 것이다. 평범한 서비스나 상품만이 전달되는 서비스는 더 이상 고객의 발을 붙들지 못하기 때문이다. 만일 내가 고객이라면 무엇을, 어떻게 원할 것인지를 생각해 보고, 그 다음에 고객 서비스를 제공하는 것을 잊지 말아야 한다.

3) 서비스의 주체가 되어야 한다

인적 서비스는 서비스맨의 언행, 인사, 응답, 미소, 신속성 등을 나타내고, 물적 서비스는 상품, 근무규정이나 방법, 제공되는 음식, 정보, 기술 등 눈에 보이는 일련의 가격, 양, 질, 시간 등으로 구성되어 있다.

기업들은 서비스 정책에 있어서 근무규정이나 방법, 정해진 규칙 등을 중요시하는 경향이었지만, 최근에는 서비스맨의 마인드, 태도 등 인적 서비스의 중요성을 강조하는 경향을 보인다.

많은 기업들의 고객 의견서나 칭찬 레터 등을 보면 불만과 칭찬의 대부분이 서비스맨의 인적 서비스와 관련되어 있음을 알 수 있다. 고객들은 불만을 표현하기 위해 물적 서비스의 결점을 찾게 되지만, 대체로 인적 서비스가 충분히 좋다면 고객들은 불평하지 않는 경우가 많다. 즉, 진정한 서비스는 인적 서비스가 제 가치를 발휘할 때 그 진가가 나타나는 것이다.

서비스 기업에서 인용되는 말이 있다. “서비스 조직에서는 직접 고객을 접대하고 있지 않더라도 어떤 누군가에게 서비스를 제공하고 있다”는 것이다. 접점 직원과 이들을 뒤에서 지원하는 직원 모두 서비스 조직의 성공에 결정적으로 중요하다. 서비스 기업의 지원부서 뿐만 아니라, 직원은 물론이거니와 고객은 물론이고 현장에 있는 다른 고객까지도 서비스의 제공 활동에 참여하고 있다고 볼 수 있게 된다.

3 서비스맨의 의미

서비스맨을 다음의 3가지 의미로 설명할 수 있다.

1) 서비스맨은 바로 서비스 그 자체이다

서비스 제공에 있어 접점 종사원이 곧 서비스 자체가 될 수 있다.

고객과의 접점 직원이 단독으로 전체 서비스를 제공하므로 서비스 제공자인 서비스맨이 바로 상품이 된다. 그러므로 서비스를 향상시키기 위해 서비스맨에게 투자하는 것은 기업으로서는 당연한 것이다.

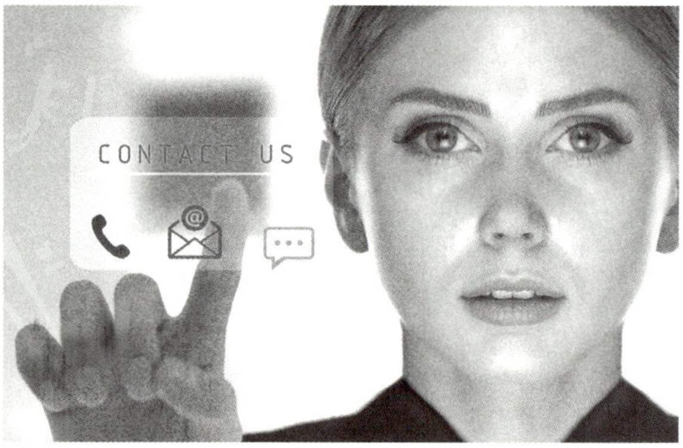

제품을 만드는 것은 기업이지만 그 제품을 사는 것은 고객이다. 고객은 제품 구매 시 본인과 주변 사람들에게 자신들이 구매하였을 당시 사용했던 경험, 기업과 제품의 이미지 등을 고려하여 제품을 결정하게 된다.

서비스맨이 업무 중에 만나는 모든 사람들은 회사의 고객이거나 고객에게 영향을 미치는 사람들이다. 따라서 서비스맨 한 사람 한 사람의 언어, 행동, 예의범절은 향후 고객이 제품을 구매할 때 회사의 총체적 이미지가 되어 중요한 결정요인으로 반영된다.

2) 고객의 눈에는 서비스맨이 서비스 기업 그 자체로 보인다

많은 서비스맨이 중요하게 생각하지 못하는 것 중 하나는 고객을 대할 때 회사의 대표 역할을 하지 못하고 자신과 회사를 분리하는 경우가 많다는 것이다.

특히, 회사의 규정상 "해드리지 못한다"라고 하는 경우가 많은데, 이것은 고객에게는 변명으로밖에 들리지 않는다. 무엇인가 잘못되었다면 자신의 행동이나 말에 책임을 지고 즉각 문제를 해결하는 것이 바람직하다.

"제 실수로 불편하게 해드려 죄송합니다"라고 이야기하면 고객에게 편의를 제공할 수 있는 방향으로 관심을 보여주며 응대하는 것이 된다. 대부분의 고객들은 회사 내부 시스템이나 과정에는 관심이 없다. 그저 자신의 요구가 충족되길 바랄 뿐이다.

3) 서비스맨은 마케터의 의미이기도 하다

서비스맨은 그 조직을 대표하고 고객의 만족에 직접적으로 영향을 미칠 수 있기 때문에 본인은 모르지만 스스로가 마케터의 역할을 수행하고 있음을 명심해야 한다. 서비스맨은 걸어다니는 광고이며, 또 어떤 직원은 직접 판매를 하기도 한다.

가장 대표적인 예로는 텔레마케터를 들 수 있는데, 고객 서비스 요원들이 컴퓨터와 전화를 통해 고객의 구매를 촉진시키고 서비스 마케팅과 판매활동을 지원한다.

고객은 회사 입장에서 볼 때 오랜 세월을 통해 이익을 내는 가장 중요한 요인이 된다. 그리고 서비스 제공자로서 서비스맨은 직접 고객을 대하기 때문에 회사의 결정적인 성공에 영향을 미치는 중요한 집단의 구성원이라고 할 수 있다.

우리 주변에는 직원들의 헌신적인 친절 서비스 덕분에 어려운 상황에서 회생한 사례가 많다. 친절 하나로 매출의 상승은 물론 전 종사원의 자부심까지 높이고 있다.

최근 한 기업의 광고를 보면 '아름다운 기업'이라는 문구를 사용하고 있다. 여러분은 그 광고를 보면 어떤 생각이 드는가?

그 기업을 경험해 보거나 그 기업에서 제공하는 서비스를 제공받은 경험이 없음에도 불구하고, 그 기업에서 일하는 직원들은 아름다울 것이라는 생각이 들 수도 있을 것이다.

아름다운 기업은 내가 만들 수 있고, 내가 곧 아름다운 기업이 될 수 있을 것이다.

사 례 **신라호텔**

호텔신라의 인력관리에 있어서는 전문인력의 양성 못지않게 중요한 것이 최고를 지향한다는 기업문화이다. 호텔신라의 구성원들은 '우리는 최고의 서비스를 제공한다.'라는 최고의 정신을 삼성정신이라고 얘기하며 삼성그룹의 기업문화가 호텔신라의 성공에도 직접적인 영향을 주었다고 서슴없이 지적한다.

최고의 서비스를 제공할 수 있는 전문인력의 확보, 그러한 전문인력이 최고의 서비스를 제공하게끔 하는 최고지향의 강한 기업문화가 호텔신라의 특출한 인력관리의 두 축이라 할 수 있다.

구성원 한 명 한 명이 호텔신라이고 기념문화라고 할 수 있다.

사 례 **스칸디나비아 항공**

1982년 9월 20일 아침.

그날은 스웨덴 사회민주당이 6년 만에 재집권한 다음날이었다.

코펜하겐행 비행기에서 안내방송을 위해 마이크를 잡은 기장의 첫 멘트.

'안녕하십니까? 동무들!'

순간 기내는 '까르르' 소리 내어 웃는 승객들의 웃음소리로 가득했고 덕분에 기분 좋은 이륙과 함께 비행이 시작된다.

항공사 안내방송 규정에 사회민주당이 집권하면 이렇게 안내방송을 하라는 것은 없다. 매일 똑같은 형식적인 원고를 읽는 틀에 박힌 안내방송 대신 그날, 그날의 기내 컨디션에 맞는 대화체로 방송하라는 책임과 재량권을 부여받았으므로 기장의 위트 있는 정치풍자 멘트가 가능했다는 것이다. 승객들이 사회민주당만 생각하면 피식 웃으며 떠올릴 진실의 순간, 즉 스칸디나비아 항공사만의 고객 MOT를 만들어낼 수 있었던 것이다.

적자기업의 취임사장들이 취하는 비용 삭감 정책을 펴기보다는 5천만 달러라는 거액을 고객서비스 개선에 투자한 결과 코펜하겐의 교통거점 정비, 정시출발 운동, 전 사원의 고객 서비스 훈련, 마티니에 올리브를 추가하는 기내서비스의 부활 등은 취임 첫해 목표수익의 3배 초과달성과 함께 83년 에어 트랜스포트 월드지 선정 '올해의 최우수 항공사'를 수상하는 영애를 갖게 되었다.

얀 칼슨은 확신을 가지고 있다. 고객들에게 스칸디나비아 항공사에 대해 물어봤을 때 항공기 보유 수나 정비시설, 영업 업무시스템에 대한 대답 대신 항공사 직원들이 고객 자신들에게 어떻게 잘 대해 주었는가에 대해 이야기할 것이라고…

직원 한 명의 응대가 항공사를 대표한다는 것을 알고 있었기 때문이다.

4 고객만족서비스 법칙

1) 제1법칙 : Before & After 서비스

고객의 기대보다 한 발 더 나아가 고객만족을 이루기 위한 서비스 제1법칙으로 사전사후 서비스를 권하고 싶다. 즉, 서비스는 고객을 만나기 전부터 이미 서비스가 시작되어야 한다는 의미이다. 물론 서비스는 고객과 헤어진 후에도 계속되어야 한다. 여기에는 서비스의 깊이에 대해 생각해 보아야 한다. 즉, 고객에게는 두 가지 욕구가 존재하는데, 하나는 실제적 욕구이고, 다른 하나는 심리적 욕구라고 할 수 있다.

사 례 | (주)놀부

(주)놀부의 창업자 오진권 회장은 After 서비스보다 Before 서비스가 더욱 중요하다고 강조하고 있다. 애프터 서비스는 당연한 것이고 누구나 할 수 있지만 고객의 욕구를 미리 파악하고 준비하여 서비스해 준다면 고객은 더욱 감동을 받을 것이다. 이것이 Before 서비스의 강점이라는 것이다.

고객에게 만족서비스를 제공하기 위해서는 고객의 보이는 욕구뿐만 아니라 보이지 않는 욕구까지 포괄해야 한다. 여기에 고객이 미처 느끼지 못하는 잠재적 욕구까지 알아봐 준다면 더더욱 금상첨화일 것이다.

| 서비스의 확장된 패러다임 |

➜ 제1법칙 : Before & After 서비스
- 고객을 만나기 전부터 준비할 것
- 고객의 보이지 않는 마음까지 읽을 것
- 현재의 고객뿐 아니라 미래의 잠재고객에게도 최선을 다할 것

2) 제2법칙 : 고객의 감성을 자극하라

고객감동을 주기 위한 제2법칙으로 고객의 감성을 자극하는 서비스를 제공할 것을 권한다. 미국의 미래학자 존 나이스비트는 21세기는 3F의 시대라고 이야기하고 있다. 3F란 Female, Fantasy, Feeling을 이야기하는 것으로, 21세기는 바야흐로 여성, 상상, 감성을 자극하지 않으면 안 되는 시대라고 강조하고 있다.

그렇다면 감성은 무엇을 의미하는 것일까?

➜ 감성의 정의

이성과 대립되는 말로 대상으로부터 감각되고 지적되어 표상을 형성하게 되는 인간의 감각적인 능력

고객의 감성을 자극하기 위한 요소에는 다음의 세 가지가 있다.

고객과 분위기〈Pacing〉를 맞추어주어야 한다.

고객을 대면하였을 때 여러 가지를 만족시켜 주어야 하는데, 고객의 감성을 자극하기 위해서는 BMW(Body, Mood, Word)를 맞추어주는 것이 좋다.

- Body : 자세, 복장, 몸놀림, 손놀림
- Mood : 분위기, 어조

- Word : 대화의 내용

> ➜ 제2법칙 : 고객의 감성을 자극하라
> - 고객을 머리로 이해하지 말고, 가슴으로 이해할 것
> - 고객의 BMW를 맞추어줄 것

3) 제3법칙 : 서비스의 기준은 고객이 정하도록 한다

우리가 고객에게 만족한 서비스를 제공하는 데 큰 걸림돌이 되는 것 중 하나가 바로 서비스의 기준을 우리가 정한다는 데 있다.

최근에는 서비스에 대한 생각도 기준도 많이 변화되는 것을 느낀다. 불과 몇 년 전만 하더라도 '고객'이라는 단어가 어색했었는데, 지금은 어느 곳을 가든 고객이라는 단어가 어색하게 느껴지지 않는다.

감동적인 서비스에는 특별한 대우를 받는 듯한 느낌이 꼭 들어가야 한다. 오직 한 사람을 위한 서비스라는 느낌이 들도록 해야 한다.

미국의 굿맨(J.A. Goodman) 박사는 고객만족경영이란 '고객의 기대와 요구에 부응하여 그 결과로서 상품과 서비스의 재구입이 이루어지고 그 기업에 대한 고객의 신뢰감이 연속되는 상태'라고 정의했다. 그만큼 고객의 만족을 높이고 이익을 창출할 수 있는 중요한 과제는 고객의 기대를 충분히 이해하고 그 이상의 서비스를 제공하는 것이다.

그러나 여기서 우리가 유념해야 하는 것도 있다. 그것은 바로 고객의 기대는 정체되어 있지 않고 끊임없이 진화하며 계속 높아진다는 것이다.

고객만족의 개념에서 보면, 기업은 고객의 불편함이 무엇인지, 그리고 어떤 것을 요구하는지를 정확하게 알아야 개선할 수 있으며, 그 결과 고객의 사랑도 받을 수 있다. 고객이 느끼는 실제 만족도는 고객이 가진 기대보다 높아야 한다. 즉, 기업의 이익을 생각하기 전에 고객의 요구를 넘어서는 상품과 서비스를 제공하여 고객을 만족시키려는 경영 차원의 노력이 필요하다고 본다. 기업의 최종 상품이야말로 고객인 것이다.

여기서 우리가 간과해서는 안 될 중요한 것이 있다. 그건 바로 고객의 기대에서 한 발 더 나아가는 서비스를 한 번 하고 마는 것이 아니라, 지속적으로 개발하여야 한다는 것이다. 서비스는 지속적으로 발전되어야 할 수밖에 없다. 그 이유는 바로 인간의 기본적인 욕구이기도 하다.

인간은 내가 경험했던 것에서 거꾸로 가는 것보다는 자꾸만 새롭고 더 나은 환경을 접하고자 하는 욕구가 있다고 한다. 그래서 맨 처음에는 "와!" 했던 것도 그 다음에는 "아직도야?" 혹은 "다른 곳은 다 하는데 왜 여기는 하지 않지?"라고 자꾸 비교하는 심리가 발생되기 때문이다.

이렇게 고객의 기대는 끊임없이 발전하고 있기 때문에, 우리의 서비스도 여기에서 머무르지 말고, 지속적인 발전과 성장이 있어야 할 것이다. 이런 끊임없는 고객에 대한 관심이 고객입장에서 특별한 대우를 받는 오직 본인 한 사람을 위한 서비스라는 느낌이 들도록 해야 한다.

➜ 제3법칙 : 서비스의 기준은 고객이 정한다.

- 고객은 누구나 스스로 특별하다고 느낀다.
- 서비스의 기준을 본인이 정하지 말아야 한다.
- 좋은 서비스와 나쁜 서비스의 기준은 고객이 정한다.

5 서비스맨이 만드는 사회

많은 사람들이 일상생활에서 고객의 입장이 되어 수많은 서비스맨들을 접하며 살아가게 된다. 여러분이 고객의 입장이 되어 서비스맨을 만나보자. 그리고 고객들과 보다 좋은 인간관계를 만들기 위해 노력하는 서비스맨들의 모습을 살펴보자. 그들은 지금 아름다운 사회를 만들어 가고 있다.

서비스맨들이 보여주는 환하고 밝은 미소와 친절한 자세, 호감가는 말씨, 단정한 용모와 복장, 언제 어느 곳에서 보아도 정감 있는 인사는 이 사회를 아름답게 수놓고 있는 것이다.

여러분의 이런 작은 행동이 모든 사람에게 전이되어 이 사회를 아름답게 만들고 있는 것이다. 서비스맨이 전하는 작은 미소가 고객들에게 전이되어 밝은 사회를 만드는 것이다.

고객들의 눈높이에 맞추어 끊임없이 발전하고 변하는 모습을 보여주는 것이 진정한 서비스 마인드이고 고객만족이라고 할 수 있다고 본다.

나의 체크리스트 My Checklist

01. 서비스맨으로서 고객에게 최상의 서비스를 제공해야 한다고 생각한다.

02. 출근 전, 고객에게 오늘 하루도 즐겁게 대해야지 하는 마음가짐을 가진다.

03. 간혹 나의 행동에 대해 고객들이 오해하는 경우가 있다.

QUIZ 1 CS는 무엇의 약자인가? 정답 ②

① Customer Service ② Customer Satisfaction

CS는 Customer Satisfaction , 즉 고객만족의 약자이다. 많이 오해하는 것 중 하나가 CS를 고객 서비스라고 생각하는 것이다.

QUIZ 2 고객에 대해 이야기한 것 중 어색한 것은? 정답 ④

① 고객은 왕이다. ② 고객은 황제이다.
③ 고객은 외국인이다. ④ 고객은 봉이다.

많은 학자와 경영인들은 우리가 만나는 고객을 여러 가지로 표현했다. 피터 드러커는 고객은 왕이라고, IBM 회장이었던 존 에이커는 황제로, 토마스 피터스는 외국인이라고 말함으로써 고객의 중요성을 다각도로 이야기하고 있다.

연습문제

01 서비스의 세 가지 중요한 요소가 아닌 것은?

① 고객
② 미소
③ 신속
④ 성의

02 서비스가 지닌 특징을 바르게 설명한 것은 무엇일까요?

① 서비스는 유형성이다.
② 서비스는 무형성이다.
③ 서비스는 한 개 더 주는 덤이다.
④ 서비스는 항상 똑같아야 한다.

03 서비스맨으로서 가져야 하는 서비스 태도가 아닌 것은?

① 호감을 주는 인상을 지녀야 한다.
② 예의 바른 인사를 하여야 한다.
③ 친절한 대화를 해야 한다.
④ 꼭 지켜야 하는 서비스만 한다.

04 고객만족의 세 가지 요소가 아닌 것은?

① 스마일
② 서비스
③ 스피드
④ 고객의 욕구

05 고객만족에 대해 설명한 것 중 올바르지 않은 것은?

① 고객만족은 치열한 생존 경쟁 시대에서 살아남기 위한 필사적인 전략이다.
② 고객만족에 대한 교육은 소모가 아닌 생산을 위한 투자라는 인식을 한다.
③ 고객의 이익도 중요하지만, 기업의 이익이 더 중요하다.
④ 고객만족도 조사를 통하여 고객만족의 변화를 관찰하고 측정한다.

연습문제

06 고객만족에서 만족이란 말은 라틴어에서 유래된 것이다. 이를 잘 해석한 것이 아닌 것은?

① satis(충분)+facere(만들다)라는 라틴어에서 유래되었다.
② 많이 채워 넣어서 더 이상 채울 것이 없다는 뜻이다.
③ 성취하거나 무엇을 채우다라는 뜻이다.
④ 고객의 마음을 만족감으로 풍족하게 채우라는 뜻이다.

07 고객감동을 위해 실천해야 할 것은?

① 서비스는 한 번만 잘하면 된다는 생각을 갖고 임한다.
② 매일 반복적으로 하는 일이므로 문제만 없으면 된다.
③ 매일 새로운 서비스만 제공하기 위해 노력한다.
④ 고객이 원하는 것이 무엇인지 끊임없이 공부하고 개발한다.

08 고객감동을 위해 해야 하는 고객 지향적 서비스가 아닌 것은?

① 고객의 입장에서 생각하고 판단하기
② 고객 개개인에게 정성을 다하기
③ 고객의 마음을 읽기
④ 고객이 관심 있는 사항이 무엇인지 관심 없어 하는 태도

09 고객의 입장에서 받고 싶은 서비스는 무엇일까?

① 매일 방문했는데도 고객의 이름을 모르는 경우
② 고객이 기다리는 동안 사적인 일로 통화를 길게 하는 경우
③ 고객의 입장에서 예의 바르고 친절하게 응대하는 경우
④ 의미 없는 기계적인 미소만 짓는 경우

정답 01.① 02.② 03.④ 04.④ 05.③ 06.② 07.④ 08.④ 09.③

CHAPTER

02 프로페셔널 서비스맨 이야기

학습목표

1. 프로의 서비스 마인드와 그에 따른 역할에 대해 알 수 있다.
2. 서비스맨이 가져야 할 서비스 경쟁력의 요소를 살펴본다.
3. 서비스 역량과 서비스 성향의 관계성에 대해 공부한다.
4. 조직 내에서 비전을 주는 서비스 리더로서 발전할 수 있도록 리더십의 요건과 구성요소에 대해 알아본다.
5. 서비스 리더십의 중요성에 대해 알 수 있다.

1 프로페셔널리즘

세계피겨선수권대회에서 1등을 한 김연아 선수의 쾌거로 인하여, 태극기가 울려 퍼진 사건을 우리나라 국민이라면 잊을 수 없을 것이다. 박태환 선수 또한 자신의 약점인 신체적으로 힘든 부분을 극복하고 세계 정상에 우뚝 선다는 것이 쉬운 일은 아니었을 것이다.

이렇게 어느 분야에서 최고가 되기 위해서 필요한 것은 '경쟁력'이다. 김연아 선수가 세계 1등을 한 이유는 김연아 선수만의 경쟁력을 갖추고 있었기 때문이다.

그렇다면 우리도 서비스 경쟁력을 갖춘 회사로 자리매김하기 위해서 어떤 전문성을 갖춘 경쟁력으로 자기 분야의 최고가 되어야 할 것인지 이번 장에서 한 번 알아보기로 하자.

2 서비스 경쟁력 요소

1) 프로의 서비스 마인드를 갖추어야 한다

자주 가는 음식점이 있다. 주로 된장찌개를 파는 집이다. 언제 가도 손님이 많아 빈자리를 찾기가 쉽지 않다. 반면 바로 옆집은 똑같은 된장찌개를 파는데 언제 봐도 파리만 날린다. 궁금해진 나는 주인에게 물었다. 그런데 그 대답이 걸작이었다.

"글쎄요. 옆집과 저희 집은 업종이 다른 것이 아닐까요? 옆집은 된장찌개를 팔지만 저희 집은 서비스를 팔기 때문인 것 같습니다."

그때서야 그 집에 손님이 많은 이유를 알 것 같았다. 얼마나 자신감 넘치는 소신 있는 말인가? 고객은 단순히 된장찌개를 원하는 것이 아니라 된장찌개를 통해 따뜻한 서비스를 원한다는 사실을 그 주인은 알고 있었던 것이다.

물론 된장찌개 맛은 기본이어야 한다는 것은 두말할 필요가 없다는 것이 전제로 깔려 있어야 할 것이다.

서비스의 경쟁력을 갖기 위해서 가장 기본적으로 필요한 것은 프로로서의 서비스 마인드를 갖는 것이다. 자기 경영을 위한 서비스 마인드와 리더십, 능력개발, 시간관리, 인간관계 관리 등 이미지 연출의 완성을 위한 모든 노력은 자신이 하는 일의 존중으로부터 시작된다.

2) 진정한 서비스 정신과 사명의식을 가져야 한다

고객에게 만족을 주는 진정한 서비스가 무엇인가에 관해서는 일본의 재벌회사 마쓰시타의 창업자 고노스케의 정의가 있다.

"비즈니스에는 서비스가 따르기 마련이고 그것은 하나의 의무라고도 할 수 있다. 그러나 그것을 단순히 의무라고 생각해서 하려고 한다면 그것처럼 피곤한 일이 없을 것이다. 또한 나만 피곤한 것이 아니라 고객에게도 그 느낌이 전달되고 만다. 자신이 기뻐하고 고객에게 기쁨을 주는 그러한 모습 가운데 참된 서비스가 존재할 수 있기 때문이다."

서비스는 제공하는 것이 아니라, 고객이 제공받아서 서비스라고 느낄 때, 진정한 서비스가 되는 것이다.

[돈보다 친절 때문에 더 존경받던 마쓰시타]

마쓰시타는 재산가로서가 아니라 겸손과 친절, 그리고 남을 배려하는 자상함 때문에 일본 국민으로부터 더 존경을 받았던 인물이다.

1975년 어느 날, 오사카에 있는 한 레스토랑.

비즈니스 점심 미팅으로 파트너사의 임원과 식사를 하게 된 마쓰시타 회장은 상대방은 주문한 음식을 다 비웠지만 자신은 주문한 스테이크를 절반밖에 먹지 못하자 웨이터에게 오늘 요리를 담당한 요리사를 데려오라고 부탁한다. 스테이크가 맛이 없어서 그런 것은 아닌가 하여 바짝 긴장한 요리사는 그의 앞으로 불려왔다.

"제 요리가 잘못됐습니까?"라며 앞의 인물이 누군지를 아는지라 안절부절못했다.

"스테이크 요리하느라 수고했군요."

마쓰시타는 얼굴에 웃음을 지으며 말을 잇는다.

"난 절반밖에 먹지 못했어요. 스테이크가 맛이 없어서가 아니에요. 아주 맛이 있었습니다. 그렇지만 아시다시피 내가 80세 노인이다 보니 식욕과 식사량이 예전 같지 않군요."

"네, 그러시군요"라며 긴장을 푸는 요리사에게,

"내가 요리사를 좀 불러달라고 했어요. 왜냐하면 주방에서 반밖에 먹지 않은 스테이크를 본다면 기분이 상할지 모른다는 생각에 미안해서요."

"여러분은 마쓰시타를 위해 일하는 것이 아닙니다. 자기 자신과 다른 사람들을 위해 일하는 것입니다. 여러분이 만나는 한 사람 한 사람 모두가 여러분의 고객입니다."

3) 감동을 주는 서비스 바이러스에 감염시켜야 한다

일본의 도쿄 신주쿠에는 '고오야'라는 거리가 있다. 이 거리는 일본에서 가장 번화한 곳이자 땅값이 비싼 곳이다. 이 땅을 소유한 사람은 상아이 회사의 이치무라 사장으로 이 땅을 소유하게 된 내력이 전설처럼 내려오고 있다.

1945년 미국의 원자폭탄 투하로 일본은 온통 쑥대밭이 되어 엄청나 혼란에 빠져 있었다. 이치무라는 수도 도쿄의 재건을 염두에 두고 괜찮은 땅을 찾으려고 돌아다녔다. 몇 날 며칠을 돌아다니며 정보를 수집하고 분석한 결과, 신주쿠의 4번가가 최적지라는 판단에 이르렀다. 그는 얼른 그 땅의 주인을 찾아가서 땅을 팔기를 간절히 요구했다. 하지만 백발이 성성한 할머니는 집안의 보물인 땅을 팔 수 없노라고 거절했다.

눈이 펑펑 쏟아지던 어느 추운 날, 이치무라의 최후통첩에 할머니는 도저히 땅을 팔 수 없다는 뜻을 전하려고 그의 사무실을 찾아갔다. 사무실 안으로 들어서자, 한 여직원이 자리에서 얼른 일어나더니 할머니에게 다가와 옷에 묻은 눈을 털어주었다. 여직원은 걱정 어린 목소리로 말했다.

"할머니, 눈길 오느라 힘드셨죠? 얼른 들어오세요" 여직원은 할머니의 외투를 받아 걸고는 흙이 잔뜩 묻은 할머니의 신발을 벗겨주면서 자기가 신고 있던 따뜻한 슬리퍼를 신겨주었다. 그리고 나서는 할머니를 부축하여 사장실이 있는 3층까지 안내했다. 할머니는 그 여직원의 행동에 크게 감동했다.

'직원이 이렇게 훌륭하다면 사장님 역시 훌륭한 분일 거야.'

사장실에 들어선 할머니는 그 순간 마음을 고쳐먹었다.

"좋습니다! 사장님. 내 땅을 조건 없이 양도하겠어요."

땅을 팔 수 없다는 말을 전하러 왔던 할머니는 오히려 조건 없이 땅을 내놓았다.

위의 예처럼 우리의 서비스 기준이 스마일이나 인사 수준에 머무는 것이 아니라, 한 걸음 더 나아가 서비스에 대한 사명의식, 가치관과 사람에게 감동을 주는 진정한 마인드를 바꾸어 나가는 것이 아주 중요하다 할 것이다.

3 서비스맨에게 필요한 능력

1) 서비스 역량과 서비스 성향

서비스 종사자는 서비스 역량과 서비스 성향 두 가지의 보완적인 능력이 필요하다.

서비스 직무에 따라 다르게 요구되는 서비스 역량은 직무를 수행하는 데 필요한 기술 및 지식을 말한다. 여기에 서비스 품질의 다차원적인 특성, 즉 믿을 수 있고, 빨리 반응해야 하며, 공감할 수 있어야 한다는 점을 고려하면 서비스 역량 이상의 것이 서비스직에 요구된다. 그래서 서비스 성향이란 조건이 추가되는 것이다.

서비스 성향이란 서비스 업무 수행에 대한 관심을 말하는 것으로 서비스에 대한 태도에 영향을 미치기 때문에 직원을 선발할 때부터 중시된다. 일반적으로 서비스직에 지원한 사람들은 어느 정도의 서비스 성향을 갖고 있으며, 또한 일단 서비스 조직에 들어오면 서비스 성향을 갖게 되기도 한다. 그러나 다른 사람에 비해 보다 많은 서비스 성향을 가진 사람, 즉 타고난 기질이 서비스맨에게는 중요하다.

2) 신뢰감을 주는 서비스맨

고객은 서비스 직원을 통해 원하는 상품과 서비스를 받고 서비스 요원은 일의 가치를 느낄 것이다. 고객이 믿고 신뢰를 하느냐는 아주 중요한 부분이다.

순간 고객의 마음을 얻기 위한 무조건 복종의 서비스가 아닌 고객과 동등한 입장의 당당한 서비스를 하는 직원에게 신뢰감이 생기기 마련이다.

고객의 신뢰는 다음 4가지 사항을 갖출 때 비로소 얻을 수 있다.

- 제품에 관련된 지식
- 회사에 대한 지식
- 경청의 기술
- 문제해결의 기술

Big
data

Artificial
intelligence

Machine
learning

4 서비스 직원이 가져야 할 인적 경쟁력

- 커뮤니케이션 능력
- 인간관계 대처능력
- 판단력
- 창의력
- 기억력
- 전문성과 직업의식

나의 서비스기술 평가
위에 제시된 서비스맨의 능력을 모두 검토한 후 당신에게 가장 부족한 서비스 기술 두 가지를 솔직하게 적고 향상 방안을 계획하자.
나의 부족한 기술 1. 2.
나의 향상 방안 :

5 서비스맨의 역할 인식

1) 서비스의 철학을 세우자

서비스는 '철학'이라는 품질 좋은 밀가루에 '관심과 배려'라는 영양 높은 계란으로 반죽을 하고, '표현'이라는 초콜릿으로 예쁘게 장식한 것과 같다.

기본적으로 서비스 제공자의 서비스 철학이 없는 고객만족은 물거품이다. 뿐만 아니라 고객이 원하는 대로 해주는 고객만족은 단기적일 뿐이다. 관심과 배려를 통해 고객이 원하는 부분과 서비스 제공자의 서비스 철학이 조화롭게 어우러져 적정한 공통분모에서 제공될 수 있는 서비스 방법을 모색해야 한다. 그리고 적극적으로 표현을 해야 한다.

이런 마음으로 '서비스 철학'의 뼈대를 나름대로 세워보는 것은 어떨까. 그러고 나서 서비스 마인드의 성공 키워드인 '관심+배려+표현'을 자신의 가슴속에서 상대의 가슴속으로 식지 않게 복사해 보자.

2) 나는 종업원이 아닌 '회사의 CEO'이다

고객은 항상 변화한다. 과거와 동일한 수준의 상품이나 서비스로는 고객을 만족시킬 수 없다. 고객의 기대를 넘어서는 감동 서비스로 기쁨을 주어야 한다. 이를 실천하기 위해서는 직원의 입장에서 주어진 의무 이상의 열정과 사명감이 필요하다. 서비스 제공자는 서비스 수요자인 고객이 만족해야 행복하다.

나만의 서비스를 브랜드화시켜 나를 종업원이 아닌 서비스의 주인으로 생각하고 임하도록 한다. 책임감과 주인의식은 진정한 엘리트 서비스맨의 필수요건이다.

3) 열의, 성의, 창의력을 지닌 프로는 아름답다

성공하는 10대들의 7가지 습관의 저자인 숀 코비 박사는 8번째 습관의 목소리는 재능, 열정, 사회적 필요, 양심이라고 했다. 열의는 모든 것을 성취하는 원동력이다. 어제와 같은 고객이나 회원을 만나더라도 나의 마음이 열정과 창의성에 불타오른다면 어제와 다른 오늘의 서비스를 제공하고자 노력할 것이다. 이를 위해서 나만의 서비스 매뉴얼을 만들어라. 프로의 세계에서는 한 가지 특색을 갖고 있어야 살아남을 수 있다.

4) 기업에서 직원을 변화시킬 수 있는 7가지 요소

① 진심으로 대한다

자신을 고용한 대표나 관리하는 점장이 자신을 어떻게 대하는가의 태도에 민감할 수밖에 없다. 진심은 전해지기 마련이다. 그들을 진심으로 아끼고 대하는 것이 기본이다.

② 권한 위임

믿고 맡기는 것이 중요하다. 억지로 무한정 떠맡겨버리는 것이 아니라 기간을 정한다든지 해서 권한을 주고 맡겨보는 것이다.

③ 교육

기술적인 것에 대한 교육이 아니라 정신 즉 마음의 교육이다. 이것이 대표가 전체적으로 관리해야 하는 부분이다.

④ 훈련과 연습

일종의 기술적인 부분이다. 디즈니랜드의 직원은 웃는 얼굴을 만드는 연습만으로 이들을 투자한다고 한다. 거울 앞에서 계속 웃는 얼굴을 연습하게 하는 것도 중요하다.

웃는 얼굴이 어색했던 사람도 연습하다 보면 자연스럽게 웃는 얼굴로 변한다. 이처럼 기초적인 테크닉은 반복되는 연습과 훈련에 의해서 얻을 수 있다.

⑤ 평가

성공하면 칭찬하는 것은 당연하지만, 문제는 실패했을 때이다. 직원의 실수나 실패도 무조건 점수를 깎을 것이 아니라 고객을 위한 행동이었는지 알아보고 긍정적인 의미의 실수였다면 가산점을 부여할 수 있다. 반대로 실수를 숨기려 하거나 자기 마음대로 실행하여 발생한 실패에 대하여는 감산하여 주는 것이 당연하다.

⑥ 커뮤니케이션

직원과의 의사소통은 매우 중요하다. 평상시에 하던 아니면 주기적인 시스템을 통하여 기회를 만드는 것이 필요하다.

⑦ 직장환경

일하고 싶은 직장을 만들기 위한 근무환경을 조성해 주는 것이 필요하다. 동료와 상사들과 함께하는 즐거운 피크닉이나 워크숍을 활용할 수도 있다.

6 서비스 리더십

1) 서비스 리더십의 요건

무슨 칭찬이든 무슨 상이든 혹은 무슨 실적이든 간에 '성공'했다고 이야기할 수 있는 사람들의 공통된 성공요소에서는 '서비스'를 뺄 수가 없다.

스티븐 코비 박사의 최근 저서 '원칙 중심의 리더십'에서도 성공하는 리더들의 8가지 공통점 중에서 두 번째로 '서비스 지향적이다'는 점을 들고 있다. 성공하고 싶은 개인이나 회사라면 '서비스 지향적인 리더십'을 발휘해야 한다는 것이다.

서비스 리더십을 개발하기 위해서는 다음과 같은 세 가지 단계가 필요하다.

첫째, 자기 개발 과정

일에 대한 자신감과 열정으로 서비스 마인드를 높이고 비전을 갖고 시대에 변화하는 능력을 갖춘다.

둘째, 업무 개발

전문지식을 배양하여 연구개발, 팀워크 형성, 상호 동기부여, 책임의식을 갖추도록 한다.

셋째, 고객관계 개발

커뮤니케이션 기술 등 고객만족 경영이념에 부합하는 서비스 전략 개발능력을 갖춘다.

어느 조직에서 무슨 일을 하던 모든 구성원은 결국 서비스 리더로서 서비스 리더십을 발휘해야만 한다. 친절 서비스나 서비스 경영차원에서 서비스 리더십 단계로 접어들면 좀 더 고품질 서비스를 개발하여 고객만족을 높일 수 있다. 이를 위해 시스템적으로 뒷받침됨에 앞서 스스로를 관리 통제할 수 있는 셀프 리더십을 구축해야 한다.

| 리더십의 구성 |

하드웨어석 요소	신체, 외모, 커뮤니케이션 능력, 행동
소프트웨어적 요소	비전, 열정, 자신감, 책임감, 목표의식, 변화개혁의식, 창의성
휴먼웨어적 요소	자기계발, 전문지식, 연구능력, 전문가, 기질, 기술, 컴퓨터 능력

2) 잭 웰치의 현대 리더십 4E

세계 최대 기업 제너럴 일렉트릭(GE)의 전 CEO 잭 웰치는 현대 리더십 필수는 4E—Energy(활력), Energize(동기부여), Edge(결단력), Execute(실행력)—라고 하였다.

4E는 첫째로 활동과 변화를 좋아하는 Energy(활력)를 가지고 있을 것,

둘째로 만약 산을 옮겨야 한다면 사람들이 그렇게 할 수 있다는 신념을 갖게 할 만큼 동기를 부여(Energize)할 수 있을 것,

셋째로 '예'와 '아니오'의 결정을 내릴 수 있는 '날카로운 결단력(Edge)'이 있을 것,

넷째로 일을 실행(Execute)할 수 있는 능력이 있을 것이다.

웰치는 '만약 4E'가 모두 있다면, 마지막 요소로 삶과 일에 대해 열정이 있는지 확인해야 한다고 덧붙였다. 웰치는 또 4E와 열정이 있는지 확인하기 전에 반드시 체크해 봐야 할 두

가지 질문이 있다고 말했다.

하나는 성실성을 갖고 있느냐는 것이고, 또 하나는 다른 우수한 사람을 지휘할 만큼 폭넓은 지식을 가진 똑똑한 사람인가라는 것이다.

사 례 | 잭 웰치의 경영사례

1. 1등 아니면 2등 '고쳐라. 매각하라, 아니면 폐쇄하라' 잭 웰치의 초기 경영 이념은 '군살 없는 조직구조에서 가장 낮은 원가로 고품질의 제품과 서비스를 제공한다'였습니다. 그래서 1등, 2등을 하지 못하는 사업은 과감히 매각하거나 폐쇄하였습니다. 냉난방기 사업의 경우 시장 점유율도 낮고, 경쟁사들과의 경쟁에서도 밀려서 GE의 신뢰도를 깎아내리는 존재였습니다. 잭 웰치는 이른 트레인사에 1억 3,500만 달러에 매각하였습니다. 그 돈으로 다른 사업부의 리스트럭처링을 하여 더욱 경쟁력 있는 사업으로 만들었습니다. '지속적인 수익성 향상' 이것이 잭 웰치의 주된 경영방침이었던 것입니다. 단기 업적 중심의 수익성에 매달리기보다는 지속적으로 경쟁우위를 확보할 수 있는 사업을 창출하는 데 힘을 기울인 것이라 할 수 있습니다.

2. 벽 없는 조직(Boundaryless): 벽 없는 조직이란 엔지니어링, 생산, 마케팅 등의 기능들 간의 자유로운 의사소통을 가로막는 어떠한 장애물도 존재하지 않는 조직입니다. 국내영업, 해외영업의 구분이 무의미하고 부다페스트나 서울에서도 편안하게 일할 수 있는 지역 간의 벽이 전혀 존재하지 않는 조직을 의미합니다. 이를 위해 GE는 회사 발전에 기여하는 아이디어에 대한 충분한 보상을 해주었습니다. 그리고 아이디어를 독점하기보다는 팀원들과 충분히 공유하였습니다.

또 외부 조직의 아이디어에 대해서도 개방적인 태도를 취하였습니다. 이는 모든 구성원들에게 '매일 더 나은 방법 찾기'라는 목표를 제시하여 구성원들을 참여시켰습니다. 잭 웰치는 그의 경영 중에 가장 잘한 것은 GE의 두뇌인 크리톤빌을 만든 것이라고 하였습니다. 트리톤빌을 통해 모든 아이디어는 공유되었고, 벽 없는 토론 속에서 창조적인 아이디어가 산출되었다고 하였습니다. 또한 이는 GE의 '지속가능한 성장'을 가능하게 만들었습니다.

가장 중요한 인재관리 방법에서도 잭 웰치는 어떤 인재든 기업에 공헌한 만큼 충분한 보상을 했다는 것도 중요하다고 생각합니다. 잭 웰치의 경영방식을 모두 현대의 우리나라에서 따를 순 없지만(특히 하위 10%를 퇴출시키는 활력곡선을 현대에 적용하기는 어렵고 위험이 따르는 것 같습니다.) 위에 언급한 것들은 현재 많은 기업에서 적용되고 있고 또한 적용할 수 있다고 생각합니다.

– 삼성경제연구소 –

▶ 나는 서비스맨으로서 리더십이 있는가?를 스스로 체크해 보도록 한다.

셀프 리더십 체크리스트

- 서비스맨에게는 리더십이 필요하다고 생각한다.
- 고객이 주인이라는 생각을 한다.
- 서비스맨으로서 나를 분석해 본다.
- 서비스의 질을 높이기 위해 새로운 아이디어를 찾아내고자 한다.
- 훌륭한 서비스 사례에 대해 관심이 많다.
- 새로운 서비스 능력 고객 서비스 스킬 향상을 위해 교육받고 싶다.
- 나는 전문가이다.
- 나는 사명감이 뛰어나다.
- 나는 상대방의 입장에서 생각할 줄 안다.
- 상대방과 커뮤니케이션 능력이 뛰어나다.
- 동료들과 원만한 인간관계를 갖고 있다.
- 남의 문제를 잘 해결해 주는 편이다.
- 서비스맨에 대해 자부심을 갖고 있다.
- 남을 잘 웃긴다.

서비스 리더십 실천을 위한 행동전략

- 수평적 사고를 받아들여라.
- 고객을 만족시키는 서비스 비전을 만들어라.
- 서비스를 혁신하라.
- 고객의 다양성을 인정하고 조화와 협력을 모색하라.
- 파트너십을 형성하라.
- 기본에 충실하라.
- 창조적으로 서비스하라.
- 현장에서 실천하라.

리더가 접점의 파트너에게 서비스할 수 있는 예

- 다른 파트너를 포상하기 위해 모니터할 기회를 준다.
- 회의가 끝날 때 공식적으로 칭찬한다.
- 특별교육과정에 입과할 기회를 제공한다.
- 파트너의 가족에게 감사의 편지를 보낸다.
- 작은 정성이 담긴 예기치 않은 선물을 준다.
- 칭찬받는 장면을 찍어 진열한다.
- 리더들과 식사할 기회를 제공한다.
- 파트너를 개인별로 기억하여 적절히 대응한다.

▶ 나는 조직에서 리더십을 발휘하기 위한 준비가 되어 있는지 체크해 보도록 한다.

나의 체크리스트 My Checklist

01. 나는 서비스를 완벽하게 해내기 위해 나의 서비스 경쟁력을 높여야 한다고 생각한다.
02. 나는 조직 내에서 OO하면 "그 사람이 최고야"라고 인정받고 지낸다.
03. 나는 서비스 매뉴얼을 가지고 있고, 매일 업그레이드한다.
04. 서비스 리더십은 우리 조직에서 필요하다고 생각한다.
05. 나는 서비스 리더로서의 자질이 충분히 있다고 자신할 수 있다.

사 례 | 간디 리더십 - 설탕을 먹지 말라고 말하기 전에

한 어머니가 아들을 간디에게 데려와 부탁했다.

"선생님, 제발 제 아들에게 설탕을 먹지 말라고 말씀해 주세요."

간디는 소년의 눈을 그윽하게 바라보다가, 한참 뒤 어머니에게 이야기했다.

"보름 뒤에 다시 아드님을 데려오십시오."

"하지만 저희는 선생님을 뵈러 아주 먼길을 왔습니다. 그냥 돌려보내지 마시고, 아들에게 설탕을 먹지 말라고 한마디만 좀 해주세요."

다시 한 번 간디는 소년의 눈을 지그시 바라보다가 다시 입을 열었다.

"보름 뒤에 아드님을 데려오십시오."

보름 뒤, 그 어머니는 아들을 데리고 다시 찾아왔다.

"선생님, 이 아이에게 설탕을 먹지 말라고 말씀해 주세요."

간디는 소년의 눈을 그윽하게 바라보고 난 뒤 말했다.

"설탕을 먹지 말아라, 얘야."

"오, 감사합니다. 선생님. 감사합니다. 하지만 궁금한 게 있어요. 지난번에는 왜 저희를 그냥 보내셨죠? 왜 보름 전에 저희가 이곳에 왔을 때 설탕을 먹지 말라고 그 아이에게 말씀해 주시지 않으셨나요?"

그러자 간디는 조용히 웃으며 말했다.

"보름 전에는 저도 설탕을 먹고 있었거든요."

QUIZ 1 모든 직업인에게는 직업윤리가 있다. 고객을 응대하는 서비스맨의 직업윤리로 적절하지 않은 것은 무엇일까? **정답 ①**

① 형식적이고 사무적인 응대 ② 상대방의 입장을 존중한다.

③ 친절의 생활화를 실시한다. ④ 공사가 구분되어야 한다.

이 세 가지 이외에도 약속을 지키고, 능률을 생각하고, 투철한 사명감으로 정직하게 해야 하는 것을 잊어서는 안 된다.

QUIZ 2 서비스 리더로서 필요한 리더십의 조건에 해당되지 않는 것은? **정답 ③**

① 감성적인 서비스 리더가 되어야 한다.

② 헌신적인 봉사의 서번트 리더십이 필요하다.

③ 일에 대한 자신감과 열정만 있으면 된다.

④ 커뮤니케이션 능력이 필요하다.

많은 학자와 경영인들은 우리가 만나는 고객을 여러 가지로 표현했다. 피터 드러커는 고객은 왕이라고, IBM 회장이었던 존 에이커는 황제로, 토마스 피터스는 외국인이라고 말함으로써 고객의 중요성을 다각도로 이야기하고 있다.

연습문제

01 고객에게 신뢰를 얻기 위해 필요한 4가지 항목이 아닌 것은?

① 제품에 대한 지식
② 달변의 기술
③ 회사에 대한 지식
④ 문제해결의 능력

02 프로 서비스 직원으로서 갖추어야 할 경쟁력 중 프로 마인드에 해당되지 않은 것은?

① 프로로서의 서비스 마인드
② 진정한 서비스 정신과 사명의식
③ 고품질의 서비스
④ 형식적인 서비스 마인드

03 젝 웰치는 서비스 리더에게 필요한 4E를 말한 바 있다. 해당되지 않는 것은?

① 끊임없는 연습
② 조직에 활력을 불어넣는 에너지
③ 중요한 결정을 현명하게 내릴 줄 아는 결단력
④ 조직원들에게 동기부여를 주는 것

04 제조업과 서비스업의 고객만족 구성요인을 비교한 것을 설명한 것 중 잘못된 것은?

① 고객에게 만족을 주는 요인은 업종과 상관없이 보편적이다.
② 서비스업의 가장 중요한 핵심요소는 인적 요소이다.
③ 제조업의 가장 중요한 핵심요소는 제품, 기술 요소이다.
④ 서비스 리더십의 핵심요소는 제품과 기술 요소이다.

05 서비스 리더십의 3요소에 해당되지 않는 것은?

① 고객만족
② 상호작용
③ 쌍방향의 서비스
④ 신념과 태도, 능력의 서비스

정답 01.② 02.④ 03.① 04.④ 05.②

CHAPTER

03 호감을 갖게 하는 첫인상 이야기

학습목표

1. 첫인상의 중요성에 대하여 알 수 있다.
2. 서비스맨으로서 필요한 첫인상의 필수항목에 대해 알 수 있다.
3. 첫인상에 영향을 미치는 효과에 대하여 알 수 있다.

1 첫인상 이야기

지금 내가 처한 상황이 이성친구를 소개받는다거나, 취업을 해야 한다거나, 어떤 직업을 선택해야 한다거나 하는 순간에 처해 있지는 않습니까? 또는 다른 직종을 찾아봐야 한다거나, 승진을 위한 면접을 준비해야 하는 등의 선택의 기로에 처해 있지는 않습니까?

어떠한 상황에 있더라도 본인의 선택에 도움을 줄 수 있는 사람들과 만나야 한다는 것은 어쩔 수 없는 사실이다. 그들에게 미치는 여러분의 첫인상은 어떤 형태로든 영향을 미치게 될 것이다. 이것은 매우 중요한 현실이다.

우리가 이번 단락에서 공부할 '첫인상의 엄청난 위력'은 사람 사이의 관계를 원활하게 만들어주어, 그 사람과 계속 만날 수 있는 기회의 문을 열어주게 된다. 긍정적인 첫인상을 고객이나 상대방에게 주면, 그 첫인상을 토대로 매번 당신의 인상을 강화시켜 나갈 수 있게 된다. 이것이 바로 여러분의 재능과 능력을 보여줄 수 있는 가장 쉬우면서도 강력한 방법이 된다. 이렇듯 한 번 각인된 첫인상은 아주 오랜 시간 남아 있게 된다. 하지만 그런 첫인상을 만드는 데 걸리는 시간은 너무나 짧다는 것이다.

2 첫인상의 불리한 구조

사람이나 사물에 의해 받는 인상과 이전의 감각에 의하여 얻어진 혹은 얻어졌던 것이 마음속에 재생하여 머릿속에 그려지는 것이다.

첫인상이란 보여지는 사람에게 불리한 구조이다. 따라서 미리 준비하지 않으면 상대방에게 자신이 원치 않는 모습으로 각인될 소지가 다분하다. 보는 사람 입장에서 주관적으로 판단하여 결정지어진다는 특성을 가지고 있다.

첫인상에 영향을 미치는 심리적인 효과는 여러 가지가 있고 미치는 영향도 다양하게 나타난다.

3 첫인상 형성의 3가지 요소

캘리포니아 대학의 심리학과 교수 알버트 메라비언은 사람이 다른 사람을 어떻게 인지하는지에 대하여 실험을 했다. 그 결과 첫인상은 다음과 같은 기준으로 형성된다는 사실을 밝혀냈다.

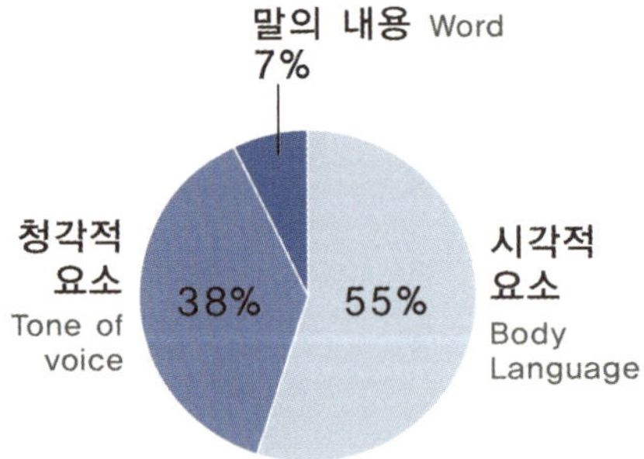

위의 결과에서도 알 수 있듯이 첫인상을 형성하는 데 가장 중요한 것은 바로 시각적인 이미지이다. 대부분의 사람들은 한 번 흘깃 보는 것만으로 상대에 대해 평가를 내린다는 것이다.

이 부분에 대해 많은 반박이 나오기도 한다. 예를 들어, 오랜 시간을 보고 사람을 판단해야지 겉모습만 보고 평가하는 것은 무언가 잘못되었다고 의문을 제기하는 이도 있겠지만, 비즈니스 세계에서 사람들은 진실한 여러분을 알아볼 시간적인 여유가 없다는 것을 명심해야 할 것이다. 빠르게 판단을 내리고, 좀처럼 그 생각을 쉽게 바꾸지 않는다는 것이다.

존 나이스 빗은 앞으로 우리가 살아가는 미래에는 시각이 지배하는 시대가 올 것이라고 이야기하고 있다. 과거에 기능 및 성능 위주의 제품이 판매되었다면, 현재와 미래에는 기능과 성능은 기본이고, 디자인이 중요하게 생각되는 시대가 올 것이라는 것이다.

요즘 휴대폰 없는 분은 거의 없다고 본다. 불과 몇 년 전만 하더라도 휴대폰은 거의 무전기 수준이었다. 그런데 불과 10년이 안 된 시간 동안 휴대폰은 그 기능은 물론이고 디자인도 몰라보게 예뻐진 것을 볼 수 있다.

이렇게 디자인이 새로워진 것은 휴대폰뿐만이 아니다. 커다란 축음기에서 시작되어 손가락만 한 엠피쓰리를 보기만 해도 알 수 있고, 자동차도 그 기능과 디자인, 심지어 색마저도 여러 모습으로 바뀐 것을 볼 수 있다.

그래서 존 나이스 빗은 21세기에는 제품이나 사람 심지어 기업까지도 호감을 개발해야 한다고 거듭 주장하고 있다. 따라서 호감을 개발하는 것은 당연하고, 이 능력을 개발해야 성공한다고 거듭 주장하고 있다.

첫인상의 심리적 효과들은 의식적으로나 무의식적으로 첫인상 형성에 있어서 결정적인 요인으로 작용되고 있다. 따라서 첫인상 형성에 이러한 심리적 효과의 적절한 활용과 적용이 필요하다.

4 첫인상 형성에 영향을 미치는 7가지 효과

1) 초두효과(Primacy Effect)

먼저 들어온 정보가 나중에 들어온 정보보다 전반적인 인상 형성에 더욱 강력한 영향을 미치는 현상을 말한다. 따라서 초두효과는 사회적 판단에 중요한 영향을 미친다. 즉, 초두효과는 후에 제시되는 정보나 특성에 대해 주의를 덜 기울이기 때문이다. 양측이 서로 교제할 때 형성되는 첫인상이 앞으로의 교제관계에 영향을 미친다는 것을 말한다. 비록 첫인상이 정확하지 않더라도 가장 선명하고, 가장 견고하여 앞으로 교제하는 과정을 결정짓게 된다는 것이다. 소위 말하는 외모로 사람을 평가하는 것은 초두효과의 직관적인 반영이라 볼 수 있다. 결국 상대가 우리의 내적 아름다움을 이해하기까지는 오랜 시간이 걸릴 것이고, 오직 외적인 생김새와 행동거지만이 사람들의 눈에 띄어 처음 보는 순간 깊은 인상으로 남는 것이다.

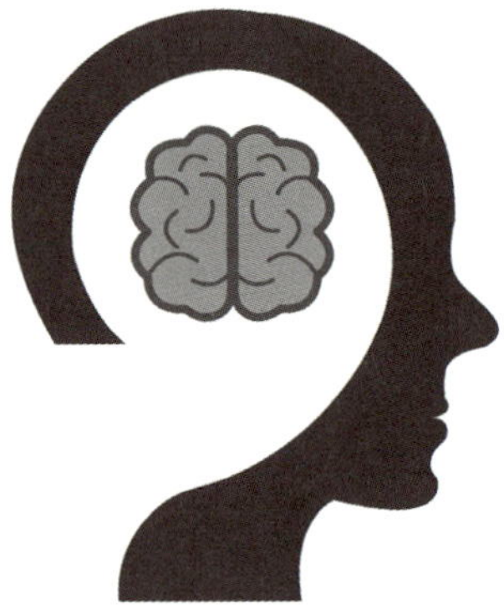

2) 대비효과(Contrast Effect)

너무 매력적인 상대와 함께 있으면 그 사람과 비교되어 자신은 오히려 평가절하되는 현상이다. 멋있는 사람 옆에서 사진촬영을 하거나 매력적이고 잘생긴 친구를 사랑하는 사람에게 소개시켰을 때 발생하는 심리적 갈등이 여기에 해당한다.

3) 부정성 효과(Negativity Effect)

부정적인 특징이 긍정적인 특징보다 그 사람의 인상 형성에 더욱 강하게 작용하는 현상이다. 어떤 정보에 대해서 긍정적인 내용과 동시에 부정적인 내용의 정보를 접하게 되었을 때 부정적인 정보가 더욱 강력하게 작용하는 효과이다. 이는 결과적으로 부정적 인상은 긍정적 인상보다 변화되기가 더 어렵다는 것을 의미한다.

4) 후광효과(Halo Effect)

외모나 지명도 또는 학력과 같이 어떤 사람이 갖고 있는 장점이나 매력 때문에 관찰하기 어려운 성격적인 특성들도 좋게 평가되는 현상이다. 예를 들어 명랑 쾌활하게 보이는 사람은 역시 똑똑하고 호감이 가며 성공적이고 심지어 그에게 그런 특성이 있다는 증거를 결코 본 적이 없음에도 불구하고 그럴 것이라고 가정한다.

5) 현저성 효과(Vividness Effect)

두드러진 특징이 그 사람의 인상 형성에 큰 몫을 차지하는 현상이다. 키가 커서 시원스런 사람으로 느낀다거나 눈이 예뻐서 아름답다고 느끼는 등의 긍정적인 측면과 노래를 못해서 무능할 것이라고 여기거나 체구가 왜소해서 운동을 못할 것 같다는 식의 부정적인 오해 등이 여기에 해당한다.

6) 방사효과(Radiation Effect)

지위가 높거나 유명한 사람과 함께 있을 때 사회적 지위나 자존심이 고양(高揚)되는 현상이다. 특정 정치인이나 유명 연예인과의 친분을 내세우거나 심지어 오래전에 유명인사와 함께 찍은 단체사진 등을 거실 벽에 크게 걸어 놓는 심리를 말한다.

7) 악마효과(Devil Effect)

열등한 외모나 부정적인 모습 때문에 그 사람의 다른 측면까지도 부정적으로 평가되는 현상이다. 예를 들어 못생긴 사람은 능력도 없을 것 같다거나, 불평불만을 많이 하는 사람은 실증을 잘 내고 사교성도 없으며 허약할 것 같고 맡은 업무에 대한 생산성도 떨어질 것이라고 가정하는 등이다.

5 첫인상의 중요성

이렇게 우리는 자의든 아니면 시대의 흐름에 의해서든 첫인상 즉 첫 이미지를 중요시하게 되었다. 왜 이렇게 첫인상이 중요한 것일까?

① 남의 눈에 비쳐진 나의 모습이다.
② 스쳐 지나가는 모든 사람들에 대한 인상이 아니라, 사람들이 무의식적으로 만나는 사람이나 쳐다보는 사람들에 대한 인상 형성의 과정 및 그 결과를 첫인상이라고 한다.
③ 첫인상을 남길 수 있는 기회는 한번이므로 처음 만남을 소중히 해야 하며 만날 사람의 성격, 직업, 취미 등 전반적인 내용의 사전 파악이 필요하다.
④ 사람의 첫인상은 3~10초 안에 빠르게 결정된다. 그러나 한 번 결정된 첫인상을 바꾸는 데는 많은 노력과 시간이 소요된다.
⑤ 한 번 결정된 인상을 바꾸는 데는 60번 정도 이상을 만나야 한다.

출처 : 근로복지공단 희망누리

6 첫인상이 좋은 사람의 이점

상대방에게 좋은 이미지를 주는 사람이나 기업은 그렇지 못한 경우보다 얻을 수 있는 이점이 있다.

첫째는 신뢰이다. 다른 고객이나 사람으로부터 받는 신뢰는 자신에게서 더 큰 변화를 일어나게 만든다. 즉, 모든 일을 긍정적으로 해나가기 때문에 목표가 분명해지고 따라서 보람된 시간을 보내게 된다.

둘째는 기회이다. 아무래도 누군가를 추천해 달라고 하면, 그동안 이미지가 좋았던 사람이나 기업을 추천하게 된다. 이 경우, 능력도 능력이지만 "그 사람 참 괜찮아"라든가 "거기 꼭 가봐, 너무 좋아"라는 말을 곁들여 듣게 되면 꼭 그곳을 방문하거나 그 사람을 만나고 싶게 마련이다.

이렇게 더불어 사는 데 있어 자기 관리를 잘 하는 사람들은 좋은 이미지를 줄 수 있게 된다. 즉, 이미지를 잘 관리하는 사람이나 기업은 그만큼 득을 보게 되고, 이미지 관리가 잘 되지 않는 곳은 그만큼의 손실을 보게 된다는 것이다.

일례로 평상시에 자기관리를 잘 하고, 성실하며, 회사에 지각하는 일이 없었던 직원이 어느 날 늦게 온다면 그 직원에게 무슨 일이 있는지 많이 고민하게 될 것이다.

그런데 평상시 자기관리가 안 되고, 불성실하고, 매일같이 지각을 하던 직원이 어느 날 출근해 보니 일찍 나왔다면 대부분 이렇게 이야기할 것이다.

"자네, 오늘 웬일이야. 왜 알람을 잘못 맞추어 놓았나. 참 세상 별일이네, 해가 서쪽에서 뜨겠어."

"…"

7 엄청난 첫인상 만들기

1) 첫인상 요소 : 밝은 표정

백만 불짜리 첫인상을 수기 위해 가장 필요한 것은 바로 직원들의 밝은 표정이라고 할 수 있다.

아마 여러분도 고객의 입장이 되어 서비스를 받기 위해, 또 어떤 물건을 사기 위해 어떠한 장소에 들어갔는데, 무표정한 직원 때문에 당장에라도 바로 돌아오고 싶은 심정이 들었던 경험이 있을 것이다.

이렇게 고객이 시야에 들어왔음에도 불구하고 아무 말 없이 하던 일만 계속 하는 직원이나, 아니면 일을 빨리 끝내기 위해 얼굴도 들지 않고 겨우 '어서 오세요~'라고 형식적인 표정에 인사만 하는 직원에게서 우리는 결코 백만 불의 첫인상을 받을 수 없을 것이다.

그렇다면 좋은 첫인상을 주기 위해서 밝은 표정이 왜 중요한 것일까?

➜ 밝은 표정의 중요성

- 회사의 첫인상을 좋게 한다.
- 회사를 방문하시는 고객과 나 자신을 즐겁게 해준다.
- 함께 일하는 직원 간에도 편안함을 줄 수 있다.
- 더불어 업무가 효율적으로 진행될 수 있다.

| 회사의 첫인상을 좋게 하는 표정을 할 때 주의할 점 |

- 회사를 방문하는 고객과 상황에 맞는 표정을 해야 할 것이다.
- 가급적 비슷한 표정을 해주는 것이 좋다. 즉, 기분이 좋은 고객에게는 반가움의 표정을, 무언가 속상하고 화가 났을 때에는 염려되는 표정을 함께 해주는 것이 좋다.
- 턱을 너무 들거나 당기고 있는 경우, 건방져 보이거나 소극적인 느낌을 줄 수 있다.
- 고개를 한쪽으로 기울이고 있다면, 업무에 너무 느슨한 느낌을 줘서 좋은 첫인상을 주기가 매우 어렵다.

사 례 **인사 잘하는 회사**

전국적인 매장을 갖고 있는 어느 회사의 모니터링 결과를 보면, 전체적으로 잘 개선되고 있지 않은 부분이 바로 맞이인사와 배웅인사를 거의 하지 않는다는 것이다.

매장뿐만 아니라, 고객을 접하는 고객 접점 직원에게 가장 기본적이면서 꼭 해야 하는 인사를 하지 않는다는 부분이었다. 그런데 이것보다 더 놀라운 일은 바로 직원들의 반응이었다. 모니터링 결과를 하면, 대부분의 직원은 시큰둥한 표정으로 "저희 매장 고객들은 하루에도 몇 번씩 오시기도 하고, 적어도 하루이틀에 한 번은 꼭 오시는 가족 같은 분인데, 어떻게 오실 때마다 인사를 합니까? 그건 우리 매장의 상황을 잘 모르고 하시는 말이에요" 라고 말하는 것이다.

어찌 보면, 직원들의 이야기가 회사의 상황에 맞는 정답일지는 모르지만, 냉정하게 이야기한다면, 직원들의 가족 같은 편안한 서비스가 우리의 첫인상을 백만 불짜리에서 자꾸만 멀어지게 만드는 가장 큰 이유가 아닐까 한다.

따라서 우리가 고객을 지금보다 더 사로잡기 위해서 가장 필요한 첫 번째는 바로 직원들이 밝은 표정으로 "고객님, 안녕하십니까?" 혹은 "고객님, 또 오셨어요"라고 상냥하게 반겨주는 표정이라 하겠다.

| 고객을 응대하는 직원이 갖지 말아야 할 금기 표정 |

- 업무를 하기 귀찮아하는 듯한 표정
- 고객이 들어와도 거들떠보지도 않는 무표정
- 갑자기 황당하다는 듯한 얼굴의 표정

이런 표정은 회사의 이미지를 아주 나쁜 쪽으로 실추시키는 것이기 때문에 절대 하지 말아야 할 것이다.

2) 첫인상의 외적인 결정요소 : 용모와 복장

흐트러진 서류, 종잇조각, 테이프, 연필, 정리가 안 된 채 펼쳐진 잡지책, 지저분하게 때로 얼룩진 유니폼 등, 이런 모습이 회사의 이미지를 신뢰감 있게 만들어주지 못한다. 사실 서비스는 밝은 표정과 인사로만 대신하는 것이 아니라, 회사를 둘러싼 주변 환경, 또 우리들의 모습 하나하나도 포함이 된다.

따라서 정리되고 조직화된 회사의 모습은 고객들의 업무 처리나 정보를 주의 깊고 효과적으로 다룬다는 것을 고객에게 말하고 있는 것과 같다. 고객들은 마치 내 일처럼 조심스럽게 처리해 줄 것이라 믿고 안심하게 된다.

| 용모와 복장의 중요성 |

- 회사에 대한 첫인상을 결정한다.
- 고객에게 신뢰를 주는 요소이다.
- 활기찬 회사 분위기를 창출한다.
- 자신감과 소속감을 통해 일의 성과를 높일 수 있다.

| 여직원의 용모복장 체크항목 |

1. 헤어스타일

- 앞머리는 눈을 가리지 않도록 한다.
- 요란한 머리 모양(특히, 과도한 염색과 파마)은 지양하고, 손질하기 쉽고 단정한 헤어스타일로 한다.
- 어깨를 덮을 정도로 긴 머리는 핀이나 헤어용품으로 단정하게 한다.
- 머리의 액세서리는 너무 요란하지 않도록 한다.(헤어밴드)

2. 얼굴

- 밝고 호감 가는 표정을 한다.
- 화장기가 전혀 없는 맨 얼굴로 근무하지 않는다.
- 화장은 밝고 청결한 느낌을 주도록 한다.
- 향수를 뿌릴 경우, 다른 사람에게 피해를 줄 정도의 진한 느낌이 들지 않도록 한다.

3. 복장

- 항상 청결히 하여 깨끗하게 입는다.
- 유니폼의 단이 풀어지거나 단추가 풀어지지 않았는지 항상 체크하도록 한다.

4. 신발

- 신발은 너무 지저분하지 않게 신는다.
- 구겨 신지 않는다.
- 특히, 사내에서 슬리퍼는 절대 신지 않도록 한다.

| 남직원의 용모복장 체크항목 |

1. 헤어스타일

- 앞머리는 이마를 가리지 않도록 한다.
- 앞머리가 귀를 덮지 않도록 한다.

- 뒷머리는 드레스 깃을 덮지 않도록 한다.
- 흰머리는 염색 등으로 깔끔하게 정리한다.
- 남자의 경우 적어도 3주에 한 번 정도는 이발을 하도록 하고, 귀를 덮지 않도록 한다. 과하지 않으면, 헤어스타일링 제품으로 두발을 손질하는 것도 권하고 싶다.

2. 얼굴

- 수염 및 면도 상태를 수시로 점검한다.(남성의 경우, 수염이 자주 나는 경우는 아침저녁으로 한다)
- 코털이 보이지 않도록 한다.
- 입에서 냄새가 나지 않도록 한다.

3. 복장

- 항상 청결히 하여 깨끗하게 입는다.
- 드레스셔츠 깃, 소매 등을 점검하여 깨끗하게 입도록 한다.
- 감색이나 회색을 기본으로 한다.

4. 신발

- 신발은 너무 지저분하지 않게 신는다.
- 구겨 신지 않는다.
- 특히, 사내에서 슬리퍼는 절대 신지 않도록 한다.

출처 : 근로복지공단(http://blog.naver.com/comwel2009?Redirect=Lo...)

3) 첫인상의 강력한 이미지 : 비언어적 메시지

회사의 첫인상을 백만 불짜리로 만드는 데는 이런 것뿐만 아니라, 여러분의 시선, 손짓, 발짓으로도 첫인상이 쉽게 결정된다.

이런 것은 회사를 방문하는 고객들과 처음 만나는 순간에도 마찬가지이다. 여러분의 보디랭귀지를 통해 긍정적, 부정적인 첫인상을 줄 수 있다. 눈살을 찌푸리거나, 한숨을 쉬는 것과 같은—나 자신은 모르지만—부정적인 습관들을 제거하도록 노력해야 한다.

고객을 만나는 주변 환경에서 여러분이 무의식적으로 하는 보디랭귀지가 우리 회사를 방문하는 고객을 환영하고 있는지, 혹은 고객을 내쫓고 있는지 한 번 생각해 보자.

이번 장에서는 고객을 사로잡는 백만 불짜리 첫인상을 만드는 방법에 대해 알아도 보고, 왜 그런 첫인상을 고객에게 주어야 하는지에 대해서도 알아보았다.

경영학의 권위자인 메긴슨(L.C. Megginson)은 첫 만남, 즉 첫인상에서 호감을 주면 심리적 계약이 발전하여 신뢰가 형성되고 영향력이 커지지만 거부감을 주면 계약 발전에 실패하여 관계가 정지된다고 했다.

미국의 IBM도 "성공하는 데 가장 중요한 요소는 무엇일까"라고 하는 질문에 38%의 사람들이 '이미지'라고 대답했다. 그만큼 자신이 고객에게 어떤 이미지로 비추어지느냐 하는 것은 비즈니스 세계에서는 무엇보다 중요하다. 그럼에도 불구하고 많은 사람들이 자신의 이미지를 가꾸는 데 소홀한 것이 현실이다. 과학의 시대를 살아가면서도 사회생활의 대부분은 인간관계에 의해 정해진다는 사실은 의심의 여지가 없다.

개인의 능력을 향상시키는 데 투자하는 것 이상으로 이미지 경영에 투자해야 하는 이유가 여기에 있다. 『이미지경영』의 저자 매리 미첼은 "첫 이미지를 만들 수 있는 두 번의 기회란 없다", "옷차림, 자세 등 상대방에게 전달되는 나에 대한 정보를 바꿀 수 있는 방법과 기술을 익히면 좋은 이미지를 전달할 수 있다"고 말한다.

시대가 급박해지고 경쟁이 치열해질수록, 경쟁력을 좌우하는 강력한 무기는 점점 더 평준화된다. 그리고 '작고 사소한 차이'가 평준화된 틈을 비집고 성패를 결정하는 변수가 된다. 따라서 직원들은 작고 사소한 차이를 갖추어야 할 필요가 있다.

사 례 | **위기상황 CEO의 브랜드 커뮤니케이션 능력요소** ▽

그 어느 때보다 한국 기업의 CEO들이 처한 상황이 어렵다. 기업을 둘러싼 정치와 사회 환경은 호의적이지 않고, 제4차 산업혁명이라 불리는 엄청난 변화 속에서 글로벌 기업과 무한 경쟁을 펼친다. 이런 불확실성 상황에서, 최종 의사결정의 책무를 지고 있는 CEO에게 가장 필요한 것은 '미래에 대한 자신감'과 '소통능력'이 아닐까 싶다.

미래에 대한 자신감은 긍정적인 마음가짐으로 더욱 강화할 수 있다. 한 유명 백화점 의류매장 점원이 손님이 구매한 코트를 정성스럽게 포장한 후 자신의 명함을 슬머시 포장 속에 넣었다. 손님이 왜 명함을 넣느냐고 묻자 "손님께서 이 멋진 코트를 입고 나가시면, 주변 사람들이 손님 안목을 칭찬하며 분명히 이 코트를 어디에서 샀느냐고 물어볼 것이기 때문에 이에 대비해 넣어드립니다"라고 상냥하게 대답했다. 이 점원은 얼마 되지 않아 그 백화점 최연소 마케팅 임원이 됐다.

CEO의 소통능력은 회사 성과와 성장에 중요하다. CEO의 대외 커뮤니케이션 활동은 선택이 아니라 필수다. CEO 개인의 부담이 존재할 수 있지만, 기업가치 증대에 CEO의 인간적인 접근만큼 더 효과적인 것은 없다. CEO는 내부적으로 조직 비전을 구체화시켜 보여주고 이를 실천해 나가는 모습을 적극적으로 공유하며 조직에 대한 구성원의 일관된 인식과 태도를 형성한다. 또한 외부적으로 기업에 대한 호의적인 감정을 유발시켜 기업시장가치를 높인다. 요즘 내부 조직원도 CEO가 적극적인 CEO 브랜드 커뮤니케이션으로 인지도와 명성을 얻기를 바란다.

한 글로벌 조사에 따르면, CEO 명성은 평균적으로 회사 시장가치의 44%를 차지한다. 특히 한국에서 CEO 명성가치는 51%로 일본 28%, 독일 32%, 미국 38%에 비해 상대적으로 더 중요했다.

CEO 명성을 구축하기 위해서는 전략적인 접근이 필요하다. 전략 수립을 위해 CEO의 아이덴티티(identity)를 정립해야 한다. CEO는 어떤 사람인가? 어떤 가치를 갖고 무엇을 추구하는가? CEO의 개인적인 비전과 가치는 조직과 어떻게 연결되는가? 세상에 어떤 화두를 던질 것인가? 이 같은 질문에 대한 대답을 정리해 콘텐츠를 구성한다. 이때 콘텐츠는 언어적 · 시각적으로 완성도가 있어야 한다.

CEO 아이덴티티 정립이 끝나면, 커뮤니케이션 접점 채널을 파악하고 효과와 효율성을 검토해 채널별 커뮤니케이션 활동계획을 세운다. 이때 CEO는 디지털 커뮤니케이션 환경을 감안해 매력적인 콘텐츠를 적절한 미디어를 통해 커뮤니케이션하는 것이 중요하다.

성공적인 CEO 브랜드 커뮤니케이션 실행을 위해 필요한 마지막 요소는 조직 내외부의 체계적인 지원이다. 조직 내부에 실행 담당 부서를 둘 수 있고, 외부 전문가를 기용할 수도 있다. 가장 중요한 것은 CEO가 진정성을 갖고 주도적으로 꾸준히 진행해야 한다는 사실이다. 진정성이 없으면 하지 않는 것만 못하고, 주도적으로 하지 않으면 반응도 미온적이기 쉽고, 꾸준하지 않으면 성공적인 결과를 얻기 힘들다.

디지털 미디어 환경은 개인 이미지 공유 기회를 증가시켰다.

이에 따라 개인 이미지 관리가 그 어느 때보다 중요해졌다. CEO 브랜드 커뮤니케이션의 궁극적인 목표는 CEO에 대한 호감과 신뢰도를 확보하는 것이다. 이는 CEO 설득력과 리더십을 확장시켜 주고 나아가 기업가치 증대에 영향을 미친다. 이제 CEO 브랜드 커뮤니케이션은 충분한 원칙과 기준을 갖고 체계적이고 전략적으로 다뤄져야 한다.

– 매경이코노미 제1889 · 신년호(2017.01.01.~01.04일자) –

나의 체크리스트 My Checklist

01. 나는 첫인상을 좋게 하기 위해 나의 표정을 훈련하고 있다.

02. 나는 고객을 응대하는 직원이 가져야 하는 이미지에 대해 숙지하고 있고, 실천하고 있다.

03. 나의 표정이 좋다고 칭찬하는 고객들이 많다.

04. 나의 표정은 늘 무표정하거나 화가 나 있다.

QUIZ 1 첫인상을 결정짓는 요인 중 가장 많은 영향을 주는 요소는 무엇일까? 정답 ①

① 시각적인 요소 ② 청각적인 요소
③ 대화의 내용

사람이나 기업의 첫인상을 결정하는 데 가장 많은 영향을 끼치는 것은 바로 외관으로 보고 판단하게 만드는 시각적인 요소이다. 캘리포니아 대학의 심리학과 교수인 알버트 메라비언 교수의 연구 결과에 의하면, 첫인상을 결정짓는 데 크게 3가지 요소가 영향을 준다. 그중 가장 큰 영향을 주는 요소는 시각적인 요소(55%). 청각적인 요소(38%), 대화의 내용(7%)으로 나타났다.

QUIZ 2 이미지에 대한 설명이 아닌 것은? 정답 ③

① 다른 사람의 눈에 비쳐진 나의 모습
② 첫인상을 남길 수 있는 기회는 한 번이기에 처음 만남을 소중하게 생각해야 한다.
③ 이미지는 좀 가식적이어도 좋다.
④ 사람의 첫인상이 형성되는 데 걸리는 시간은 7초 내외이다.

이미지는 다른 사람의 눈에 비쳐진 나의 모습으로, 사람들이 의식적으로 만나는 사람이나 쳐다보다 갖게 되는 사람들에 대한 인상 형성의 과정 및 그 결과를 말한다. 또한 첫인상이 결정되는 데 걸리는 시간은 7초 내외로 빠르게 결정되며, 한 번 형성된 이미지를 바꾸는 데는 많은 노력과 시간이 소요된다.

연습문제

01 고객을 사로잡는 백만 불의 첫인상이 주는 효과가 아닌 것은?

① 회사의 외적 이미지가 강화된다.
② 내적 이미지와 외적 이미지가 어우러져 시너지 효과를 얻게 된다.
③ 개인뿐 아니라 회사를 찾는 고객이 많아진다.
④ 고객만 많아지고 얻는 소득은 별로 없다.

02 표정의 중요성에 대해 설명한 것이 아닌 것은?

① 회사의 첫인상을 좋게 한다.
② 자신과 상대방을 즐겁게 해준다.
③ 고객만 좋지 나 자신은 너무 힘들다.
④ 업무가 효율적으로 진행된다.

03 회사를 백만 불의 첫인상으로 만드는 요소는 무엇일까?

① 직원들의 고객을 대하는 밝은 표정
② 고객의 이야기를 무시하는 듯한 표정
③ 아무렇게나 입고 있는 유니폼
④ 고객에게 함부로 대하는 말투

04 고객에게 긍정적인 이미지를 주는 것은?

① 비딱하게 서 있는 자세
② 책상 위에 있는 지저분한 서류
③ 고객이 오면 밝게 일어나서 응대하는 직원의 표정
④ 덧붙임의 인사말

05 이미지를 형성하는 요소에 대한 설명 중 옳지 않은 것은?

① 이미지를 형성하는 데에는 언어적인 요소가 있다.
② 시각적인 요소로는 얼굴 표정, 옷차림, 자세 등을 말할 수 있다.
③ 청각적인 요소로는 목소리, 어조, 음색 등이 있다.
④ 이미지를 형성하는 데는 비언어적 요소가 필요 없다.

정답 01.④ 02.③ 03.① 04.③ 05.④

CHAPTER

04 서비스 심리학 이야기

학습목표

1. 고객의 기본적인 욕구에 대해 알 수 있다.
2. 감성 서비스를 제공하기 위해 우리가 만나는 여러 유형의 심리적 특성을 이해할 수 있다.
3. 감성 서비스 중 고객의 여러 가지 인지방법에 대해 알 수 있다.
4. 고객의 비언어적인 몸짓에 대해 알 수 있다.
5. 감성 서비스 스킬 중 가장 중요한 칭찬 스킬의 여러 형태에 대해 습득할 수 있다.

1 고객심리 서비스

물건을 구매할 때, 물론 상품이 좋아야 하는 것은 누구나 다 아는 사실일 것이다. 하지만 상품이나 제품이 아무리 좋아도 고객을 상대하는 직원이 고객의 외모만 보고 무시하는 말투와 무관심한 인상으로 대하게 되면 고객은 그 회사의 제품에 결코 호감을 가질 수 없다.

어떤 고객에게나 공평하게 대하는 직원의 태도가 무엇보다 중요하다고 본다. 직원이 먼저 최고의 명품이 되어야 할 것이다.

그러기 위해서는 고객의 심리적인 욕구를 충족시킬 수 있는 감성 서비스를 제공하는 것이 무엇보다 중요하다.

이번 장에서는 고객이 매일매일 보고 싶어 찾아오는 나를 만들기 위한 서비스 심리에 대해 알아보고자 한다.

2 고객의 2가지 욕구

고객에게는 기본적인 욕구와 실제적인 욕구가 있다. 즉, 회사를 방문하는 나름대로의 이유가 있어 방문할 것이다. 하지만 그 이면에는 그로 인해 만나는 직원들이 좀 더 친절했으면 하는 심리적인 욕구가 있는 것이다.

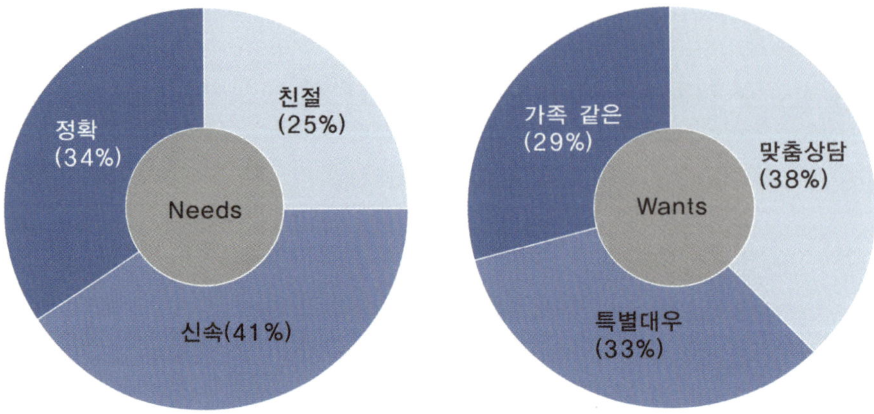

| 고객이 진실로 원하는 것 |

사 례 | 진정성 있는 감동적인 서비스 결과

비바람이 몰아치던 날 새벽, 미국 필라델피아의 작은 호텔로 노부부가 찾아왔다. 그들은 비에 젖은 채로 빈방이 있는지 물었다. 그러나 마침 빈방이 하나도 없는 상황이었다. 늦은 시간에 이 부부를 어떻게든 모셔야겠다고 생각한 야간 종업원은 "손님, 정말 죄송합니다. 오늘은 손님이 많이 오셔서 빈방이 없습니다. 좋은 방으로 안내해 드리고 싶지만 혹시 괜찮으시다면 제가 묵는 방으로 모시면 어떨까요?" 하고 공손히 여쭈었다.

노부부는 호텔 야간 종업원 덕분에 그날 밤 편안히 쉴 수 있었다.

다음 날 아침 노부부는 "친절한 당신 덕분에 편안하게 잘 수 있었습니다. 나중에 일급 호텔의 지배인이 될 수 있을 겁니다"라고 말하면서 직원의 인적 사항을 적고 호텔을 떠났다. 그로부터 2년 후, 그 직원은 뉴욕행 비행기표가 들어 있는 한 통의 편지를 받고 놀라움을 금치 못했다.

"2년 전 비바람이 몰아치던 늦은 밤, 내 아내와 함께 당신 방에서 자고 갔던 사람입니다. 당신의 친절을 지금까지 잊지 못하고 있습니다. 여기 뉴욕에 호텔을 새로 지어놓고 당신을 기다리고 있습니다. 부디 와서 호텔의 총지배인이 되어 주길 진심으로 바랍니다."

편지를 보낸 사람은 호텔 경영인인 존 제이콥 아스터였다. 지금의 뉴욕 '더 월도프 아스토리아'호텔은 이렇게 해서 세워졌다. 그리고 그 종업원이 '조지 볼트'였고 최초의 총지배인이 되었다.

고객의 감성을 흔드는 것은 바로 진심으로 고객을 대하는 작은 정성에서 시작된다는 것을 알 수 있다.

3 고객의 단계별 심리적 기대욕구

	Approach	니즈 탐색	문제 해결	마무리
	고객 니즈(Customer's Needs)			
직원이 하는 일	• 인사말 • 관계(친밀감) 형성	• 니즈 파악 • 고객 상황 파악 • 니즈 확인 • 추가 니즈 파악	• 니즈 수용 • 상품의 특징과 이점 설명, 증거자료 제시 • 제시한 이점에 대한 고객 등의 여부 확인	• 업무처리 내용 확인 • 응대만족 여부 확인, 소개 부탁, 명함, 안내장 전달 • 배웅 인사말, CRM 입력
고객이 기대하는 것	• 반갑게 맞아주었으면 • 안내를 잘 해주었으면 • 친절했으면 • 직원이 호감이 가는 사람이었으면 • 편안했으면	• 내가 원하는 것을 정확히 알아들었으면 • 내 이야기를 성의껏 들어주었으면 • 나의 상황이나 감정까지 이해해 주었으면	• 내게 꼭 필요한 해결안을 제안해 주었으면 • 내가 미처 몰랐던 문제까지도 해결해 주었으면 • 강요하지 않았으면	• 끝까지 친절 • 확신을 주었으면 • 감사해 주었으면 • 지속적인 서비스 약속

우리는 매일 고객을 만나게 된다. 고객은 여러 유형별로 구분되어 응대되지만, 크게 남성고객과 여성고객으로 나누어진다.

이렇게 우리가 만나는 남성고객과 여성고객은 선천적으로 다른 성향을 나타내게 되어 있는데, 그것을 안다면 더욱 효과적인 서비스를 제공할 수 있게 된다.

다음은 여성고객과 남성고객의 특성을 구분해 놓은 것이다.

- 언어와 관계지능 발달
- 관계 중시
- 신뢰, 호감도 중시
- 25,000단어 사용

남성	여성
좌뇌와 우뇌의 뚜렷한 구분	좌뇌와 우뇌의 유연한 연결
행동 발달	언어적 두뇌 발달
사고와 언어의 연결 안 됨	사고와 언어의 연결선이 많음
수리공간능력 발달	언어와 관계지능 발달
언어지능 저하	공간지능 저하
능력 중시	관계 중시
결과 중시	과정 중시
사실 중시	신뢰, 호감도 중시
10,000단어 사용	25,000단어 사용

이런 이유 때문에 남성고객의 경우, 합리적인 제안이나 실제적인 욕구에 대해 여성보다 좀 더 만족도를 나타내게 된다. 그러나 여성고객의 경우, 언어와 관계지능이 발달되어 자신에게 많은 미사여구를 써주고, 친밀감을 주는 사람에게 더 높은 신뢰감을 주게 되는 것이다.

여성의 경우, 내가 거래하는 직원의 신뢰와 호감도도 아주 중요하게 생각하여, 거래하는 기업의 직원이 좀 더 호감을 주는 사람이기를 원하는 경우도 많다 하겠다. 또한, 한 번 관계를 맺기가 어렵지, 한 번 관계가 맺어지면 그 기업이나 직원은 관계가 오래 유지됨을 볼 수 있다. 또한, 자신이 친한 지인들을 소개해 함께 어울리기를 원하는 경우도 많이 볼 수 있다.

많이 아는 이야기이지만, 여성은 하루에 25,000단어를 사용하기를 원해 자신의 이야기를 많이 들어주는 사람에게 아주 많은 호감을 가진다는 것이다.

1) 여성의 기본적인 심리 이해

- 여성은 지속적인 관심을 받아야 한다.

- 여성은 칭찬을 기다리고 있다.
- 여성은 감정이 급격히 변화한다.
- 여성은 기본적으로 수다떨기를 좋아한다.

2) 여성의 기본적인 구매심리 이해

- 여성은 작은 것에 감동한다.
- 여성은 두뇌동물이 아니라 정서동물이다.
- 여성은 과거보다 미래가치에 중점을 둔다.
- 여성이 구매를 시작하면 심리적으로 거미줄처럼 엉켜 있다.
- 여성은 향기와 음악에도 취한다.

사 례 | 여성의 심리를 이해하는 비법

01. 여성은 감성의 동물이다. 이성으로 설득 말고 감성에 호소하라.
02. 뉴스보다 드라마에 빠지는 것은 감성과 관계가 있다. 채널권을 포기하라.
03. 여성의 부정은 긍정이다. 슈퍼주니어의 '로꾸꺼'도 그래서 히트했다.
04. 칭찬은 작은 부위를 칭찬하라. 두루뭉술한 칭찬은 효과가 없다.
05. 작은 변화를 감지하라. 머리나 치장 등의 변화를 못 읽으면 대통령도 목석이다.
06. 수시로 변화구를 던져라. 어리둥절하면서 끌려오는 것이 여자다.
07. 남자의 칭찬에 "입술에 침이나 바르라"는 기분 좋아서 하는 말이다. 오해 마라.
08. 여성은 용모보다 목소리에 반한다. 부드러운 음성으로 다정하게 대하라.
09. 말보다 편지를 보내라. 문자 메시지나 이메일도 효과적이다.
10. 간섭하지 마라. 한눈파는 것은 용서받아도 간섭은 용서받지 못한다.
11. 얘기를 잘 들어줘라. 적재적소의 보디랭귀지가 효과를 증대시킨다.
12. 하찮은 행동도 조심하라. 여성의 안테나는 24시간 작동된다.
13. 용모나 화장의 단점을 말하지 마라. 여성에게 미모는 생명보다 중요하다.
14. 적당한 유머가 환영받는다. 유머는 내용보다 연출이 중요하다.
15. 말 많은 남자는 퇴출대상 1호다. 맞장구의 달인이 돼라.
16. 때로는 시인이 되고 때로는 야수가 돼라. 그래야 짱 소리를 듣는다.
17. 깍듯한 매너를 보여라. 노 매너는 노털 취급받는 지름길이다.
18. 한번 끌려다니면 평생 헤어나지 못한다. 때로는 역전시켜라.

19. 자존감을 높여줘라. 비싼 줄 알면서도 백화점 가는 것이 여성이다.
20. 한 번 상처 받으면 죽어도 잊지 못한다. 불조심보다 말조심이 급하다.
21. 여성의 과거에 집착하지 마라. 여성은 언제나 현재진행형이다.
22. 의미를 부여하는 말을 하라. 그것만으로도 존경의 대상이 된다.
23. 호기심을 불러일으켜라. 호기심은 호감으로 연결된다.
24. 따뜻한 남자가 돼라. 용모보다 감싸주는 남자에게 끌리는 것이 여자다.
25. 변덕이 죽끓듯 해도 화내지 마라. 참을성 있어야 내 편을 만든다.
26. 위하는 말을 하라. 한마디 말이 평생의 기쁨으로 자리잡는다.
27. 같은 말은 한번으로 충분하다. 자꾸 반복하면 적개심을 갖는다.
28. 항상 새로운 모습을 보여줘라. 생선도 신선한 놈이 값나간다.
29. 수시로 변신하라. 친구처럼 오빠처럼 때로는 아빠처럼 행동하라.
30. 여성은 소설가 기질이 다분하다. 믿기지 않으면 소설이라고 생각하라.
31. 실수가 있어도 눈감아줘라. 너그러움에 감동한다.
32. 자신감을 보여줘라. 약한 모습은 자살골과 같다.
33. 그녀의 친구에게 신경을 써라. 아바타는 그녀의 친구다.
34. 그녀의 친구와는 안전거리를 유지하라. 원근법을 활용하라.
35. 기대하지 않을 때 선물하라. 깜짝 선물은 위대한 힘을 발휘한다.
36. 질투심의 자극은 효과가 있다. 때로는 적당한 자극도 필요하다.
37. 여성에게 제 자랑은 하지 마라. 적당히 망가지는 것이 효과적이다.
38. 편안한 분위기를 만들어라. 미묘한 감정차이가 승부를 결정한다.
39. 때때로 눈을 들여다보며 말하라. 두리번거리면 실격이다.
40. 강요하지 마라. 강요는 반감을 사는 첫째 조건이다.
41. 차라도 종종 함께 마셔라. 공식(共食)행사가 하나를 만든다.
42. 때론 심하게 꾸짖어라. 울고 싶은 아이 뺨 때리기 작전이다.
43. 집착하지 마라. 잡으려고 하면 오히려 도망치는 것이 여자다.
44. 여성은 승인받고 싶은 욕구가 강하다. 먼저 인증샷을 날려라.
45. 몸으로 말하면 친밀감이 강해진다. 스킨십을 활용하라.
46. 여성은 복잡한 서술을 싫어한다. 간단명료하게 말하라.
47. 여성은 확실한 정보가 아니면 불신한다. 포장을 잘해 전달하라.
48. 여성은 분위기에 약하다. 무드 램프도 여자 때문에 생겨난 거다.
49. 본론부터 말하지 마라. 아리송하면서도 끌려오도록 하라.
50. 스스로 결정하게 하라. 타의로 결정하면 번복은 시간문제다.

— http://bookwormkorea.wordpress.com —

4 눈짓과 몸짓으로 대화하는 7가지 비결

눈짓과 몸짓으로 사람의 마음을 읽는 것은 자전거를 배우는 것과 비슷하다고 할 수 있다. 처음 자전거를 탈 때는 걱정 반 두려움 반으로 쓰러지지 않으려고 주변을 신경쓰느라 운전할 경황이 없다. 전체적인 운전환경에 신경쓰며 시선을 자유자재로 움직일 수 있을 때가 돼서야 기분 좋게 탈 수 있을 것이다.

1) 무심코 보지 말고 관찰하라

주의 깊은 관찰은 신체언어를 이해하는 데 중요한 역할을 한다. 꾸준한 관찰을 통해 사람들의 마음을 읽고 그들의 비언어를 성공적으로 간파하기 위해 꼭 필요한 일이다.

한 실험에서 학생들에게 비디오를 보여주면서 둥글게 서 있는 사람들이 서로 공을 주고받은 횟수를 세어보라고 주문했다. 도중에 고릴라로 분장한 사람이 뛰어들어 장난을 쳤지만 학생들의 절반 이상은 고릴라의 존재를 알아차리지 못했다.

무엇보다 중요한 것은 관찰을 습관화 하라는 것이다. 관찰은 근육과 같아서 사용하면 강해지고 사용하지 않으면 퇴화한다. 자신의 관찰 근육을 사용하라. 그러면 주위의 세상을 더욱 잘 간파할 수 있을 것이다.

취업 면접을 치를 때 지원자들은 처음에 긴장을 하지만 그 긴장감은 곧 사라진다. 하지만 특정 질문을 받으면 다시 긴장하는 경우가 있다. 그럴 때는 평소 비슷한 경험을 떠올리며 왜 다시 긴장하게 되는지 스스로 답을 찾아보는 것이 중요하다.

2) 관찰하고자 하는 것을 모르게 하라

처음으로 미스테리 쇼핑을 하기 위해 방문하는 사람은 평가하기 위해 종사원을 뚫어져라 쳐다보는 경향이 있는데, 이것은 바람직하지 못하다. 그러면 상대방이 눈치챌 경우 의도된 행동을 할 수 있다. 상대방이 모르게 관찰할 수 있는 기술이 숙달되면 눈에 띄지 않게 다른 사람을 관찰할 수 있다. 오직 연습과 경험이 필요할 뿐이다.

3) 편안한 행동과 불편한 행동을 구별하라

다른 사람의 행동에서 편안함과 불편함의 단서를 읽는 법을 익히면, 그들의 몸과 마음이 무엇을 말하는지 정확하게 해석하는 데 도움이 된다. 만약 어떤 행동이 무엇을 의미하는지 구별하기 어렵다면 만족스러운 편안한 행동으로 보이는지, 스트레스를 받는 듯한 불편한 행동으로 보이는지를 파악하라. 그 차이를 구별하는 능력은 상대를 정확하게 파악하는 데 큰 도움이 된다.

4) 본능적으로 드러나는 사람들의 보디랭귀지를 기억하라

사람들은 일반적으로 유사하고 보편적인 신체언어를 보여준다. 예를 들어 입술이 보이지 않을 정도로 입을 굳게 다무는 것은 어떤 어려움에 처했음을 나타내는 분명한 신호인데, 이러한 보편적 비언어를 더 많이 인식하고 정확하게 해석할 수 있다면 주위 사람들의 생각과 감정, 의도를 더욱 효과적으로 평가할 수 있다.

5) 평소의 모습을 잘 기억해 둬라

매일 접하는 사람들의 평소 행동을 알기 위해서는 그들의 일반적인 표정, 앉는 자세, 손과 발의 위치, 머리 기울임을 관찰하고 평소 휴대폰이나 지갑 같은 소지품을 어디에 두는지 주의할 필요가 있다. 그들의 평소 얼굴과 스트레스 받은 얼굴을 식별할 수도 있어야 한다.

중요한 것은 어떤 사람의 행동 변화는 뭔가가 잘못되었음을 암시하므로 더 많은 주의가 필요하다는 사실이다. 이러한 신호가 퍼즐 조각들처럼 작동해서 조각이 많아질수록 그것을 맞춰 전체 그림을 정확하게 볼 가능성이 높아진다.

6) 갑작스런 행동의 변화에 주목하라

갑작스런 행동의 변화는 그 사람이 정보를 어떻게 처리하고 있는지, 또는 감정적인 일에 어떻게 반응하고 있는지를 드러낸다. 놀이공원에 간다는 기대로 잔뜩 들떠 있던 아이는 그 공원의 문이 닫혔다는 사실을 알게 되는 즉시 행동이 바뀐다. 어른들도 마찬가지다. 나쁜 소식을 듣거나 상처 주는 상황에 직면하면 몸은 즉각 반응한다.

행동의 변화는 그 사람의 관심이나 의도를 드러내기도 한다. 그런 변화를 주의 깊게 관찰하면 어떤 일이 발생하기 전에 미리 알 수 있다. 특히 예상되는 일이 자신이나 다른 사람에게 해를 끼칠 수 있는 경우라면 사전에 대응해 피할 수도 있다.

7) 특별한 상황에서만 나타나는 행동을 파악하라

보편적인 신체언어는 모든 사람에게 비슷하게 나타난다. 그러나 특이한 행동은 개인마다 차이가 있다. 특이한 신호를 알아내려면 일상생활에서 친구, 가족, 직장동료 등의 행동패턴을 지켜볼 필요가 있다. 한 개인에 대해 더 잘 알수록 또는 그 사람과 오랫동안 관계를 맺을수록 특이한 신호를 쉽게 발견할 수 있다. 예를 들어 시험을 보기 전에 머리를 긁적이거나 입술을 깨문다면 초조함이나 미흡한 시험 준비의 신호로 읽을 수 있는데, 이것은 그가 스트레스를 다루는 한 방법으로 나타나고 거듭되는 그런 행동을 파악할 수 있을 것이다.

5 감성 서비스 이해하기

1) 고객의 인지방법의 차이

▶ 획일화된 서비스와 감성 서비스의 차이

획일화된 서비스	감성 서비스
• 90도의 인사를 해야 한다. • 목소리는 솔 톤으로 높게 해야 한다. • 가식적인 표정을 섞어 한다. • 의미 없는 표정을 한다. • 상황에 관계없이 일관된 서비스를 제공한다.	• 고객마다 다른 서비스를 제공한다. • 자연스러운 표정으로 대한다. • 고객에게 상황에 맞는 인사말을 한다. • 자연스럽고 적극적인 접근을 한다. • 오감을 자극하는 감성 서비스를 제공한다.

2) 고객 인지방법의 5가지 요소

① 시선 교환

고객을 볼 때 시선을 교환하면, 여러분이 그 고객에게 신경쓰고 있다는 느낌을 줄 수 있다. 관심의 표현이라는 것이다. 비록 내 앞에 있는 고객이 아니더라도 고객과 눈이 마주치면, 과장되지 않은 표정으로 고객에게 시선을 보내는 것이 좋다.

또한 고객이 말을 할 때는 고객 쪽으로 약간 몸을 구부리면, 고객의 말을 아주 중요하고 흥미롭게 생각하고 있다는 것을 말해주게 된다.

② 얼굴표정

우리 모두 다음과 같은 암시를 알고 있다. 치켜 뜬 눈썹은 놀라움을, 윙크는 은밀한 동의나 협조를, 굳게 다문 입술은 반대를, 밝은 미소는 호의를 암시한다. 당신의 얼굴은 목소리를 내지 않을 때도 의사소통을 한다.

③ 침묵

아무것도 말하지 않을 때도 의사소통은 진행되고 있다. 고객과 이야기할 때, 가끔 침묵을 지켜주는 것도 고객과의 친밀한 관계 형성을 위한 좋은 방법 중 하나이다. 고개를 끄덕이는 것만으로도 여러분이 경청하고 있고, 듣고 있고, 이해하고 있다는 것을 알 수 있다.

여기서의 침묵이 지속적인 침묵을 의미하는 것은 아니다. 가끔 "네, 그러세요."라고 말함으로써, 당신이 이야기를 듣고 있다는 것을 알려준다.

④ 닫힌 제스처

열린 제스처가 아닌 닫힌 제스처, 즉 팔짱을 굳게 끼고 있다든지, 동료와 모여 잡담을 한다든지, 두 손을 주머니에 넣고 있는 모습은 고객에게 친밀감을 주지 못한다.

⑤ 고객의 모습 따라가기

고객이 말할 때 고객 쪽으로 몸을 당기면, 우리가 고객의 이야기를 중요하게 느끼고 있다고, 또 흥미롭게 느끼고 있다고 생각하게 해준다.

3) 고객의 비언어적 몸짓 이해하기

① 고객의 몸짓 언어를 공부하라

1988년 뉴저지주의 웨스트 오렌지 모티베이션 연구소가 수행한 연구 결과에 의하면, 12,000명의 조사대상자들 중 72%가 사람들을 처음 만났을 때, 언어적인 커뮤니케이션보다는 비언어적 커뮤니케이션에 보다 많은 비중을 두었음을 알아냈다.

UCLA대학에서 실시한 조사에서도 비슷한 결과가 나왔는데, 사람의 말이나 언어적 커뮤니케이션은 조사대상자의 7%에게만 효과가 있다는 것이다. 38%는 사람의 말투에서, 56%는 시선, 제스처, 신체언어, 복장 등의 비언어적 형태의 커뮤니케이션에 효과를 보였다. 즉, 효과적으로 커뮤니케이션된 것 중 93%가 비언어적인 것이다.

우리가 고객에게 처음부터 말로 대단히 좋은 인상을 심어주는 것은 너무나 어려운 일임을 모두 알고 있다. 마찬가지로, 우리가 고객을 대할 때도 그들의 언어적인 커뮤니케이션도 중요하지만, 그보다 앞서 고객의 몸짓 언어를 공부하고 관찰하게 되면, 고객이 우리에게 무엇을 말하는지, 제품에 확신이 안 선다든지, 더 많은 정보를 알고 싶다든지, 질문을 하고 싶다든지, 혹은 당신의 제안에 강한 반발을 하고 있는지 알 수 있다.

② 고객의 몸짓 언어로 심리상태 알기

다음 그림에 나와 있는 몸짓 언어를 보고, 고객의 심리상태를 이야기해 보자.

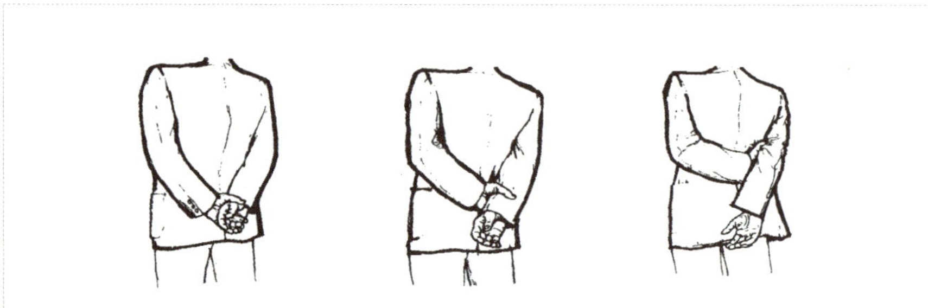

여러분은 고객으로부터 어떤 형태의 비언어적인 신호를 알아냈는가?

조금 더 관심을 보였을 때 고객의 행동은 달라졌는가?

흥미롭게도 손이 등 위쪽으로 올라갈수록, 그 사람은 화가 점점 더 난다는 것을 의미한다. 예를 들어, 오른쪽 남자는 손이 손목이 아니라 팔의 윗부분을 꽉 잡고 있으므로, 가운데 있는 남자보다 화를 더 자제하려고 애쓰는 것으로 나타나고 있다. '너 자신을 잘 파악해라'와 같은 감정 표현을 일으키는 제스처 유형이다. 이 제스처는 구매자를 방문했을 때 응접실에서 기다리라는 말을 들은 판매원이 종종 사용한다. 이것은 판매원의 초조함을 숨기기 위한 시도이며, 민첩한 구매자는 그것을 쉽게 감지한다. 자기억제를 나타내는 제스처를 손바닥을 맞대는 제스처로 바꾼다면 침착하고 자신만만한 느낌을 갖게 될 것이다.

4) 어떠한 형태든 먼저 인사하기

① 고객에게 한 발자국 나아가기

잠시 눈을 감고 생각해 보자. 지금 고객이 당신 앞으로 걸어오고 있다.

당신은 고객을 어떤 모습으로 당신의 공간으로 초대하고 있는지?

우리 속담 중에 이런 말이 있다. "반가운 사람을 맞이할 때는 버선발로 나아가서 반겨라." 반가운 손님이 오셨을 때 버선발로 빨리 뛰어가서 반기는 모습이 바로 우리 정서였고, 그것이 말로는 표현되지 않았지만 반가움을 나타낼 수 있는 가장 큰 표현방법이었다.

우리 공간으로 오는 손님들. 버선발로 뛰어 나가 반기지는 못하지만, 초대되어 오신 손님을 반갑게 맞이하는 마음으로 한 발자국 앞서 나가 고객을 맞이하여 보자.

② 고객에게 온화한 미소 짓기

인사할 때의 온화하고 다정한 분위기는 신뢰관계를 맺는 데 영향을 준다. 여기에는 온화하고 다정한 분위기 그 이상의 무언의 메시지가 담겨 있다.

– 미소는 미모보다 아름답다. –

- 전문가 정신
- 사적인 접촉
- 자신감
- 온화함
- 진실성

위와 같은 의미를 내포하므로, 고객은 당신이 아주 다정한 사람이며, 만나서 반갑다는 인상을 받게 된다.

③ 친근감 있는 호칭 사용하기

고객과의 친밀한 관계 구축을 위해 우리가 꼭 해야 하는 것 중 하나는, 바로 당신을 고객에게 친근감 있게 소개할 수 있어야 한다는 것이다. 성공적인 판매 전문가들은 성공적인 클로징을 위해 이러한 호칭의 사용이 얼마나 중요한지를 잘 알고 있다.

우리는 사람을 소개받았을 때 단 7초 만에 금방 들었던 상대의 이름을 잊어버리게 된다고 한다.

그러므로 항상 사람의 이름을 메모지나 일일계획표 같은 데 메모하는 습관을 키우도록 한다. 자신 앞에 쓰여 있는 이름을 보면, 당신은 고객의 호칭이나 이름을 아주 친근감 있게 부르게 될 것이다.

▶ 고객들에게 편안함과 친근감을 줄 수 있는 호칭을 연구해 보자.

나의 고객인지 체크리스트

• 나의 하루 체크하기

1. 출근 후 처음 만나는 동료에게 먼저 인사하는 편인가?
2. 하루에 내가 고객의 시선과 교환하는 횟수는 몇 번인가?
3. 고객이 나의 공간 안에 왔을 때, 한 발자국 앞으로 다가가는가?
4. 고객이 나에게 도움을 요청할 때, 적극적인 응대가 이루어지고 있는가?
5. 회사 밖에서, 고객을 만났을 때도 적극적으로 응대하는가?
6. 다른 고객에 몰두해 있을 때에도 고객 응대가 이루어지는가?
7. 나는 고객에게 상황에 대해 잘 설명해 주고 있는가?

비언어적 커뮤니케이션 체크리스트

1. 나는 신체언어를 이해하는 가치와 중요성에 관해 쓴 글이나 책을 한번이라도 읽어본 적이 있다.
2. 나는 상대방의 말을 잘 들어준다.
3. 나는 남을 잘 설득시킨다.
4. 나는 동료들이나 고객들의 여러 가지 커뮤니케이션 스타일을 알고 있다.
5. 나는 새로운 커뮤니케이션 기법을 배우고, 응용해 보려 하고 있다.
6. 자신을 잘 이해하는 것이 남들과의 커뮤니케이션에도 매우 효과적이다.
7. 나는 고객과 대화할 때, 내가 어디를 보고 있는지 주의를 기울인다.
8. 나의 부자연스러운 태도를 확인하여 제거하기 위해 친구나 동료들과 같이 검토해 본 적이 있다.
9. 나는 목소리에 미소를 담아 보내는 것이 왜 중요한지를 알고 있다.
10. 나의 신체언어는 고객에게 신뢰감을 준다.

6 고객에 대한 감성표현 3단계

우리가 매일 만나는 회원이나 고객에게 해야 하는 감성표현에 대해 알아보기로 한다. 이것은 크게 3단계로 나눌 수 있다.

고객에게 환영을 표시한 뒤 친근하게 다가가서, 마지막으로 칭찬과 감사표현으로 마음의 문을 열어야 한다.

1) 고객에게 환영을 표시하는 단계

* 고객이 들어오시면

- 밝은 인사말과 미소는 고객을 환영하는 가장 좋은 표현이다.
- 고객이 매장을 둘러볼 때에는 잠시 고객을 주목한 후 정중하게 내부로 유도한다.
- 고객이 계속해서 매장 안을 서성일 때는 정중한 자세와 상냥한 미소로 대기한다.

* 순서를 기다리는 고객에게는

- 가끔 미소 띤 얼굴로 눈을 마주치며 곧 도와드리겠다는 의사표현을 한다.
- 기다린 고객이 내 앞으로 다가오면 "기다려주셔서 고맙습니다"라고 양해 인사를 한다.

2) 친근하게 다가가는 단계

* 고객에게 날씨, 교통 등과 같은 일반적인 화제로 말을 건넨다.
* 음료 또는 차를 권하는 것은 좋은 방법이다.

- 고객님, 밖에 날씨가 아주 덥죠? 시원한 음료 한 잔 드릴까요?
- 고객님, 요즘 비가 너무 자주 오죠? 오시는 길이 불편하지는 않으셨어요?
- 고객님, 이쪽으로 오시는데 길이 막혀 고생하셨지요? 많이 애쓰셨어요.~
- 고객님, 시원한 음료 드시겠어요? 제가 특별히 시원한 주스 준비해 드릴까요?
- OOO님, 향이 좋은 커피/ 따뜻한 커피/ 방금 내린 커피 한 잔 드릴까요?

3) 칭찬과 감사로 마음의 문을 여는 단계

상황	호감 표현
고객의 외모	헤어스타일이 바뀌셨네요? 참 잘 어울리세요~!
고객 근황	지난번 감기는 다 나으셨습니까?
자녀동반 고객	따님이 참 예쁘시네요.
장년층 고객	고객님, 나이에 비해서 무척 젊어 보이시네요. 부럽습니다.
오래 기다린 고객	고객님, 오래 기다리셨죠! 죄송합니다. 제가 빨리 도와드리겠습니다.

| 칭찬 스킬 1 |

일반적인 내용이 아닌 구체적인 고객의 행동이나 장점을 꼭 짚어서 칭찬한다.

• 고객님, 정말 대단하시네요!

  고객님의 상품에 대한 안목이 정말 대단하시네요!

• 고객님, 정말 고우세요!

  고객님, 손이 정말 고우시네요!

• 고객님, 오늘 참 멋져 보이세요!

  고객님, 오늘 의상 코디를 너무 잘하셨네요.

| 칭찬 스킬 2 |

고객 행동의 특성이나 장점이 다른 사람에게 미치는 영향에 대해서 표현하는 칭찬을 한다.

• 유머가 넘치시네요!

  고객님의 유머 덕분에 오늘 하루 피곤이 확 가시는 것 같네요!

• 정말 이해가 빠르시군요!

  이해가 빠르셔서 제가 설명드리기가 너무 수월합니다.

- 활기차 보이세요!
  고객님의 활기 덕분에 에너지가 충전되는 것 같습니다.

| 칭찬 스킬 3 |

단골고객에 대한 칭찬

- 저희 ㅇㅇ회사와 오랜 인연을 맺고 계시네요.
  고맙습니다.
- 사장님, 지난번 뵈었을 때보다 더 활기차 보이세요.
  요즘 좋은 일 있으세요?
- 어르신 덕분에 저희 회사가 많은 도움을 받고 있습니다.

| 칭찬 스킬 4 |

사회적 인정, 존경의 표현

- 사장님과 같이 품격 있는 분들이 많이 선택하십니다.
- 사장님과 같이 덕망이 높으신 분을 모시게 되어 영광입니다.
- 지난번 저희 아이가 아팠을 때 의사선생님이 대단하시다는 것을 다시 한 번 느끼게 되었어요.(직업에 관련된 칭찬)

사 례 | 칭찬의 기술

켄 블랜차드의 칭찬 10계명

① 칭찬할 일이 생겼을 때 즉시 칭찬하라.
② 잘한 점을 구체적으로 칭찬하라.
③ 가능한 한 공개적으로 칭찬하라.
④ 결과보다는 과정을 칭찬하라.
⑤ 사랑하는 사람을 대하듯 칭찬하라.
⑥ 거짓없이 진실한 마음으로 칭찬하라.
⑦ 긍정적으로 관점을 전환하면 칭찬할 일이 보인다.
⑧ 잘못된 일이 생기면 관심을 다른 방향으로 유도하라.
⑨ 일의 진척이 여의치 않을 때 더욱 격려하라.
⑩ 가끔씩 자기 자신을 스스로 칭찬하라.

스즈키 요시우키의 칭찬의 기술

① 자신을 칭찬하라. - 자연스런 칭찬은 상대에 대한 관심과 관찰에서 비롯된다.
② 믿고 일을 맡겨라. - 일을 맡길 때 "부탁한다, 믿고 맡긴다"고 명확하게 말하라.
③ 상대의 영향력을 말로 전달하라. - "자네 앞에서는 왜 그런지 솔직해지는군." 등의 말을 표현한다.
④ 상대의 존재가치를 높이는 소개를 하라.
⑤ 화내지 말고 질책하라.
⑥ 답을 제시하지 말고 상대의 의견을 구하라. - 의견을 구하는 것은 "나는 너의 의견을 존중한다"라는 메시지다.
⑦ 사과하는 것은 힘이다. - 부하직원에게 고개를 숙일수록 부하직원은 상사를 신뢰한다.
⑧ 아랫사람이 선택하게 하라.
⑨ 부하직원을 접대하라.
⑩ 메일을 받으면 빨리 답장을 써라.
⑪ 진심을 담아서 선물하라. - 선물하는 행위도 칭찬의 일종이다.

나의 체크리스트 My Checklist

01. 나는 고객심리에 대해 관심을 가지고 있다.
02. 나는 제품을 선택할 때 이성보다는 감성에 많이 좌우된다.
03. 나는 고객의 다양한 메시지에 대하여 관심 있게 살피고 있다.
04. 나는 고객에게 적절한 덧붙임말, 혹은 칭찬을 하고 있다.
05. 나는 고객의 관심사항이 무엇인지 알고 있다.

QUIZ 1 고객은 기본적으로 두 가지의 욕구를 지닌다고 한다. 다음 보기를 설명한 것을 찾아보시오.

① 나를 응대하는 직원이 나의 상황을 이해해 주었으면
② 나를 만나는 직원이 친절했으면
③ 내가 기대하지 않은 부분까지 체크해 주었으면
④ 끝까지 친절했으면

고객은 두 가지 욕구를 지니는데, 실제적인 욕구와 심리적인 욕구가 있다고 한다. 실제적인 욕구가 회사를 거래하는 기본적인 이유가 충족되는 것이라면, 심리적인 욕구는 고객의 심리적인 면으로 그 이면에는 응대하는 직원이 좀 더 친절하고, 더 특별한 대우를 받기 원하는 부분이 있다고 하겠다.

정답 심리적 욕구

QUIZ 2 고객 응대에 있어서 기본적인 서비스도 중요하지만, 고객의 마음을 움직이는 감성 서비스도 무척 중요하다 하겠다. 감성 서비스의 여러 가지 예를 표현한 것 중 거리가 먼 것은? 정답 ②

① 고객은 아주 작고 세심한 것에 감동받게 되므로, 세세한 부분까지 신경을 쓰는 세심한 서비스를 제공해야 한다.
② 감성 서비스는 고객의 마음만 감동하면 되므로, 말만 멋지게 해드리면 된다. 따라서 칭찬만 많이 하면 된다.
③ 고객에게 친밀감을 더해 드리는 서비스가 바로 감성 서비스이다.
④ 고객의 작은 몸짓 하나에도 신경을 써드리는 서비스를 제공하기 위해서는 고객에게 끊임없는 관심을 가져야 한다.

연습문제

01 감성 서비스의 3단계 표현에 해당하지 않는 것은?

① 고객을 환영하는 단계
② 고객을 배웅하는 단계
③ 친근하게 맞이하는 단계
④ 칭찬과 감사로 마음의 문을 여는 단계

02 감성 표현 중 칭찬의 여러 가지 스킬이 아닌 것은?

① 사회적 인정, 존경의 표현을 칭찬한다.
② 장기 거래 회원과 고객에 대한 감사의 표현을 담아 칭찬한다.
③ 구체적인 고객의 행동이나 장점을 칭찬한다.
④ 일반적인 칭찬만 하면 된다.

03 감성 서비스에 대한 여러 가지 예 중 잘못된 것은?

① 고객에게는 항상 90도의 정중례만 해야 한다.
② 오감을 자극하는 감성 서비스를 제공한다.
③ 고객에게 상황에 맞는 인사말을 한다.
④ 자연스럽고 적극적인 접근을 한다.

04 고객의 wants에 해당되지 않는 것은?

① 고객 스스로에게 맞는 맞춤상담을 한다.
② 가족 같은 서비스를 제공한다.
③ 특별대우를 받는다는 느낌이 들도록 한다.
④ 정확하게 업무처리를 한다.

05 여성 고객이 지닌 감성 심리에 대한 설명 중 잘못된 것은?

① 언어관계를 중시한다.
② 좌뇌와 우뇌의 뚜렷한 구분
③ 신뢰, 호감도를 중시한다.
④ 25,000단어를 하루에 사용한다.

정답 01.② 02.④ 03.① 04.④ 05.②

CHAPTER

05 진정성 있는 인사의 매력

학습목표

1. 서비스맨으로서 꼭 해야 하는 인사의 중요성에 대해 알 수 있다.
2. 서비스맨의 인사 5대 포인트에 대해 정확하게 이해할 수 있다.
3. 사내에서 발생되는 다양한 인사방법에 대해 알아볼 수 있다.
4. 시내 상황에 맞는 적절한 인사말에 대해 알아본다.
5. 잔정 담긴 인사와 인사말에 대해 알아본다.

1 인사는 인간관계의 시작

우리는 매일 가족이나 직장 동료, 혹은 많은 고객들을 만나게 된다. 우리가 만나는 사람들과 주고받는 인사는 인간관계에 긍정적인 역할을 하게 된다.

이렇게 인사란 우리 생활에서 빠질 수 없는 바로 '사람이 해야 하는 일'인 것이다. 첫눈에 보이는 상대방의 모습, 그리고 그 사람의 행동, 사람들은 그것으로 그 사람의 됨됨이를 보게 된다.

수많은 고객을 대하는 서비스맨으로서 인사하는 태도는 이러한 의미에서 생각해 볼 때 더욱 중요하다고 볼 수 있다. 그렇다면 인사의 중요한 의미에 대해 알아보기로 하자.

2 인사의 의미

- 마음에서 우러나오는 만남의 첫걸음이며, 마음가짐의 외적 표현

- 상대방에 대한 존경심과 친절을 나타내는 형식
- 상대방이 느낄 수 있는 첫 번째 감동과 인간관계가 시작되는 신호
- 인사는 상대방을 위하기보다는 자기 자신을 위하는 것

안녕하십니까?	만났을 때의 인사, 밝은 표정과 함께
어서 오십시오.	기쁜 마음으로 상대방보다 먼저 인사
감사합니다.	감사하는 마음을 담아서
죄송합니다.	솔직 담백한 마음으로
알겠습니다.	"알았어요"는 지양한다.
잠시 기다려주십시오.	"잠깐만요"는 고객에 대한 실례
기다리게 해서 죄송합니다.	기다리게 했을 때는 죄송한 마음을 담아서

어떻게 인사하느냐에 따라 인사받는 사람의 느낌은 달라진다. 위에 예시된 것처럼 인사말을 잘 한다고 하더라도 어떤 직원이 하는 인사는 상당히 밝고 기분 좋게 느껴지는 반면, 어떤 사람은 오히려 불쾌하게 느껴지기까지 한다. 똑같은 "안녕하십니까?"라고 함에도 서로 다르게 느껴지는 이유는 무엇일까?

바로 인사를 건네는 말보다 마음이 담긴 표정과 어투에서 비롯된다. 반가운 표정과 상냥한 어투로 상대를 보고 인사했는지와 그렇지 않았는지의 차이는 크게 다르다.

3 인사의 5대 포인트

1) 인사는 내가 먼저 해야 한다

인사란 '내가 당신을 보았습니다'라는 사인이라고 할 수 있기 때문에 먼저 본 쪽이 인사를 하는 것이 자연스럽다. 누구라도 자신의 존재를 인정받는다면 기쁠 것이다. 인사의 주도권은 누군가와 만났을 때 최초의 10초에 달려 있다고 한다. 즉, 고객을 보면 저절로 허리가 굽어져야 할 것이다.

당신이 만나는 사람이 고객이든, 상사이든, 부하직원이든 상대방이 나를 알아볼까? 기억하고

있을까? 인사를 받아줄까 걱정하지 말고 먼저 인사하도록 한다.

2) 상대방의 눈을 보며 한다

눈을 보지 않고 인사하면 인사를 하더라도 마음에 와 닿지 않는다. 따라서 처음 만남에서부터 인사로 상대의 마음을 사로잡아 자신에 대한 인상을 강렬하게 남기는 것이 좋다.

실제로 엉뚱한 곳에 시선을 주면 불성실한 인상을 주게 되는 반면, 눈을 보고 인사하면 상대방에 대한 신뢰감이 더욱 형성된다고 한다.

시선교환이 있을 때	시선교환이 없을 때
• 성실 • 친근감 • 숙련 • 자신이 있다. • 신뢰할 수 있다.	• 냉정하다. • 변명 • 미숙 • 자신이 없다. • 신뢰성이 결여되어 있다.

3) 표정은 밝게 한다

+α로 인간관계를 풍부하게 하도록 한다.

4) 인사말을 명랑하고 분명하게 한다

큰 소리를 내지 않고도 음정을 다소 높이면 듣기도 쉽고 밝은 인상을 줄 수 있다. “안녕하십니까?” 하고 끝부분을 살짝 올리기만 해도 밝은 음성을 연출할 수 있다.

예 “어서 오십시오. 반갑습니다.”
“안녕하십니까? 좋은 아침입니다.”

5) TPO(Time, Place, Occasion)에 맞추어 한다

① 복도에서

- 상대방과 시선을 맞춘다. 밝은 미소를 띠며 간단히 인사말을 한다.
- 인사하고 다시 만날 때는 밝은 표정으로 가볍게 목례한다.

② 멀리 있을 때

- 먼저 가볍게 목례한다.
- 자연스럽게 다가가 제대로 인사한다.
- 인사는 반드시 정지한 상태에서 눈을 마주치고 해야 한다.

③ 앉아 있을 때

- 상사 : 같은 눈높이에서 인사한다.
- 동료 : 가볍게 목례한다.
- 앉아서 열심히 작업하는 중에는 일부러 인사하지 않아도 무방하다.
- 업무 중이라면 여유 있는 상황일 때 인사하면 좋다.

나의 친절도 점수는?	평가
1. 아침에 가족, 동료에게 "안녕하십니까." 하고 밝게 인사한다.	
2. 퇴근 후 "다녀왔습니다"라는 인사를 한다.	
3. 아는 사람과 만났을 때 목례와 함께 미소를 지으며 인사한다.	
4. 누군가의 옆을 지나갈 때, "실례하겠습니다. 잠시만 지나가겠습니다"라고 말한다.	
5. 엘리베이터에서 내리거나 탈 때 같이 있는 사람에게 "먼저~"라는 말을 하는 편이다.	
6. 고객과의 대화 중에 휴대폰이 울린다면, "실례하겠습니다"라고 말한 뒤에 통화한다.	
7. 솔직하게 "죄송합니다", "잘못했습니다"라고 말한다.	
8. 고객이 부를 때 밝은 표정으로 "예"라고 대답한다.	
9. 식사 시 "잘 먹겠습니다", "맛있게 드십시오"라는 말이 습관화되어 있다.	
10. 다른 사람에게 사소한 일이라도 도움을 받거나 고마움을 표시할 때 "고맙습니다"라고 말한다.	

사 례 | 요구르트 아줌마

여의도에서 최고의 매출을 자랑하는 요구르트 아주머니가 있다. 이 아주머니의 성공비결을 물어보면 이렇게 말한다.

"매일 만나는 사람마다 인사를 하다 보면 상대방은 누군지도 모르면서 인사를 받는다. 그러나 어느 날부터는 인사를 하면 아는 체를 한다."

내가 나중에 사무실에 들렀을 때 그들은 비로소 내가 요구르트 아줌마라는 사실을 알게 된다.

그들 대부분은 이미 인사를 통해 알게 된 나를 반가워하고 고객이 된다.

"세일즈의 성공은 인사부터 시작된다."

한 달 수입이 1,000만 원이 넘는 요구르트 아줌마의 성공비결이다.

4 상황별 인사방법

상황	인사방법
상대방이 멀리서 다가올 때	인사말을 먼저 하고 인사한다.
상대방이 먼저 인사를 했을 때	반드시 대답 후에 인사한다. "네, 안녕하십니까?"
앉아서 인사할 때	앉은 자세에서 목례로 인사한다.
업무 중 상사가 지나갈 때	앉아서 눈인사 혹은 목례를 한다.
복도, 계단을 지나칠 때	간단한 예의를 표한 후에 눈높이가 맞을 때 인사한다. 인사 후 상사가 지나갈 수 있도록 자리를 약간 옆으로 비껴 선다.
전화통화 중일 때	눈인사를 한다. 용무가 있는 경우 "잠시 기다려주시겠습니까?"라고 부탁한 후 가급적 빨리 끊는다.
외출 시	목적, 장소, 시간 등을 분명하고 구체적으로 말한다. 외출 시 "다녀오겠습니다"라고 말한다.

5 호감을 주는 5단계 인사법

1) 고객을 향해 선다

- 어깨에 힘을 빼고 가슴과 등은 바르고 자연스럽게 편다.
- 시선은 정면을 향하게 하고 표정은 온화하게 한다.
- 여성은 오른손을 위로, 남성은 양손을 달걀을 쥔 모양으로 만들어 가볍게 바지 재봉선에 닿도록 한다.

2) 상체를 굽힌다

- 목이 아닌 허리를 굽힌다.
- 시선을 자연스럽게 아래로 향하되 고개를 떨어뜨리지 말고 등과 목이 일직선이 되도록 한다.

3) 멈춘다

- 고개를 숙였을 때 약 1초간 정지한다.

4) 상체를 든다

- 내려갈 때보다 약간 천천히 들어야 정중한 느낌이 든다.

5) 똑바로 선다

- 시선은 다시 상대를 향하도록 한다.

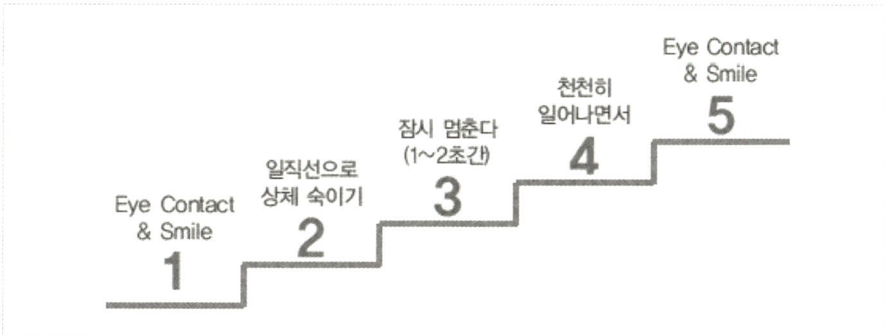

| 인사 5단계 |

6 다양한 인사방법

1) 부드러운 눈인사

- 화장실 및 공공장소
- 업무로 바쁜 상황일 때
- 상대의 눈을 부드럽게 응시한다.
- 가볍게 머리만 숙인다.

2) 가벼운 인사(목례 : 15도)

- 확인, 고객 응대 시
- 엘리베이터 안, 복도, 계단에서 상사나 고객을 자주 만날 때
- 고개를 약 15도 정도 굽힌다.

3) 일반적인 인사(보통례 : 30도)

- 회사생활에서 보편적으로 처음 하는 인사
- 고객맞이 / 배웅 시
- 상체를 약 30도 정도 굽힌다.

4) 정중한 인사(정중례 : 45도)

- 고객감사, 죄송할 때
- 직위가 높은 고객이나 회원께 하는 인사
- 상체를 약 45도 굽힌다.

| 목례 | | 보통례 | | 정중례 |

➜ 공수

예로부터 어른을 모시거나 경건한 의식에 참여할 때 두 손을 모아 잡아 허리 아래로 내려놓은 듯이 공손한 자세를 취하는 '공수'가 있다.

그리고 전통적으로 남자는 '양', 즉 '동쪽'을, 여자는 '음' 즉 '서쪽'을 뜻한다고 한다. 이는 사람이 태양을 바라보고 섰을 때 왼쪽은 동쪽, 오른쪽은 서쪽이 된다고 해서 손을 모을 때는 남자는 왼손을 위로 포개서, 여자는 오른손을 위로 하여 공수를 해야 한다.

이를 '여우남좌'라고 한다.

7 상황에 맞는 적절한 인사말

고객을 맞이할 때	안녕하십니까? 무엇을 도와드릴까요? 어서 오십시오.
용건을 받아들일 때	감사합니다. 네, 잘 알겠습니다.(고객님/회원님) 네, ○○○ 고객님(회원님) 말씀대로 처리해 드리겠습니다.
고객을 번거롭게 할 때	번거로우시겠지만~/괜찮으시다면~ 귀찮으시겠지만~/불편을 드려 죄송합니다만 번거롭게 해드려 죄송합니다.
감사의 마음을 나타낼 때	매번 감사드립니다. 항상 저희 회사를 이용해 주셔서 감사드립니다. 멀리 와주셔서 감사합니다. 전화 주셔서 정말 감사합니다.
고객에게 거절할 때	정말 죄송합니다만~ 정말 미안합니다만~ 말씀드리기 어렵습니다만~
불평할 때	네, 그렇게 생각하시는 것이 당연합니다만~ 다시 확인해 보겠습니다. 네, 옳으신 생각이십니다만~
용건을 마칠 때	감사합니다./고맙습니다. 전화 주셔서 감사합니다. 좋은 하루 되십시오.

8 인사말의 위력

1) 덧붙이는 말 한마디가 회사를 방문하시는 고객들과 풍성한 관계를 만들 수 있다

최근에 마트나 거리에서 “실례합니다”, “먼저 가시죠”라는 이야기를 예전보다 많이 듣기는 하지만, 서로 간의 인사말이 적은 듯하다. 심지어 길을 가다 부딪히는 일이 있더라도 그 즉시 “죄송해요”라고 말하기보다는 도리어 민망한 얼굴로 딴청을 피우는 사람도 많다. 마찬가지로 대부분의 사람들이 누군가에게 도움을 받았을 때 “감사합니다”, “고맙습니다”라는 말도 쉽게 하지 못하는 게 사실이다.

그러나 고객을 응대하는 서비스맨은 항상 상황에 따라 풍성한 인사말을 적절히 사용하는 ‘플러스 인사’를 할 줄 알아야 한다.

“안녕하십니까?”와 같은 정해진 인사말 뒤에 “안녕하십니까? 휴가는 어떠셨어요?”, “어제 아프시다고 하시면서 나가셨는데, 지금은 어떠세요? 걱정 많았어요”라는 식으로 한마디를 추가하는 것으로부터 따뜻한 대화가 시작된다.

그 외에도 “오시느라 힘드셨어요?”, “오늘은 아이와 함께 오셨네요. 아이가 너무 귀엽게 생겼어요. 든든하시겠어요”라고 뒤에 이어지는 한마디가 고객의 마음을 움직일 수 있다.

2) 마음으로 인사한다

얼마 전, 고객들에게 가장 싫어하는 직원의 유형을 조사한 적이 있었다. 의외의 반응이었는데 인사를 하지 않는 직원도 보기 싫지만 그보다 더 싫은 것은 “안녕하십니까”를 메아리치듯 아무런 표정 없이 인사하는 직원이라고 한다.

요즘 어디를 가나 입구에서 똑같은 어조와 기계적인 몸짓으로 “안녕하십니까?” 하는 마치 외침 같은 인사를 자주 듣는데, 가끔은 소음으로까지 들릴 때가 있다.

우리가 인사를 하는 것도 중요하지만, 인사는 다양하게 한마디를 해도 정감 있고 성의 있게 해야 한다. 형식적인 느낌이 아닌 진심 어린 인사만이 고객에게 전달된다. 그저 아무 생각 없이 반복적으로 외쳐 대는 인사말보다는 고객의 입장에서 어떤 인사말을 건네는 것이 좋은지 헤아려 자연스럽게 상황에 맞는 인사말을 덧붙이는 것이 바람직하다.

출처 : cfile215.uf.daum.net/attach/140FE510498E2ABC35CFF5

3) 인사말로 상대방의 기분까지 밝게 한다

밝게 인사하라고 이야기하면 큰 목소리로, 혹은 목소리만 하이 톤으로 인사하는 경우를 보게 된다. 밝게 인사한다는 것은 큰 목소리로 외치는 것이 아니라 상대방이 마음을 자연스럽게 밝게 할 수 있는 인사를 하는 것을 뜻한다.

4) 인사말도 자연스럽게 건네야 한다

인사말은 고객이 들을 수 있는 정도의 크기로 밝게 인사하는 것이 좋으며, 그 상황에 따라 시점이 달라질 수 있어야 한다. 어수선한 주위를 환기시키거나 고객의 시선을 집중해야 할 경우, 인사말을 먼저 하는 것이 효과적이다.

거리가 있는 상황에서 이미 고객이 나를 보고 있을 때에는 몸을 숙이는 동작을 먼저 한 후 다가가서 인사말을 건네는 것이 보다 자연스럽다.

5) 시간대에 따라 인사하는 방법에도 요령이 있다

일상생활에서 아무렇지 않게 주고받는 인사말 중에도 신선한 인상을 남겨야 하는 인사가 있는 반면 불쾌감을 주는 인사도 있다. 시간대에 따라서도 더 효과적인 인사요령이 있다.

아침과 낮에는 조금 상쾌하고 활기찬 인사가 되도록 밝은 톤으로 한다. 아침부터 처진 목소리, 형식적인 무표정의 인사는 하지 않는다.

마이너스 심리를 생기게 하는 인사라면 오히려 하지 않는 편이 낫다. 긍정적인 심리가 통하는 만남의 인사가 사업장을 방문하시는 고객이나 여러분 모두를 즐겁게 만들 것이다.

➜ 레인보우 인사법

여러 상황에 따른 7종류의 대응방법이나 인사말을 매일 다른 표현으로 해주는 인사법.
미국 클럽에서는 이를 레인보우 인사법이라고 한다.
미국의 〈커머셜 시스템 서비스사〉가 모 유통업체의 의뢰에 의해 미국과 한국의 마트 계산대에서의 접객태도를 비교 분석한 적이 있다.
그 자료에 의하면 한국에서는 고객을 맞이할 때 〈눈을 맞추며 인사하지 않았다〉가 67.7%인 데 비해, 미국은 겨우 2.9%였다.
그 밖에도 〈가격을 말하는 목소리가 들리지 않았다〉나 〈가격을 바르게 등록하지 않았다〉 〈미소를 짓지 않았다〉 등의 항목에서도 한국이 훨씬 높은 수치가 나왔다.

| 진정 담긴 덧붙임 말 |

- 오랜 만에 오셨네요.
- 요즘 건강은 어떠세요?
- 오늘은 날씨가 참 덥죠? / 춥죠?
- 오시는 데 불편하시지는 않으셨어요?
- 늘 표정이 밝으셔서 저까지 기분이 좋아집니다.
- 얼굴이 동안이세요, 부럽습니다.

사 례 **자동차 AS센터**

고객이 자동차 AS센터를 방문했을 때 무엇을 보고 잘 수리할 것이라는 신뢰를 얻을 수 있을까요.

"이미지요?"

"네, 어차피 고객이 차량 전문가는 아니기 때문에 대리님의 이미지만 보고 서비스의 질을 판단한 겁니다. 물론 김 대리님은 고객이 말을 걸 때 각종 서비스를 제공하려고 했을 겁니다. 그렇지만, 고객은 대리님의 그런 마음을 모릅니다. 무뚝뚝한 데다 대답까지 하지 않으니까 무관심하다고 느낀 거죠."

"그럼 어떻게 하면 되죠?

"먼저 고객을 보고 반갑게 인사하세요. 환하게 웃는 얼굴로요. 고객이 수리를 요청할 때, 얼굴을 쳐다보면서 이야기를 들어주고 중간중간 대화를 나누세요. 스케줄도 상의하시고요. 무엇보다 개인적인 관심을 나타내는 게 중요합니다.

나의 체크리스트 My Checklist

01. 나는 인사할 때 항상 밝은 표정으로 한다.
02. 다양한 인사말로 상대에게 관심과 성의를 보인다.
03. 인사한 후 친근한 마음으로 시선을 마주치는 편이다.

QUIZ 1 인사는 무엇보다 상황에 맞춰서 해야 한다. 상황에 맞는 인사에 대해 설명한 것 중 틀린 것은? 정답 ④

① Time ② Place
③ Occasion ④ People

인사는 TPO 즉, 시간과 장소와 상황에 따라 달리해야 한다.

QUIZ 2 인사의 의미에 대한 것 중 틀린 것은? 정답 ③

① 마음에서 우러나오는 만남의 첫걸음이다.
② 마음가짐의 외적 표현이다.
③ 인사는 자기 자신보다는 상대방을 위해서 한다.
④ 상대방에 대한 존경심과 친절을 나타내는 형식이다.

인사는 상대방을 위해서 하는 행위이기도 하지만, 무엇보다 중요한 것은 나 자신을 위해 하는 것임을 잊지 말아야 한다.

연습문제

01 인사의 5대 포인트에 해당되지 않는 것은?

① 내가 먼저 한다.
② 표정은 밝게 한다.
③ 인사말을 명랑하고 분명하게 한다.
④ 아이 컨택을 하지 않으며 인사한다.

02 상황별 인사방법의 연결이 잘못된 것은?

① 상대방이 멀리서 올 때 인사말을 먼저 하고 인사한다.
② 앉아서 인사할 때 앉아서는 인사할 필요가 없다.
③ 전화 통화 중일 때 눈인사를 한다. 용무가 있을 경우, "잠시 기다려주시겠습니까"라고 부탁한다.
④ 업무 중 상사가 지나갈 때 앉아서 눈인사나 목례를 한다.

03 인사 자세에 대한 설명 중 맞는 것은?

① 여성은 평상시 왼손 위에 오른손이 오도록 한다.
② 남성은 평상시 오른손이 위에 오도록 한다.
③ 몸을 숙일 때 손은 그대로 움직이지 않도록 한다.
④ 상대를 향해서 바르게 서지 않도록 한다.

04 일반적인 인사 요령이 아닌 것은?

① 자세를 바르게 하고 상대의 눈을 본다.
② 숙일 때보다 조금 빠르게 속도를 하여 몸을 일으킨다.
③ 등을 펴고 허리에서 직선으로 정중하게 머리를 숙인다.
④ 손은 양옆에 붙인 채, 몸을 자연스럽게 따라 숙인다.

05 인사방법에 대한 설명 중 그릇된 것은?

① 목례 : 고객을 맞이할 때 하는 인사이다.
② 목례 : 고객을 응대하거나 계단에서 고객을 자주 만날 때 한다.
③ 정중례 : 고객에게 감사하거나 죄송할 때 한다.
④ 보통례 : 고객에게 일반적으로 하는 인사이다.

정답 01.④ 02.② 03.① 04.② 05.①

CHAPTER

06 깨진 유리창의 법칙

학습목표

1. 깨진 유리창의 법칙에 대해 이해할 수 있다.
2. 깨진 유리창의 특징에 대해 알 수 있다.
3. 깨진 유리창의 여러 가지 사례를 통해, 회사 내외부적으로 깨진 유리창이 무엇인지에 대해 생각해 볼 수 있다.
4. 회사 내에서 깨진 유리창의 사례를 막기 위한 여러 가지 방안에 대해 생각해 본다.

1 하나를 보면 열을 안다는 이야기

우리나라 속담에 '하나를 보면 열을 안다'라는 속담이 있다. 즉, 각각의 작은 부분에는 전체가 축약되어 있다는 논리이다. 얼핏 보기에는 하찮은 것, 작고 사소한 것, 잘 드러나지 않는 것처럼 보이지만 고객들은 이를 인식하며 그 인식으로 인해 기업에 대해 어떤 이미지를 갖게 된다.

예를 들어, 어떤 식당의 화장실이 더럽거나, 서빙하는 직원의 손이 더럽다면 고객은 그 식당의 주방에 들어가 보지 않고도 주방의 위생상태에 문제가 있으리라고 확대 해석하게 된다. 이 고객의 방문횟수는 줄어들게 되고, 주변에도 이런 사실을 알려 결국 식당을 찾는 고객들은 차츰 줄어들게 될 것이다.

또, 제품의 문의나 애프터서비스 건으로 어느 회사에 전화를 거는 경우 전화가 걸리지 않고 "지금은 통화량이 많으니 다시 걸어주십시오"라는 메시지를 반복해서 듣게 되거나, 어렵게 연결이 되었다 해도 상담원이 문제를 해결해 주기는커녕 회사의 원칙만 앵무새처럼 반복한다면, 그 회사에 대해 나쁜 이미지를 갖게 될 수밖에 없다. 이런 기업 이미지나 브랜드 이미지는 결국 기업에 막대한 영향을 미치게 된다.

우리는 이번 장에서 이렇게 작고 사소한 잘못들로 인해 기업의 이미지를 나쁘게 만드는 모든 것을 '깨진 유리창'이라는 주제를 가지고 다루어보고자 한다. 과연 깨진 유리창은 무엇이며, 어떻게 고쳐 나가야 하는지에 대해 알아보기로 한다.

2 깨진 유리창의 법칙

"깨진 유리창 법칙"은 원래 범죄학에 도입해 큰 성과를 거둔 "깨진 유리창 이론"을 비즈니스 세계에 접목한 것으로, 고객이 겪은 단 한 번의 불쾌한 경험, 한 명의 불친절한 직원 등 기업의 사소한 실수가 결국은 기업을 쓰러뜨린다는 이론이다.

깨진 유리창, 즉 사소한 실수를 고치지 않는다면 치명적인 결과가 초래될 수 있다는 것으로 기업의 전반적인 부분에 적용될 수 있는 것이다. 즉, 〈깨진 유리창〉은 고객의 눈에는 잘 띄지만 정작 기업의 눈에는 보이지 않는 사소한 것들, 간과하기 쉽기에 더 치명적인 작은 것들에 주의를 기울여야 한다는 것을 다시 한 번 일깨워주는 것이라 하겠다.

3 깨진 유리창의 유래

범죄학자 제임스 Q. 윌슨(James Q. Wilson)과 조지 L. 켈링(George L. Kelling)은 1982년 3월 『월간 애틀랜틱』에 "깨진 유리창"이라는 제목의 글을 발표했다. 그들의 '깨진 유리창' 이론은 형사행정학뿐만 아니라 경영학 분야에서도 큰 호응을 얻었다.

이 이론은 깨진 유리창처럼 사소한 것들이 사람들에게 중요한 메시지를 전달한다고 강조한다. 건물 주인이 깨진 유리창에 관심을 기울이지 않고 방치하고 있다면, 그는 절도나 문서 훼손, 폭력 등과 같은 강력범죄에 대한 대비 역시 미비할 것이다. 지나가는 사람들은 깨진 유리창을 보며 건물 주인과 주민들이 이 건물을 포기했으며, 이곳은 무법천지라는 '인식'을 하게 된다. 깨진 유리창이 전하는 메시지는 바로 이런 것이다.

4 깨진 유리창의 적용

이 깨진 유리창 이론은 1994년 뉴욕 시장으로 선출된 루돌프 줄리아니가 맨해튼을 보다 '가족적인' 도시로 만들기 위해 지하철의 낙서와 타임스 스퀘어의 성 매매를 근절시키겠다고 선언하면서 시작되었다.

여러 사람들의 반대도 있었지만, 줄리아니 시장과 윌리엄 브래튼 신임 검찰국장은 범죄자들과 뉴욕 시민들에게 어떤 범죄도 '절대 불허'하겠다는 메시지를 분명히 전달할 수 있다면 보다 깨끗한 도시를 만들 수 있으리라고 굳게 믿었다. 이러한 결과, 몇 년 후 그들은 통계수치를 통해 살인, 폭행, 강도 같은 강력범죄가 급감한 사실을 확인할 수 있었다.

| 검사 출신, 루돌프 줄리아니 |

깨진 유리창의 법칙을 뉴욕시장 당선 후 적용하여 범죄율을 급감시켰던 장본인

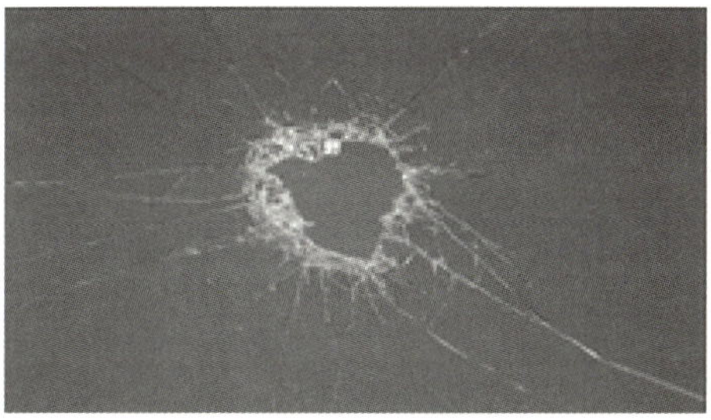

| 깨진 유리창의 법칙 |

| 세계 최고의 범죄도시 New York 연간 60만 건의 중범죄 |

5 유리창이 깨지는 순간 등 돌리는 고객

만일 어느 패스트푸드 화장실에 갔는데 휴지가 없다면, 우리는 패스트푸드 직원들이 고객의 불편함에 관심을 기울이지 않는다고 생각할 수 있다. 어쩌면 위생에도 신경쓰지 않아 음식에 세균이 많지는 않을까 우려하게 될 수도 있다. 나아가 전국의 모든 패스트푸드 매장이 다 마찬가지라고 결론지을 수도 있다. 이는 우리의 단순한 상상이 아닌 논리적인 사고과정이라 할 수 있다.

이처럼 도시의 범죄문제를 설명하는 깨진 유리창 이론은 비즈니스 세계에도 적용시킬 수 있다. 고객이 기업에 대해 어떤 인식을 가지고 있느냐는 매우 중요한 문제라고 할 수 있다. 나태하고 무심하게 운영되고 있다는 인상을 주는 기업들은 쌓여가는 고객의 불만으로 인해 경영상 어려움을 겪게 될 것이다. 때로는 만회하기 힘든 큰 손실을 입을 수도 있다.

비즈니스 세계에서는 아주 작은 차이가 큰 결과로 나타난다. 따라서 깨진 유리창이 있으면 최대한 빨리 갈아 끼워야 한다. 그러나 대부분의 경우 깨진 유리창이란 작고 사소해 간과하기 쉬운 문제들이어서 그대로 방치하기 쉽다.

그러나 기업이 저지르는 큰 실수들은 대체로 잘 보이지 않는 작은 실수들이 모여서 일어나는 것이다. 지저분한 환경, 체계적이지 못한 시스템, 불친절한 직원들, 불충분한 고객 서비스 정말 모두 깨진 유리창이 될 수 있다.

이렇듯 깨진 유리창은 비즈니스 어디서나 발견된다. 그러나 성공적인 기업일수록 그곳에서는 깨진 유리창을 찾아보기가 어렵다.

1) 깨진 유리창 교훈

깨진 유리창은 기업에 대해 고객이 부정적인 인식을 가지게 한다.

① 고객의 인식에 따라 충성도는 달라진다. 작은 실수 하나만으로도 기업에 대한 인식은 부정적으로 변할 수 있다.

② 작은 차이가 큰 결과를 낳는다.

③ 깨진 유리창을 없애는 최선의 방법은 깨지지 않도록 예방하는 것이다.

④ 깨진 유리창에 대하여 가장 좋은 방법은 문제를 인식하고 문제와 부딪쳐 극복하는 것이다.

사 례 | 천 리 둑도 개미구멍에 무너진다

황하에서 멀지 않은 한 마을에서 홍수에 대비하기 위해 사람들이 높은 둑을 쌓았다. 그런데 하루는 늙은 농부가 그 옆을 지나다가 둑에 개미굴이 갑자기 많아진 것을 우연히 발견하게 되었다. 개미굴 때문에 둑이 위험해질 수도 있다고 여긴 농부는 서둘러 마을 사람들에게 알려야겠다고 생각했다. 그런데 그의 아들이 이렇게 말했다.

"어떻게 단단한 둑이 설마 그깟 작은 개미굴 몇 개 때문에 무너지기야 하겠어요?"

농부는 마지못해 아들에게 이끌려 그냥 밭으로 갔다. 그런데 그날 밤, 거센 비바람이 몰아치더니 강이 범람하기 시작했다. 거센 강물이 둑까지 차 올랐다. 처음에는 별일이 없을 것처럼 몰아치더니 강이 범람하기 시작했다. 점점 개미구멍으로 물이 새어 들더니 구멍이 커지면서 물이 분수처럼 뿜어져 나왔다. 머지않아 둑은 일시에 무너졌고 인근에 있던 마을과 논밭은 순식간에 물바다로 변해버렸다.

기업이 안고 있는 여러 가지 '작은 문제'들이 곧 기업관리의 작은 개미구멍인 것이다.

2) 깨진 유리창 공식

$$100 - 1 = 99,\ 100 - 1 = 0$$

고객은 '기대'를 갖고 제품을 소비하거나 가게를 방문한다. 그리고 경험한 '현실'이 기대와 얼마나 차이가 있느냐에 따라 만족도가 달라진다. 또한 그 만족도에 따라 고객은 재구매와 재방문을 결정하게 된다. 고객은 1%의 사소한 불만만 있어도 냉정하게 떠나버린다.

산술적으로는 100−1=99라는 등식이 성립하지만 비즈니스 세계에서는 100−1=0이라는 등식이 성립된다. 즉, 1%의 고객불만이 100%의 실패를 가져오게 된다. 고객의 기대를 초과하려면 깨진 유리창을 예방하고 수리해야 한다. 경영자는 경쟁사가 하지 않는 고객 서비스를 당장 실천해야 한다.

인간관계에서도 100가지를 잘 하다가 1가지를 잘못하면 모든 게 허사로 돌아간다는 말이기도 하다. 사람들도 백 번 잘해줘도 한 번의 실수를 더 크게 기억하고, 백 번 좋았던 기억보다 한 번의 서운함에 결국 틀어지는 인간관계가 될 수 있다.

사 례 | 일본의 도시바

제품이나 서비스 또는 불친절한 고객 응대에 불만을 품은 단 한 명의 고객이 회사에 심각한 타격을 입힐 수 있는 시대이다. 비디오 재생기와 관련된 고객불만을 제대로 응대하지 못하여 큰 어려움을 겪었던 도시바의 사례는 이를 잘 보여준다.

도시바의 한 고객이 자신의 홈페이지에 음성 파일로 올린 불친절한 AS 담당자 직원의 폭언 내용은 불과 1개월 만에 홈페이지 조회수가 200만 회를 넘었다. 이 문제는 사회적으로 이슈화되었고 도시바에는 항의 메일과 비난이 빗발쳤다. 결국 치이데 쓰오 부사장은 기자회견을 열고 정식으로 사과한 것도 부족하여, 회사 홈페이지를 통해 사죄문을 발표해야만 하는 상황에 이르렀던 것이다.

고객으로부터 입수한 불만사항은 아무리 사소한 것이라도 무시하거나 은폐해서는 안 된다.

3) 경쟁사가 주목하지 않는 깨진 유리창을 수리하라

사 례 | 델 컴퓨터

PC업계에서 돌풍을 일으킨 델 컴퓨터, 1984년 창업 당시 델은 대리점 등 중간상인을 거치지 않고 고객 조립형 컴퓨터를 최종 소비자에게 직접 판매하는 독특한 전략을 펼쳤다. 당시 PC업계에서는 델의 시도를 무모하다고 생각했지만 유통비용을 줄인 덕분에 델은 다른 기업보다 40%까지 제품을 싸게 팔 수 있었다. 델의 선택은 폭발적인 호응을 얻었다.

그 이유가 무엇일까? 고객들은 필요한 기능만 지닌 컴퓨터를 낮은 가격으로 사고 싶었던 것이다. 델은 이러한 고객의 욕구를 가장 먼저 알아차렸다.

다른 기업과 차별화되려면, 다른 기업이 주목하지 않고 있는 깨진 유리창을 발견하고 수리해야 한다. 그리고 깨진 유리창이 발생한 이유를 정확하게 이해해야 한다. 그래야 완전한 수리가 가능하기 때문이다. 만약 고객들은 비용에 상관없이 자신만을 위한 고품격 서비스를 원하는데, 서비스 질을 낮추는 대신 가격을 인하한다면 그 기업의 운명은 어떻게 되었겠는가?

6 깨진 유리창의 특징

- 사소한 곳에서 발생하고 예방이 쉽지 않다

고객의 눈에는 잘 띄지만 당사자들에게는 잘 보이지 않아 무심코 지나치고 있다.

- 문제가 확인되더라도 소홀하게 대응한다

깨진 유리창을 발견한다 해도 '그 정도쯤이야'라며 대부분 심각하게 생각하지 않는다. 그러다 큰 봉변을 당한다.

- 문제가 커진 후 해결하려면 몇 배의 시간과 노력이 든다

깨진 유리창이 입소문을 통해 퍼진 후에는 이미지에 큰 타격을 입는다. 초기에 빠르고 적절히 대응하지 않으면 미래가 불투명해진다.

- 투명 테이프로 숨기려 해도 보인다

깨진 유리창에 대한 임시방편의 조치나 부적절한 대응은 오히려 기업에 더 나쁜 영향을 주게 된다. 진심이 담긴 수리만이 살 길이다.

- 제대로 수리하면 큰 보상을 준다

남들이 보지 못하는 깨진 유리창을 수리하면 새로운 시장을 개척할 수 있다. 고객들에게 긍정적인 이미지를 심어줄 뿐 아니라 수익 면에서도 큰 성공이 기대된다.

7 깨진 유리창의 3가지 평가부문

1) 시설의 사례

- 비품이 정리되지 않아 지저분해 보였다.
- 보고 난 신문 혹은 잡지가 정리되지 않아 지저분해 보였다.
- 커피를 먹고 난 후 종이컵이 버려지지 않고 있었다.
- 위치를 찾기가 불편했다.
- 주차공간이 비좁아 불편했다.
- 비가 오는 날 방문했는데, 정리되지 않아 매트가 질퍽거렸다.

- 전체의 인테리어가 어둡고, 조명까지 어두워 밝아 보이지 않았다.

2) 운영의 사례

- 신입 직원이었는지 친절하긴 했지만, 업무에 대한 지식이 없어 불편했다.
- 다음 안내에 대한 부분이 없어 좀 어리둥절했다.
- 전화를 여러 번 돌려 좀 짜증이 났다.
- 업무에 대한 체계가 타사에 비해 떨어진다.
- 전화 응대 시 신뢰감이 떨어진다.

3) 인적 시스템의 사례

- 직원들끼리 잡담이 너무 심했다.
- 고객이 왔는데도 서로 사적인 잡담이 너무 심했다.
- 고객이 있는데도 얼굴을 붉히며 직원들끼리 언쟁하는 모습은 정말 불편하게 느껴졌다.
- 직원들끼리 근무시간에 음료를 마시는 것은 별로 좋아 보이지 않았다.
- 유니폼이 통일되어 있지 않아 어수선해 보였다.
- 신뢰감을 떨어뜨리는 요죠체를 너무 많이 사용한다.

➜ 깨진 유리창을 보는 습관을 가져라

개인의 삶에서 강박증은 고통스런 질병일지 몰라도 비즈니스 세계에서는 반드시 필요한 습관이다. 비즈니스에서 무시해도 좋을 만큼 작고 사소한 것이란 없다.

회사의 지저분한 테이블, 비워지지 않은 쓰레기통에 괴로워하고 부끄러워해야 한다. 아무리 작은 것이라도 깨진 유리창을 보면 참을 수 없어야 한다. 깨진 유리창을 수리하는 데 강박적으로 매달려야 한다.

비싼 가격에도 불구하고 고객들은 왜 스타벅스에 열광하는가?

하워드 슐치 회장의 강박관념 때문이다. 그는 자신뿐 아니라 직원들에게도 제품 지식과 서비스 수준을 높여야 한다는 강박관념을 요구했다. 그는 직원들을 커피 전문가로 교육했다.

그 결과 스타벅스 직원들은 제품에 관한 손님들의 질문에 훌륭하게 대답할 수 있었다.

강박관념이 집중적인 관심을 기울이는 것이라면 강박행동은 이를 실천하는 것이다. 강박적으로 행동하는 경영자는 고객에게 더러운 화장실을 보이지 않는다. 어떤 상황에서도 "부탁드립니다"와 "감사합니다"를 잊지 않도록 직원들을 교육한다.

깨진 유리창이 사라지고 모든 것이 제대로 움직이기 전까지는 다음 단계로 넘어가지 않는다.

성공하고 싶다면, 당신의 비즈니스에 대해 지나칠 만큼 강박관념을 가지고 강박적으로 행동해야 한다.

체크리스트

나의 깨진 유리창 점검
우리 회사(조직)의 깨진 유리창 점검
업무상 내가 극복해야 할 깨진 유리창에는 어떤 것이 있나?
반복되는 깨진 유리창에는 어떤 것이 있나?

나의 체크리스트 My Checklist

01. 나는 고객심리에 대해 관심을 가지고 있다.
02. 나는 제품을 선택할 때 이성보다는 감성에 많이 좌우된다.
03. 나는 고객의 다양한 메시지에 대하여 관심 있게 살피고 있다.
04. 나는 고객에게 적절한 덧붙임말, 혹은 칭찬을 하고 있다.
05. 나는 고객의 관심사항이 무엇인지 알고 있다.

QUIZ 1 깨진 유리창 이론을 설명한 것 중 틀린 것은? 정답 ④

① 비즈니스 세계에서는 고객의 인식이 가장 중요하다.
② 고객은 불만을 쉽게 말하지 않는다.
③ 깨진 유리창은 감춰지지 않는다.
④ 깨진 유리창은 깨진 유리창 부분만 수리하면 된다는 이론이다.

깨진 유리창 이론은 아주 사소한 것이 고객의 인식을 부정적으로 바꿀 수 있다는 이론으로 사소한 것으로부터 고객의 불만은 쌓이기 마련이라는 비즈니스 이론이다. 즉, 작고 사소한 것이 기업의 미래를 결정짓는다는 것이다.

QUIZ 2 기업의 깨진 유리창 점검 중에서 하드웨어의 시스템적인 깨진 유리창이 아닌 것은 무엇일까? 정답 ③

① 불편한 교통편의 ② 주차장의 불편사항
③ 직원의 불친절한 태도 ④ 청결상태가 불결한 것

연습문제

01 깨진 유리창 이론에 대한 설명 중 바른 것은?

① 깨진 유리창 이론은 범죄학 이론이었는데 비즈니스에 도입해 큰 성공을 얻은 이론이다.
② 깨진 유리창은 고객이 감동받는 사례를 이야기한 것이다.
③ 깨진 유리창 이론은 기업의 큰 문제를 해결하면 사소한 문제들은 저절로 해결된다는 이론이다.
④ 깨진 유리창은 예방하고 수리해도 소용이 없는 것이다.

02 깨진 유리창 이론의 특징이 아닌 것은?

① 사소한 것에서 발생하며 예방이 쉽지 않다.
② 문제가 확인되어도 소홀하게 대응한다.
③ 깨진 유리창은 투명테이프로 숨길 수 있다.
④ 문제가 커진 후 치료하려면 몇 배의 시간과 노력이 필요하다.

03 깨진 유리창의 점검대상이 아닌 것은?

① 회사 내부의 청결상태
② 회사 내부 직원의 조직도
③ 고객의 사후관리 서비스
④ 직원의 유니폼 착용 여부 등 관리상태 여부

04 다음은 깨진 유리창을 예방하는 방안이다. 해당되지 않는 것은?

① 고객을 상냥하고 친절하게 도울 수 있는 직원을 채용하라.
② 고객 서비스 직원을 끊임없이 훈련하라.
③ 고객은 변화하는 것을 싫어하므로 이전 방법만 고집한다.
④ 고객을 기다리게 하지 마라.

정답 01.① 02.③ 03.② 04.③

CHAPTER

07 기본적인 비즈니스 매너와 에티켓

학습목표

1. 회사의 이미지를 위해 필요한 비즈 매너를 익힐 수 있다.
2. 고객 응대의 바른 자세에 대해 습득할 수 있다.
3. 명함의 올바른 사용방법과 예절에 대해 알 수 있다.
4. 소개 및 호칭에 대한 적절한 표현방법에 대해 습득할 수 있다.
5. 악수, 안내예절에 대하여 알 수 있다.

1 비즈니스 매너

얼마 전에 모 특급호텔에서 관리부서를 찾아가는데 매우 힘들었다. 그래서 마침 청소하는 어느 직원에게 물었는데, 너무도 친절하게 직접 안내해 주는데 나에게는 감동이 아닐 수 없었다. 고객을 직접 응대하고 서비스하는 직원이 아닌데도 불구하고 친절한 것으로 인해 이 호텔에 대하여 매우 깊은 인상을 받게 된 것이다.

이렇게 방향을 알려주고 고객을 안내하는 것이 무슨 별것이냐고 생각하겠지만, 고객의 입장에서는 직원들의 이런 간단한 동작 하나하나가 중요한 회사의 이미지가 된다.

한 직원의 자그마한 동작 하나, 행동 하나가 그 직원이 몸담고 있는 곳의 이미지가 될 수 있다는 것이다.

기본이 안 된 직원이 고객들에게 좋은 서비스를 하지는 못할 것이다.

이번 장에서는 이런 직원의 작은 행동, 동작 하나에도 신경을 써서 다시 오고 싶은 회사를 만들기 위한 여러 가지 비즈니즈 매너에 대해 소개해 보고자 한다.

① 매너와 에티켓의 유래
② 자세
③ 명함예절
④ 악수예절
⑤ 호칭예절
⑥ 소개예절
⑦ 안내예절

2 매너와 에티켓

매너 : Manuarius	에티켓 : Estiquier
manus – 손, 행동, 습관 arius – 방법, 방식 사람마다 가지고 있는 독특한 몸가짐이나 습관	프랑스의 "꼬리표", "티켓" 화단에 들어가지 말라는 팻말 사람들이 지켜야 할 기본적인 생활규범 사람들 사이의 합리적인 행동 기준

우리나라의 예의범절은 우리가 공동체로 구성된 삶을 살아가면서 항시 일상생활에서 갖추어야 할 모든 예의와 절차를 말한다. 또 예의범절은 자신을 스스로 지키고 제어할 수 있는 최소한의 품행이다.

3 자세

만일 여러분이 회사를 방문했는데 두 명의 담당 직원이 있다고 가정하자. 한 명은 등을 구부정하게 하고 앉아 있는데 어쩐지 얼굴이 피곤해 보인다. 다른 한 명은 바른 자세에 밝은 표정으로 일하고 있다.

물론 순서에 따라 업무를 처리하겠지만, 그렇지 않고 나의 선택에 의해 결정지을 수 있다면, 어디로 향하겠는가?

아마도 선택의 기준은 내가 필요로 하는 것을 친절하게 도와줄 수 있는 사람에게 향하게 될 것이다. 즉, 상대방에 대한 평가는 상대 직원과 대화하기 전에 이미 결정이 날 수밖에 없다. 피곤하거나 소극적인 태도로 업무를 처리하는 직원보다는 밝은 표정으로 적극적인 태도로 일하는 직원을 선호할 수밖에 없다.

근무 중에 자세가 바른 사람은 보는 사람에게 호감을 준다. 바른 자세를 유지하는 것은 자신을 돋보이게 하고 말에 설득력을 더해줄 수밖에 없다. 이러한 작은 행동이 모여 이미지를 형성하고, 회사의 이미지를 결정하게 만든다. 고객의 눈에 자신의 자세와 행동이 어떻게 비쳐지는지 한 번 곰곰이 생각해 봐야 할 것이다.

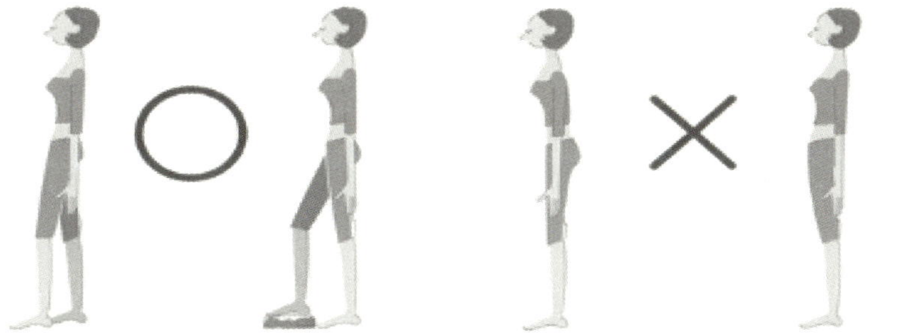

▲ 허리를 바로 세우고 가슴을 펴고 턱을 당겨 바르게 선다. 한쪽 발을 앞으로 내밀고 무릎을 살짝 구부린다.

▲ 오래 서 있어야 할 때는 벽돌 한 장 높이의 받침대에 왼쪽 발을 번갈아 얹는다.

▲ 등을 굽히고 턱을 앞으로 빼거나 구부정하게 서는 것은 바람직하지 않다.

▲ 군인 같은 차례 자세는 허리에 좋지 않다.

| 서 있을 때 |

▲ 허리를 곧게 펴고 엉덩이를 의자 깊숙이 넣고 허리와 등을 등받이에 대어 체중을 분산한다.

▲ 엉덩이만 의자에 걸치고 앉으면 척추가 뒤틀리고 허리와 목이 긴장성 근육통을 일으킨다.

▲ 업무에 열중해 자기도 모르게 머리를 숙이거나 턱을 내밀고 몸을 앞으로 움츠리면 허리와 목의 건강에 나쁘다.

| 의자에 앉아 있을 때 |

출처 : http://blog.naver.com/tiara0515?Red

1) 서 있는 자세

- 시선은 정면보다 약간 아래를 향한다.
- 손은 가지런히 하여 바지 재봉선에 붙인다.
- 발은 양발의 뒤꿈치를 붙인다.

2) 걷는 자세

- 등을 똑바로 세우고 어깨는 수평으로 유지한다.
- 시선은 자연스럽게 앞을 보고 턱은 안쪽으로 당긴다.
- 무릎을 펴고 리듬감 있게 걷는다.
- 발소리를 내며 걷지 않는다.

3) 앉는 자세

- 등을 펴고 등받이에 주먹 1개 정도의 간격을 두고 깊게 바로 앉는다.
- 남성 : 발은 무릎과 무릎 사이에 주먹 2개가 들어갈 정도로 벌린다.
- 여성 : 발은 무릎은 모으고 발끝은 가지런히 모은다.

4) 올바른 고객 응대 자세

- 고객 응대를 할 때 모든 자세와 동작은 목례와 함께한다.
- 고객 응대 시 시선은 고객의 Business Eye Zone을 활용하며 3점법으로 한다.
- 모든 물건의 서류 전달은 두 손으로 하며 허리선과 가슴선 사이에서 전달한다. 물건의 경우 고객이 받기 편한 방향으로 전달한다.
  - 서서 전달하는 경우 : 목례와 함께 고객과 눈높이를 맞추며 전달한다.
  - 앉아서 전달하는 경우 : 목례와 함께 최대한 고객 가까이에 전달한다.
- 고객에 대한 안내와 전달 동작은 말과 함께한다.
  "고객님, OO 여기에 있습니다."
  - 방향이나 안내, 설명 시에는 손바닥을 이용하는 것이 원칙이며, 손가락이나 볼펜, 턱으로 안내하는 것은 절대 금해야 한다.

| 비즈매너 팁 1 |

1. BEZ(Business Eye Zone)

- 여성 고객의 경우 : 눈썹에서 목걸이 라인까지
- 남성 고객의 경우 : 눈썹에서 넥타이 매듭까지

2. 시선의 3점법

- 서류 등 전달 시 : 고객의 BEZ – 물건 – 고객의 BEZ
- 방향 안내 시 : 고객의 눈 – 안내 방향 – 고객의 눈

사 례

미국의 심리학자 윌리엄 제임스(William James) 박사는 "인간의 행동은 마음을 대변한다"고 했다. 그만큼 태도가 그 사람의 인상을 결정짓는 단서로 작용한다는 뜻이다. 태도가 바른 사람은 고객에게 긍정적인 이미지와 밝은 인상을 주게 되어 그 회사는 고객들이 깊은 신뢰를 한다는 것이다. 우리가 신경쓰지 않던 자세는 나의 이미지뿐만 아니라 우리 회사의 모습까지 판단하게 만드는 기본 척도가 된다.

| 비즈매너 팁 2 |

고객에게 서류 작성을 요청할 때에는 기재할 곳에 표시를 하거나, 손으로 짚어가며 안내를 하도록 한다.

4 명함 예절

명함은 작은 종이에 지나지 않지만 개인에 대한 정보가 많이 들어 있기 때문에 자신을 대신해 주는 역할을 한다. 그러므로 늘 깨끗하고 소중하게 다루도록 한다.

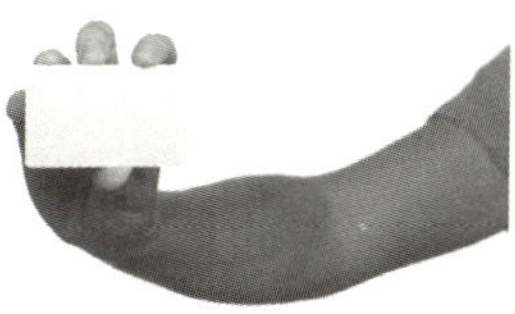

1) 명함 준비

- 명함은 전용 지갑 등에 깨끗이 보관한다.
- 명함은 상의 안주머니에 넣어둔다.
- 면담 예정자 1인에 대하여 3장 정도로 충분히 준비한다.
- 필요 시 명함을 바로 낼 수 있도록 자기 명함과 다른 이로부터 받은 명함을 평소에 구별하여 관리한다.

2) 명함 관리

- 받은 명함은 섭외나 대인관계에서 매우 소중한 자료가 된다.
- 만난 날짜, 만난 이유, 그 사람의 특징, 대화 내용, 소개자 등을 메모한다.

3) 금기사항

- 상대의 명함으로 손장난, 부채질 행위
- 받은 명함을 보는 둥 마는 둥 바로 집어넣는 행위
- 면전에서 상대의 명함에 메모하는 행위

4) 명함 주는 방법

- 아랫사람이 윗사람에게 먼저 드리고 방문 시에는 방문한 사람이 먼저 드린다.
- 이름을 상대방이 보기 쉬운 방향으로 돌려서 내민다.
- 명함은 두 손으로 공손하게 내민다.
- 자기의 소속과 이름을 정확하게 말한다.
- 동시에 주고받을 때는 오른손으로 내밀며 왼손으로 받는다.

출처 : 근로복지공단

5) 명함 받는 방법

- 가볍게 목례를 하며 두 손으로 정중히 받는다.
- 명함은 받은 후에 반드시 소속과 이름을 확인한다.
- 받은 명함은 허리 아래로 내려가지 않도록 주의한다.
- 상담 시에는 테이블 위에 올려놓고 보면서 이야기를 나눈다.
- 모르는 한자가 있을 때는 정중히 묻는다.

사 례 | 명함의 유래

명함을 언제부터 사용했을까? 동양의 경우는 중국이, 서양의 경우 프랑스가 가장 먼저 명함을 사용하기 시작했다고 전해진다. 중국인들은 아는 사람 집을 방문하여 사람이 없으면 자신이 방문했었다는 표시로 종이에 이름을 적고 돌아왔다. 집에 돌아온 상대방은 명함을 보고 방문했던 사람을 찾아가 인사하는 방식이었다.

춘추전국시대에 공자도 명함을 사용했다고 한다. 그 후 비단에 은색 붓글씨로 자신의 출신과 이름, 관직 등을 쓰면서 서서히 발전해 왔다. 프랑스에서는 루이 14세 때부터 당시 사교계 귀부인들이 트럼프 카드에 자신의 이름을 써서 왕에게 올린 것을 명함의 시초로 본다. 이처럼 자신의 이름을 쓰고 알린다는 점이 오늘날 명함의 유래가 될 수 있었다.

우리나라의 경우, 최초로 명함을 사용한 사람은 한국인 최초 유학생인 유길준으로 전해지는데, 그가 사용한 명함은 현재 미국 매사추세츠주의 세일럼시피 바디에섹스 박물관에 보관되어 있다. 국내에 보관된 최초의 명함은 연세대 동은 의학박물관에 보관된 것으로 요즘 명함보다 꽤 큰 민영익의 명함(가로 5.5cm, 세로 9cm)이다. 이것은 구한말 민영익이 특이한 필체로 종이에 이름을 적어 사절단 자격으로 외국을 방문할 때 사용된 것이다.

* 명함을 잘 관리하는 방법

고객과의 모임 전에 필요한 물건들을 정리하는 것이 좋다. 쉽게 명함을 꺼낼 수 있는 곳에 넣어두는 것이 편하다. 그리고 받은 명함은 다른 쪽에 넣어두어야 한다. 그래야 당신의 물건과 섞이지 않는다.

중요한 정보를 적어야 할 경우에 대비해서 펜 역시 곧바로 꺼낼 수 있는 곳에 준비해 두자.

명함은 가치 있게 다뤄야 한다. 다른 사람이 명함을 건네주자마자 그 위에 뭔가를 끄적거리는 것은 예의에 어긋나는 것이다. 상담이 끝날 때까지 테이블 오른쪽에 두는 것이 좋다.

고객과 헤어지고 나서 필요한 정보를 메모하고, 혹시 어떤 내용을 기록해야 할 필요가 있다면 그 명함에 써도 되는지에 대해서 고객의 허락을 먼저 구하는 것이 좋다.

* 명함에 쓰이는 약자

p.r(pour remercier) : 감사 p.f(pour feliciter) : 축하

p.p(pour presenter) : 소개 p.c(pour consoler) : 조의

5 악수 예절

악수는 반가움의 표현이다. 손을 맞잡음으로써 마음의 문을 열고 손을 흔듦으로써 서로가 마음이 통함을 나타낸다.

1) 악수 전 유의사항

출처 : 구글 https://pixabay.com/static

- 윗사람이 아랫사람에게, 여자가 남자에게 또는 고객이 먼저 청한다.
- 손은 반드시 오른손을 내민다.
- 손이 더러울 때는 양해를 구한다.
- 상대의 눈을 바라보며 웃는 얼굴로 악수한다.
- 손은 너무 세게 쥐거나 손끝만 내밀고 악수를 해서는 안 된다.
- 왼손은 주머니에 넣고 악수하거나 손을 잡을 채로 이야기하지 않는다.
- 장갑을 낀 채 악수하지 않는다.

2) 악수 요령

- 바른 자세로 한다.
- 밝고 호의적인 표정으로 상대의 눈을 보면서 한다.
- 목례와 함께 오른손으로 악수를 권한다.
- 오른손에 적당히 힘을 주어 잡는다.
- 맞잡은 손을 2~3번 적당히 흔들어준다.

3) 악수 예절의 순서

먼저 하는 사람	나중에 하는 사람
• 지위가 높은 사람 • 연장자 • 기혼자 • 여성 • 선배	• 지위가 낮은 사람 • 연소자 • 미혼자 • 남성 • 후배

사 례 | 악수의 유래

악수는 선사시대부터 내려오는 예법 중 하나이다.

선사시대 사람들은 상대방에게 무기를 감추고 있지 않다는 것을 보여주기 위해, 즉 경계심을 풀라는 의미로 손바닥을 편 채로 팔을 들었다. 그것이 오늘날 악수로 발전되었다고 추정하기도 한다.

역사적으로 유세에서 악수를 처음 사용한 정치인은 1860년 미국 대통령 선거에서 링컨에게 패한 스티븐 더글라스라고 전해진다. 그 이전의 정치인들은 대중 유세 때 악수나 아기에 대해 키스 세례 등과 같은 신체 접촉을 하지 않았다.

아마 악수가 선택된 것은 한층 더 친근감을 느끼게 하고 싶어서 손을 잡는 형식을 취하게 된 것 같다.

* 수평적 악수와 수직적 인사

세계에는 다양한 인종만큼이나 다양한 인사법이 존재한다.

하지만 이 모든 인사법들을 모아보면 형태상 크게 두 갈래로 나눌 수 있다. 바로 '수평적인 것'과 '수직적인 것'이다.

우리가 하는 '절'과 같은 인사법은 수직적인 것이고, 반면에 서양 사람들의 악수나 마주 껴안는 것과 같은 인사법은 수평적인 것이다.

수평적인 인사방법은 서양인들에게 특정적인 것으로 상대방을 똑바로 바라보고 밝은 표정으로 미소를 지으며 눈으로 안부를 묻는 형태이며, 수직적인 인사법은 정중하게 허리를 굽히며 상대방의 안부를 묻는 형식으로 동양적인 것이라 할 수 있다.

우리나라의 경우 수직적인 인사법에 익숙하기 때문에 수평적인 인사법의 하나인 악수를 하면서도 허리를 굽히거나 상대방의 시선을 피하는 경우가 많다. 그래서 서양인들은 우리와 인사를 나눌 때 이런 태도에 의아해 한다.

따라서 악수할 때는 우리나라 정서와 잘 조화롭게 하여 너무 굽실거리는 느낌보다는 정중하고 당당한 느낌으로 하는 것이 좋을 것이다.

출처 : https://pixabay.com/ko/photos

사 례	죽은 물고기를 쥔 기분의 악수

우리가 악수를 하다 보면 아직까지 여성의 경우 부끄러워서 그런지 몰라도 너무 힘없이 악수하는 분들이 있다.

물론 너무 힘을 주어 악수하는 것도 결례가 되지만, 너무 힘없이 악수를 하면 상대방의 기분이 언짢아질 수 있으므로 주의해야 한다.

서양인들은 이렇게 힘없고 맥이 없는 악수를 '데드 피시(Dead Fish)'라고 하여 곧 죽은 물고기를 쥔 기분이라고 빗대어 말할 정도이다.

따라서 이렇게 힘없이 하는 것말고도, 인사말이 모두 오가고 나서 계속 손을 쥐고 흔드는 경우가 있는데, 이것 또한 바람직하지 않다. 3초 정도 자신감 있게 알맞은 힘으로 악수를 하다가 자연스럽게 손을 놓는 것이 가장 좋다.

두 사람의 관계에서는 적극적이고 자신 있게 인사말을 건네는 쪽이 주도권을 쥐게 되는데, 악수를 나눌 때는 형식적인 인사보다는 "뵙고 싶었습니다", "뵙게 되어 기쁩니다" 혹은 "말씀 많이 들었습니다" 등 상대방에게 호감을 줄 수 있는 인사말을 준비해 두었다 구사하면 좋을 것이다.

6 호칭 예절

1) 호칭방법

① 호칭에 "님"자를 붙일 때

- 부장, 과장에 '님'자를 붙이면 이중의 존칭이 된다.
- 이해관계에 의한 '님' 호칭은 절제해야 한다.

② "씨"라고 부를 때

- 동년배이거나 나이 폭이 아래 위로 10년을 넘지 않을 때
- 20대, 30대의 나이에서 40대, 50대에게 '씨'자를 붙여 쓰는 것은 삼가는 게 좋다.
- 나이 차이가 10세 이상 난다면 'OOO 선생님'으로

③ '선배 부하'와 '후배 상사'

- 공식적인 자리에서는 직책을 호칭하는 것이 바람직하다.
- 후배 상사가 선배 부하에 대한 예절을 소홀히 해서는 안 된다는 점을 기억해야 한다.

④ '나', '저'

- 5세 이상의 차이가 나는 윗사람에게는 '저'로 표현
- 연하의 상관이라도 공석에서는 '저'로 칭하는 것이 바람직하다.
- 조직체의 장은 훈시나 대규모 간부회의 때 '나도 앞으로는…', '나는 이렇게…'로 말하는 것이 바람직하다.

2) 호칭 예절

고객에 대한 일반적인 호칭		좋지 않은 호칭	
• 회원님 • 고객님 • 사장님, 회장님 • 아주머님	• 여사님 • ○○○손님(고객님) • 어린이 • 사모님	• 아저씨 • 이봐요 • 아줌마 • 아가씨	• 철수씨 • 꼬마야

3) 호칭이란

호칭의 어원이나 역사적 배경은 중요한 것이 아니라 현실적으로 어디에 사용되느냐가 중요하다. 그 이유는 호칭은 시대와 상황의 변천에 따라 변하기 때문이다.

4) 호칭의 중요성

호칭이 대화의 분위기와 서비스의 품격을 좌우하며 적절하고 호감 가는 호칭을 사용하면 상대방에게 좋은 인상을 주게 된다.

5) 특별한 호칭

사모님	본래 아내에게 사용하였지만 오늘날 부인의 존칭으로 변한 것으로 특별한 고객에게 특별한 서비스를 제공할 경우 사용하고 여의치 못할 경우 '아주머니, 아주머님'을 사용한다. * 아줌마, 아저씨 호칭은 사용을 금함
선생님	근래에는 연장자에 대한 공손한 경칭으로 정착됨 * 30대 이상의 고객에게 무리 없이 사용 가능함
사장님 부장님 과장님	상대방을 잘 아는 경우엔 선생님, 손님 혹은 고객보다는 직함을 불러주는 것이 훨씬 부드럽고 친근감을 줄 수 있다. * 호칭에서 중요한 것은 고객이 듣고 싶어 하는 것을 들려주는 것이 가장 좋다.
어르신	남의 아버지나 나이가 많으신 분에 대한 경칭으로 사용함 * "어르신, 잠시 앉아서 기다려주시겠습니까?"
초등학생 미취학 어린이	"OOO 어린이/ 학생" 호칭 사용 잘 아는 사람이라면 이름을 불러 친근감을 줄 수 있으나 공대말을 사용하고, 중·고등학교는 성인에 준하여 호칭해 준다.

6) 일반적인 호칭

~님 회원님 고객님	고객은 자신의 이름이 사용될 때 인정받고 있다고 생각한다. 특히 이름을 기억해 불러준다면 고객은 아주 특별함을 느낄 것이다. 최근 고객을 호칭할 때 이름에 '님'을 붙여 친근하게 사용하는데 고객에게 존중받고 있다는 친근한 느낌을 주므로 적극 사용하도록 한다. * OOO 회원님, 오래 기다리셨습니다."
아가씨	처녀의 높임호칭으로 하인이 주인집 딸을 부를 때 사용하였으나 현실적으로는 평가절하된 경향이 있으므로 사용하지 않고 "고객님", "회원님"이라는 일반적인 호칭으로 사용하도록 한다.

7 소개 예절

직업이 직업이다 보니 자연스레 많은 사람들을 만나게 된다. 이때 누군가가 중간에서 양쪽을 서로에게 소개시켜 주면 각자 자기소개를 하는 것보다 분위기가 훨씬 부드러워진다.

이럴 경우, 윗사람에게 아랫사람을, 손님에게 직원을, 또 여성에게 남성을 먼저 소개하는 것이 예의라는 사실은 이미 알고 계신다. 하지만 의외로 문제가 되는 것은 소개하는 말이 적합하지 않은 경우가 많다는 사실이다.

소개의 순서를 보면 다음과 같다.

- 남성을 먼저 여성에게 소개한다.
- 연령이 다른 경우 연하의 사람을 먼저 소개하고 연장자를 소개한다.
- 상하직원 간은 부하직원을 먼저 상사에게 소개하고, 상사를 나중에 소개한다.
- 사내외 간은 사내 직원을 먼저 소개하고 외부 사람을 소개한다.
- 고객 간은 친한 사람, 가까운 관계에 있는 사람부터 소개한다.
- 지위/연령이 같은 경우 자신과 친한 사람부터 소개한다.
- 고객에게 사내 직원을 소개할 때 사내의 직위가 높은 사람부터 낮은 사람의 순서로 먼저 소개한 다음 전원에게 고객을 소개한다.
- 한 사람을 많은 사람에게 소개할 때 한 사람을 미리 소개하고 다음에 많은 사람을 한 사람씩 소개한다.

8 안내 예절

1) 입구에서의 안내방법

- 손가락을 모아 손바닥 전체를 펴서 방향을 지시한다.
- 턱이나 얼굴 그리고 손가락으로 방향을 가리키면 안 된다.

- 팔꿈치의 각도로 거리감을 나타낸다.
- 동작은 너무 빠르거나 느리지 않게 한다.
- "네, OO은 오른쪽(왼쪽)입니다" 등의 안내말을 분명하게 한다.
- 오른쪽 방향은 오른손으로, 왼쪽 방향은 왼손으로 가리킨다.
  이때 다른 한 손으로 팔꿈치를 받치면 더욱 공손한 모양이 된다.
- 시선은 고객의 눈, 가리키는 곳, 다시 고객의 눈 순으로 한다.
- 고객의 눈을 다시 한 번 바라보며 잘 이해하셨는지 확인한다.

2) 기타 안내

▶ 엘리베이터 안내

- 엘리베이터 안내자가 없을 때 : 안내자가 먼저 타고 열림 버튼을 눌러 고객이 타도록 하며 내릴 때는 고객이 먼저 내리게 한다.
- 엘리베이터 안내자가 있을 때 : 고객이 먼저 타고 먼저 내리게 한다.

▶ 동행 안내

- 고객의 바로 옆에 서지 않고 1~2보 앞에 서서 안내할 방향 쪽을 따라 안내한다.

▶ 방향 안내

- 손바닥을 위로 하여 손가락을 붙이고 엄지손가락을 검지에 대고 오른쪽 방향인 경우는 오른손으로, 왼쪽 방향인 경우는 왼손으로 가리킨다.
- 손의 위치는 가슴 부근을 기준으로 한다.
- 원근을 나타낼 경우 손의 높이에 의해 조절한다.
- 지시할 경우 상체를 약간 구부린다.

출처 : https://pixabay.com/ko/photos/

이때 등이 굽어지지 않도록 주의한다.

- 팔은 겨드랑이와 주먹 하나 들어갈 정도로 벌리고 팔꿈치는 90도 각도를 기본으로 멀어질수록 팔꿈치의 각도를 달리한다.

| VIP고객 대접 TIP 1 |

고객 행동의 특성이나 장점이 다른 사람에게 미치는 영향에 대해서 표현하는 칭찬을 한다.

1. 차를 드리는 시기

- 인사를 하고 고객이 자리에 앉으면 차를 권한다.
- 고객과의 상담이 진행되는 중간보다는 상담 초기에 차를 내는 것이 상담을 보다 효과적으로 진행하는 방법이다.

2. 고객에게 차 종류 등을 여쭤보는 방법

- 고객에게 좋아하시는 차를 여쭤보고 드리는 것이 원칙이다.
  단, 차 종류가 제한되어 있을 때는 "OO차와 OO차가 준비되어 있는데, 어떤 차로 준비해 드릴까요?"라고 여쭤본다.
- 자주 오시는 고객의 경우 먼저, "OO차를 좋아하시는 것으로 알고 있는데 괜찮으시겠습니까?"와 같이 확인하는 것도 상담을 풀어 나가는 좋은 방법이다.

3. 차를 드리는 방법

- 고객의 오른쪽으로 내어드리며 찻잔을 놓을 때는 탁자에 소리가 나지 않도록 주의한다.
- 종이컵을 사용할 때에는 받침을 꼭 사용하여 드린다.
- 뜨거운 차를 낼 때에는 "차가 뜨거우니, 조심해서 드십시오"라고 말을 건네도록 한다.

| VIP고객 대접 TIP 2 |

1. 고객을 상담실 등 다른 장소로 안내할 때

- 고객에게 인사와 자기소개를 하고 안내하는 장소와 이유에 대해 말씀드린다.
- 고객이 코트나 무거운 짐 등을 가지고 오셨다면 대신 정성을 다해 받아든다.
- 직원은 고객보다 2~3걸음 왼편으로 앞서 걷도록 하며, 고객의 걸음에 보조를 맞춰 안내한다.

- 모퉁이나 계단에 잠깐 멈추어 서서 가야 할 방향을 안내한다.
- 계단에서도 복도에서와 같이 2~3계단 앞서 올라간다.

2. 출입문을 들어설 때

- 앞으로 당기는 문 : 직원이 문을 열고 서서 고객이 먼저 들어가도록 안내한다.
- 밀고 들어가는 문 : 직원이 먼저 들어간 후 문을 잡고 고객을 안으로 모신다.
- 회전문 : 회전문이 정지 중일 때는 고객이 먼저 이용하며 뒤에서 회전문을 적당히 밀어드린다. 단, 회전 중일 때는 직원이 먼저 들어가 속도를 조절하면 된다.

9 사람과 사람 사이의 거리

호주, 뉴질랜드, 영국, 북아메리카, 캐나다 등지의 도시 주택가에서 살고 있는 중류층 백인의 경우 개인 공간의 반경은 대체로 동일하다. 이것은 4개의 분명한 사람 사이의 간격으로 분류된다.

1) 비즈니스 거리에 의한 분류(에드워드 홀의 근접학)

① 친밀거리(0~50cm)

이 간격은 사람이 자신의 소유물처럼 보호하는 지역이므로, 모든 간격 중에서 가장 중요하다. 오로지 그 사람에게 정서적으로 가까운 사람만이 그 안으로 들어가는 것이 허락된다. 연인이나 부모, 배우자, 자식, 가까운 친구, 친척 등이 여기에 해당된다.

② 개인거리(50~120cm)

이것은 우리들이 칵테일파티나 사무실 파티, 사교 모임, 친구 모임 등에서 다른 사람과 떨어져 있는 거리이다.

③ 사회적 거리(2~4m)

낯선 사람이나 배관공 혹은 집수리하는 목수, 우체부, 가게 주인, 새 고용인, 그리고 잘 모르는 사람들과는 이 거리만큼 떨어져 산다.

④ 공공적 거리(4m 이상)

우리가 많은 사람들에게 연설을 하려고 할 때 서 있고 싶어 하는 편리한 거리이다.

2) 글로벌 비즈니스 매너 거리

서구문화권에 사는 사람들이 꽉 찬 승강기나 대중교통과 같은 혼잡한 상황에 직면했을 때

완고하게 지키는 일련의 불문율이 있는데 이는 다음과 같다.

① 아는 사람은 물론 어느 누구에게도 말을 해서는 안 된다.
② 다른 사람과 눈 마주치는 것을 시종 피해야 한다.
③ 무표정한 얼굴을 유지해야 한다. – 감정이 노출되어서는 안 된다.
④ 책이나 신문을 가지고 있다면 그것에 깊이 몰두한 것처럼 보여야 한다.
⑤ 복잡할수록 몸을 덜 움직여야 한다.
⑥ 승강기 안에서는 억지로라도 머리 위에 있는 층수 번호판을 지켜보아야 한다.

나의 체크리스트 My Checklist	Y	N
01. 나는 고객의 문의에 회사를 대표하는 마음으로 정성껏 응대하고 있다.		
02. 나는 명함을 잘 관리하며, 고객관리를 위해 명함을 잘 활용하고 있다.		
03. 나는 고객을 응대할 때 바른 자세, 품위 있는 안내로 대하고 있다.		
04. 나는 기본적인 비즈매너에 관련된 책을 한 번쯤은 업무를 위해 읽어본 적이 있다.		

QUIZ 1 사람마다 가지고 있는 자신만의 독특한 습관이나 몸가짐을 OOO이라고 한다. OOO 안에 들어갈 말은 무엇일까요? 정답 ①

① Manner(매너) ② Etiquette(에티켓)

매너는 사람마다 가지고 있는 자신만의 몸가짐이나 습관을 이야기하는 반면, 에티켓은 때와 장소에 따라 행동하는 예법이 규정화되어 있는 것을 의미한다. 예를 들어, '잔디에 들어가면 안 된다'라고 하는 것은 에티켓에 해당된다.

QUIZ 2 고객 응대에 대한 바른 예절이 아닌 것은? 정답 ④

① 명함은 명함지갑에 보관하도록 한다.
② 가급적 고객은 직접 안내해 드리는 것이 좋다.
③ 악수를 할 때, 혹 손이 땀에 젖었다면 닦고 하는 것이 예의이다.
④ 고객님이라는 호칭은 모든 고객이 좋아하므로 꼭 써야 한다.

고객님이라는 호칭도 좋지만, 가장 중요한 것은 고객이 원하는 호칭을 불러드리는 것이 가장 좋은 방법이다.

연습문제

01 고객 응대 자세에 대해 설명한 것 중 틀린 것은?

① 고객 응대 시 모든 자세와 동작은 목례와 함께한다.
② 물건의 경우 고객이 받기 편한 방향으로 전달한다.
③ 고객 응대 시 시선은 항상 고객의 눈을 응시해야 한다.
④ 모든 물건과 서류는 허리선과 가슴선 사이에서 전달한다.

02 명함 예절에 대한 설명이 아닌 것은?

① 명함은 아무 곳에나 깨끗이 보관하면 된다.
② 상대방의 명함으로 부채질을 하는 행위는 잘못된 것이다.
③ 명함은 아랫사람이 윗사람에게 먼저 드리는 것이다.
④ 명함은 받은 후에 반드시 소속과 이름을 확인한다.

03 소개 예절에 대한 설명 중 맞는 것은?

① 직원을 손님에게 소개해야 한다.
② 직위가 높은 분에게 직위가 낮은 사람을 소개해야 한다.
③ 여성을 남성에게 소개한다.
④ 연령이 다른 경우 연장자를 먼저 소개하고 다음에 연소자를 소개한다.

04 악수 예절에 어긋나는 것은?

① 악수는 지위가 높은 사람이 낮은 사람에게 먼저 권한다.
② 악수를 할 때, 땀은 닦고 하도록 한다.
③ 왼손잡이일 경우, 부득이하지만, 왼손으로 하는 것은 괜찮다.
④ 악수를 할 때는 데드 피시가 되지 않도록 신경쓴다.

05 고객 안내 시 예절에 대해 설명한 것 중 맞는 것은?

① 방향 안내 시 손의 위치는 허리 높이에 의해 조절한다.
② 계단 안내 시 올라갈 때는 고객이 먼저 올라가는 것이 예의다.
③ 방향 안내 시 고객의 위치를 고려하지 않는다.
④ 엘리베이터 안내자가 있을 때 고객이 나중에 타고 먼저 내리게 한다.

정답 01.③ 02.① 03.② 04.③ 05.②

CHAPTER

08 고객접점(MOT)의 법칙

학습목표

1. 고객접점 서비스의 유래와 성공사례를 알 수 있다.
2. 고객접점 서비스의 중요성을 습득할 수 있다.
3. 고객접점에서의 고객만족 서비스품질을 결정할 수 있는 요소들을 공부할 수 있다.
4. MOT를 분석해 보고, 상황별 응대방법을 습득하고 이해할 수 있다.

1 고객접점 서비스

여러분은 회사 근처 식당에서 식탁 가장자리로 벌레가 지나가는 것을 보고 식당 전반에 대해 지저분하다는 느낌과 함께 다시는 찾고 싶지 않았던 경험이 없었는가?

마찬가지로 400명의 전체 직원 중 단 한 명만 불친절하다 해도 그 불친절한 직원에게 응대받은 고객들은 나머지 399명의 친절한 직원이 있음에도 불구하고 그 한 명의 직원으로 인하여 기업 전체의 친절도를 매우 낮게 평가하게 된다.

더구나 불친절한 접촉을 통해 불만을 갖게 된 고객이 주변의 10명에게 그 불만을 그대로 전달하였다면 그 영향은 400−1 = −10이 될 수도 있다.

나 하나쯤이야 하는 안일한 생각이 자칫 예기치 못했던 결과를 가져오는 것이다.

이번 장에서는 고객접점 서비스의 중요성을 알아보도록 한다.

2 MOT(Moments of Truth)란?

1) MOT의 정의

고객이 직원과 접촉하여 서비스(품질)에 대한 인식에 영향을 미치는 15초 내의 결정적인 순간이다.

2) MOT의 유래

원래 MOT라는 용어는 투우용어에서 유래되었다.

여러 개의 창을 투우에 꽂아 잔뜩 약을 올린 후 혼신의 힘을 다해 덤벼드는 소에게 최후의 일격을 가하는 절대절명의 순간을 말한다.

출처 : https://www.google.co.kr/search?q

3) MOT의 공식(100-1=0)

고객감동의 접점을 만들기 위해선 전원 참여가 필요하다.

100가지를 잘 해도 1가지 서비스를 잘못한다면 그 서비스는 아무런 성과가 없는 물거품과 같다.

사 례	MOT 성공사례

SAS(스카디나비아 항공)의 경영 악화가 지속되자 얀 칼슨을 새로이 부임시켰고, 그는 서비스 혁신을 하면서 MOT를 경영에 도입했다.

그는 MOT를 서비스 사이클에서 고객이 경험하는 연쇄적인 사건이라고 칭했다. 또한 그는 고객만족경영의 추진력과 분위기를 조성하는 것은 경영자의 몫이고, 고객을 상대하여 고객만족의 고지를 점령할 사람은 고객과 접촉하는 최선의 현장직원이라고 말했다.

결과적으로 고객만족은 고객과 종업원이 서로 접촉하는 접점(contact point)에서 결판나는 것이다.

칼슨은 중간관리자에게 이렇게 말한다.

"최일선에 있는 종업원들을 감독하는 것이 아니라 그들을 지원하는 것이고, 그들의 고민을 들어주고 적절한 지원을 해야 한다."라고…

3 MOT의 3요소

1) Human Ware

Human Ware적 접점은 직원의 고객지향적인 정신과 고객이 만나는 접점인 인적 요소로서 직원의 판단과 행동양식이 고객의 만족도에 직접 영향을 주게 된다.

2) Soft Ware

Soft Ware적 접점은 서비스와 일이 처리되는 속도와 정확성 등 무형요소에 대한 고객의 인상과 평가를 말한다.

3) Hard Ware

Hard Ware적 접점은 고객이 직접 보고 접촉하는 건물, 사무실, 주차장 등 각종 시설과 설비 등 유형요소에 대한 체험을 말한다.

| MOT 체크리스트 |

MOT 요소	세부사항	평가요소	질문사항
하드 웨어	시설	쾌적성	청결하다.(바닥, 카운터, 화장실)
		편리성	출입문이 편리하게 개방되어 있어, 들어가기가 쉽다.
		안정성	집기의 배치가 잘 정돈되어 있다.
		점포 분위기	이동 동선이 충분히 확보되어 있다.
		위치	POP나 가격표 등을 보기가 쉽다.
	상품	신제품 개발	신제품을 지속 개발하여 고객에게 소개한다.
		품질	품질(음식의 맛, 제품의 기능 등)이 훌륭하다.
		다양한 상품 구색	다양한 상품이 구비되어 있어 선택의 폭이 넓다.
		다양한 상품 진열	다양한 상품이 진열되어 있다.(제품진열, 사진, 모형 등)
소프트 웨어	프로세스	업무처리절차	주문 처리절차가 간단하여 고객이 쉽게 따라 할 수 있다.
		처리속도	고객의 요구나 불만에 신속히 반응한다.
		고객중심과정	기본 메뉴 이외에 고객의 취향에 따른 맞춤 서비스를 제공한다.
	제도	업무처리 현장권한	고객접점에 있는 점원이 바로 일을 처리해 준다.
		업무처리 구비서류	업무처리서류(고객 소리함 등) 등이 비치되어 있다.

MOT 요소	세부사항	평가요소	질문사항
휴먼웨어	응대	친절성	직원이 친절하다.(인사, 미소, 생기 있는 모습)
		호감도	직원의 용모가 단정하고 깔끔해 보인다.
			직원은 유니폼을 착용하고 있다.
		서비스 기준 이행	고객이 매장에서 나가는 것을 인지하고 감사인사 또는 재방문 인사를 한다.
	상품지식	상품, 업무 관련지식	직원이 상품, 업무에 관한 질문에 자세한 설명을 해준다.
		고객가치에 대한 지식	고객이 상품이 필요한 이유를 묻고 이에 대한 상세한 설명과 함께 해결책을 제시한다.

4 고객접점에서의 고객감동 서비스

- 고객과 마주치면 먼저 인사
- 고객에게 주의를 집중하고 응대
- 처음 30초를 잘 활용
- 기계적이지 않고 자연스러운 행동
- 열정적이며 예의 바른 행동
- 나는 고객의 대리인
- 고객의 문제에 대해 깊이 생각하고 상식을 활용
- 때로는 규정을 어길 줄도 알아야 한다.
  - 사고의 유연성을 가져라.
- 마지막 30초를 잘 활용
  - 고객이 여운을 남길 수 있게
- 철저한 자기관리 건강, 컨디션….

5 고객감동 서비스 품질의 결정요소

1) 신뢰성

약속된 서비스를 정확하게 수행하는 능력을 의미한다.

이로부터 성능의 일관성, 정확한 청구, Record의 올바른 유지 관리, 지정된 시간에 정해진 서비스를 수행하는 능력 등이 포함된다.

한마디로 신뢰성이란 고객과의 약속을 지키는 것을 뜻한다. 서비스를 계약행위에 기초하는 거래라고 볼 때 신뢰성에 관한 고객의 기대는 가장 기본적인 사항이라 하겠다.

2) 대응성

서비스 제공자의 기꺼움, 준비성, 서비스의 적시성, 거래착오의 즉각적 통지, 빠른 응답, 신속한 서비스 제공 등을 의미한다.

이러한 대응성에 관한 고객의 기대와 요구는 서비스 종사자가 자신에게 도움이 될 것이라는 고객의 일반적인 사고로부터 기인한다. 따라서 서비스 종사자는 고객이 요구하는 사항에 관심을 갖고 최대한 배려함은 물론, 기본적으로 어떤 도움을 주겠다는 자세를 갖추고 있어야 한다. 이러한 자세 중에서 가장 주를 이루는 것은 고객을 주목하고(Eye Contact), 선의를 나타내는 것(Smile)이다.

3) 숙련성

서비스를 수행하는 데 요구되는 숙련과 지식의 소유, 접촉자의 지식과 숙련, 조직의 연구능력 등을 의미한다.

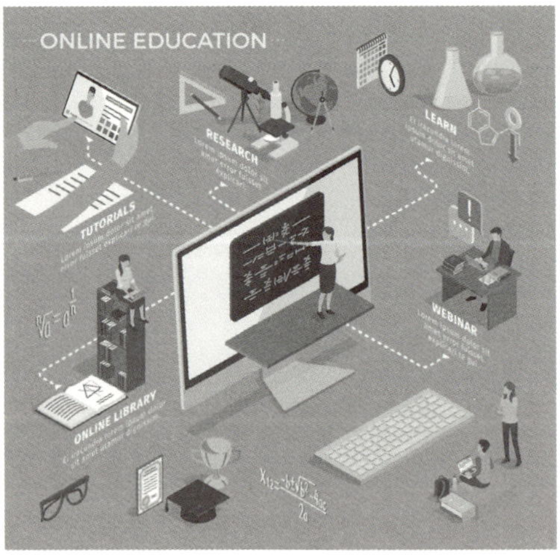

어떠한 서비스가 되었건 그 속에는 일반 고객들이 이해하기에는 다소 난해한 사항들이 포함되어 있으며, 숙련되지 못한 서비스 제공자의 잘못은 때때로 고객의 안전과 재산에 치명적인 피해를 줄 수도 있다.

4) 접근성

접근의 용이함, 전화로 쉽게 접근 가능, 전화 대기시간, 편리한 영업시간, 편리한 입지 등을 의미한다.

한참 동안 신호가 울려도 응답이 없는 전화, 좁고 붐비는 주차장, 담당자를 찾지 못하고 우물쭈물하는 모습 등으로 고객이 원하는 서비스에 즉시 접속되지 못하는 불편은 다시는 그 업체를 찾지 않게 하는 요인이 된다.

5) 예절

고객접점에서의 정중함, 경의, 헤아림, 친절, 고객의 재산에 대한 고려, 접촉자의 청결하고 산뜻한 외모를 뜻한다.

물론 예절의 시작은 외모나 태도, 말씨 등 외부에 나타나는 것들로부터 출발한다. 그러나 서비스에 있어서의 진정한 예절은 여기서 그치지 않는다. 비정상 상황이나 긴박한 상황 속에서 그야말로 숙련된 솜씨로 일을 처리하면서도 침착한 자세와 고객에 대한 헤아림을 잊지 않는 태도야말로 가장 가치 있는 예절의 형태라 할 수 있다.

6) 커뮤니케이션

광고, 홍보의 진실성, 서비스 내용에 대한 쉬운 이해와 설명, 고객이 쉽게 이해할 수 있는 어휘 및 언어 사용을 의미한다.

임의의 한 회사만을 놓고 보더라도 어떤 한 부서에서 사용하는 어휘를 다른 부서에서는 아주 모르거나 전혀 다른 의미로 사용하는 경우를 발견하게 된다. 하물며 해당 서비스를 받고 있는 고객에 대해서는 일말의 관심도 갖지 않는다.

서비스 제공자가 갖고 있는 일종의 오만 중 하나는 자신의 서비스가 매우 전문적이라는 판단 아래 고객을 교육하고 선도해야 한다는 생각을 한다는 점이다. 고객은 그러한 교육에 투자할 시간을 논으로 구매할 뿐이다. 그것은 고객의 선택이며, 서비스 제공자는 이러한 고객의 선택이 옳았다는 것을 확산시켜 주기만 하면 된다.

7) 신용

믿음, 정직, 신뢰, 회사명, 회사의 명성, 접촉자의 개성, 서비스 제공자의 진실성, 정직성 등을 의미한다.

실제로 몇몇 고객의 소리 중에는 어떤 회사의 로고를 부착한 차량의 난폭운전을 지적하거나, 해당 회사 배지를 단 직원의 무례한 행동 등에 대해 항의하는 내용이 포함되어 있다.

서비스 제공자 개개인은 모두 자신이 소속된 회사를 대표하고 있으며, 이들 한 사람 한 사람에게 고객은 일정한 선입관과 편견을 갖고 있다.

8) 안전성

위험, 리스크, 의심으로부터의 자유, 육체적·금전적 안전, 비밀보장 등을 의미한다.

주목해야 할 점은 실제 서비스 현장에서 고객이 느끼는 안전성은 시설물이나 기재의 성능에서 비롯된다기보다는 그저 자기 주변의 사소한 장치들이 얼마나 깨끗하고 정돈되어 있으며 제대로 작동하고 있는가에 더욱 민감하게 반응한다는 사실이다.

아무리 튼튼한 건물에 입주한 서비스 업체라도 습기가 스며들어 얼룩진 천장이나 삐걱거리는 의자 등을 방치한 채로는 고객이 안전하다고 느끼게 할 수 없다는 점을 명심해야 한다.

9) 고객에 대한 이해와 인지

고객에 대한 이해와 인지란 고객 욕구의 이해 노력, 고객의 특정한 요구를 이해, 개별적인 주목, 정규 고객의 인지 등을 의미한다.

모든 고객은 자신이 가장 중요한 고객이라 믿고 있다. 즉 모든 고객은 대중 속의 한 사람으로 대우받기보다는 한 사람의 VIP로 대우받고자 하는 것이다. 이러한 고객의 욕구에 대한 접근은 의외로 단순하고 쉬운 것일 수 있다.

바로 그 고객접점 종업원들의 세심한 배려만 있다면 충분히 해결될 수 있는 사항들이기 때문이다. 그러나 고객의 이러한 요구들은 일반적인 업무절차를 벗어나는 범위의 것들이 많기 때문에, 자칫 무시하거나 간과해도 되는 요구사항으로 간주되는 사례가 일어나게 된다. 그러나 고객은 누구나 특별한 손님으로 대우받고 싶어 하며 자신에게는 그럴 만한 충분한 이유가 있다고 생각한다.

서비스산업에 있어 정규고객의 인지는 매우 중요한 의미를 지닌다. 20%의 고객이 80%의 매출을 담당한다는 파레토의 법칙을 상기할 필요도 없이 해당 회사에 대한 만족도도 높고 앞으로도 재구매할 계획이며 남에게도 권유할 의향이 있는 고객층이 얼마나 되는가의 문제는 현재의 위기상황을 극복하는 몇 안 되는 해결방안 중 하나이다.

10) 유형성

유형성이란 서비스의 물리적 증거, 물리적 설비, 외모, 서비스 제공에 사용되는 도구 또는 장비, 서비스의 물리적 표현, 서비스 시설 내의 다른 고객들 등을 의미한다.

다시 말해 유형성이란 고객의 손으로 만져지는 것들에 대한 기대를 뜻한다. 고객이 널찍한 주차장에 주차하고, 깨끗한 영업장에서 단정한 직원들의 서비스를 받겠다는 것은 누구나 짐작할 수 있는 고객의 기대이다. 그러나 이런 서비스의 물리적 표현과 함께 유형성을 이루는 또 하나의 요소, 즉 서비스 시설 내의 다른 고객들에 대한 관심은 의외로 중요시되지 않고 있다.

예를 들어 나 자신이 고객이 되어 어떤 식당에 있다고 가정해 보자. 이때 주변의 다른 고객들이 온통 소리 내어 떠들고 톡톡 건드리고, 왜 건드리나 하고 돌아볼 때 험악하게 쏘아보기까지 한다면 대체 어떤 느낌을 갖게 되겠는가? 물론 일차적으로 나를 건드리는 모르는 사람이 밉겠지만 거의 동시에 나 자신이 선택한 그 식당에 불만이 생기게 될 것이다.

| 고객이 느끼는 접점 서비스의 문제점 |

- 고객이 다가가도 인사 없이 쳐다보기만 할 때
- 자주 오는 고객인데도 처음 보는 고객처럼 응대할 때
- 짜증내는 듯한 표정일 때
- 옆직원과 잡담하느라 고객이 와도 모를 때
- 업무지식이 부족하여 자신감 없이 응대할 때
- 옆창구가 바쁜 걸 보면서도 자기 일만 할 때
- 업무처리가 늦어 장시간 기다릴 때
- 자세한 설명 없이 "저쪽으로 가세요"라고 응대할 때

| 접점 서비스의 핵심 포인트 |

- 밝은 표정으로 인사하며 고객을 맞이한다.
- 고객의 이름을 기억해서 불러준다.
- 한가할 때 매장으로 오시는 고객에게 반갑게 응대하며 더욱 정중함을 표시한다.
- 고객의 입장에서 고객의 말을 끝까지 성의 있게 경청한다.
- "감사합니다. 좋은 하루 되십시오." 하는 감사의 인사를 잊지 않는다.

출처 : 한국안경신문, 2012.08.03.

6 상황별 응대방법

어프로치	[응대화법] "안녕하십니까? 어서오십시오." [Service Tip] 고객이 오시면, 자리에서 일어나 밝은 표정과 적극적인 태도로 응대한다.
니즈 파악	[응대화법] "무엇을 도와드릴까요?" "~~~ 말씀이십니까?" [Service Tip] 고객의 목적을 정확하게 파악할 수 있도록 질문한다.
솔루션 제공	[Service Tip] 고객이 원하는 것을 신속하게 처리한다. 양해를 구할 때에는 쿠션어를 사용한다.
만족 확인	[응대화법] "더 필요한 사항이 있으십니까?" "감사합니다. 좋은 하루 되십시오." [Service Tip] 고객이 만족을 느낄 수 있도록 도움을 드린다. 일어나서 감사의 인사말과 함께 정중히 고객을 배웅한다.

7 진실의 순간을 결정하는 서비스 특성

① 서비스는 형태가 보이지 않으며 현장에서 생산, 제공되는 동시에 소멸된다.

② 서비스의 좋고 나쁨을 결정하는 것은 고객 자신이며 사람에 따라 평가가 바뀐다.

③ 같은 상황을 만나도 서비스하는 담당자에 따라 대응이 달라진다.

④ 서비스는 서비스 내용보다 제공하는 과정에서 좋고 나쁨이 결정된다.

사 례 | 리츠칼튼 호텔의 사례

어느 고객이 호텔에 숙박한 후 신칸센을 타고 동경으로 가는 도중에 서류를 보려고 하는데 안경을 잊고 온 사실을 알았다. 생각나는 것이 호텔 방이었기 때문에 즉시 연락을 했다. 전화받은 사람은 파트타임 직원으로 일하는 담당 여성이었다. 그녀는 안경을 발견하고 즉시 가장 빠른 신칸센을 타고 동경역에서 기다리고 있던 손님에게 건네주었다. 그녀는 그 안경이 손님이 업무를 볼 때 가장 필요한 물건임을 스스로 판단하고 행동을 취했을 것이다. 그녀의 신칸센 요금은 호텔이 부담했다. 손님은 감격했고 그 후로 오사카에서 숙박할 때면 반드시 리츠칼튼 호텔을 찾는다.

리츠칼튼 호텔의 상사는 부하직원이 그 자리, 그 시점에서 내린 판단과 결정에 대해 반드시 승인을 해준다. 비록 나중에 잘못된 판단이었다는 판명이 나도 그 시점에서는 베스트였음을 부하직원을 믿고 인정해 준다.

임파워먼트는 상사와 부하직원의 상호 신뢰 속에서 이루어지므로 간혹 실패하더라도 본인의 능력개발과 성장기회로 삼을 수 있다. 또 코칭을 통해 본인의 의견을 끌어내어 무한한 가능성에 적극적으로 도전하도록 격려한다.

사 례 **MK택시의 사례**

비가 추적추적 내리는 어느 날 저녁, 행색이 초라한 할머니 한 분이 우산도 쓰지 않은 채 보따리를 이고 택시를 기다리고 있었다. 몇 대의 택시가 할머니의 행색을 보고 그냥 지나치곤 했다.

30분 정도가 지나자, 어떤 택시 한 대가 할머니 앞에 멈추더니 택시에서 내린 기사가 할머니를 조심스레 택시에 태우는 것이었다. 잠시 후 할머니의 젖은 몸에서 흘러내린 빗물이 시트를 적셔왔다. 할머니는 기사의 눈치를 보면서 영 마음이 편치 않았다. 앞서 다른 택시들도 시트가 젖을까 봐 그냥 지나쳤던 것이다. 할머니는 좌불안석이 되었는데 기사는 전혀 아랑곳하지 않고 히터를 올려 택시 안을 훈훈하게 데워주었다.

변두리 달동네까지 택시가 도착했을 때까지도 비는 멈추지 않았다. 택시기사는 준비해 두었던 우산을 펴서 할머니를 받쳐주면서 말했다.

"할머니, 이 우산 쓰고 가세요. 그리고 다음에 저희 회사 택시 보시면 그때 돌려주세요. 조심해서 가세요.~~"

인사를 마친 택시기사는 할머니가 골목 모퉁이를 돌아 사라질 때까지 전조등으로 그 골목 안을 오랫동안 비추고 있었다. 할머니가 쓰고 가셨던 우산에는 'MK택시'라는 글자가 선명했다.

나의 체크리스트 My Checklist

01. 나는 고객을 마주치면 밝은 표정과 정중한 태도로 인사를 한다.
02. 나는 고객의 문의사항에 정확한 업무숙지를 통해 필요 사항은 짚어가며 적극적으로 응대할 수 있다.
03. 나는 물품 등을 주고받을 때는 시선을 맞추고 두 손으로 응대한다.
04. 나는 고객에게 차 대접을 한 적이 있다.
05. 나는 고객이 방문하였을 경우, 비스듬히 기대앉거나, 턱을 괴거나, 취식을 하거나, 잡담을 하지 않고, 바른 자세로 회원을 응대한다.
06. 나는 수시로 사내의 청결상태를 확인하고, 비품을 정리정돈한다.
07. 나는 고객이 업무를 마치고 나갈 때 정중한 자세로 배웅인사를 한다.

QUIZ 1 고객접점 응대 시 고객 응대를 위한 기본적인 자세라고 볼 수 없는 것은? 정답 ②

① 내가 회사를 대표하고 있다는 자세로 품위 있게 응대한다.
② 잘 모를 때에는 적절히 대답한 후 확인하여 차후에 알려주도록 한다.
③ 고객을 지위나 신분으로 차별하지 않도록 한다.
④ 고객의 성격과 스타일에 맞추어 응대하도록 노력한다.

고객은 자신의 요청과 문의에 대해 즉각적인 해결을 기대하고, 업무처리 정확성 및 전문성은 고객에게 신뢰를 주는 서비스를 제공하기 위해 무엇보다도 중요시되는 요소이다.

QUIZ 2 고객접점에서의 고객만족 서비스에 대한 설명으로 틀린 것은? 정답 ③

① 고객에게 주의를 집중하고 응대한다.
② 기계적이지 않고 자연스러운 행동으로 열정적으로 응대한다.
③ 회사의 원칙을 내세워 고객을 이해시킨다.
④ 나는 고객의 대리인이라는 마음으로 고객의 문제에 대해 깊이 생각하고 응대한다.

고객접점에서 고객을 만족시키기 위해서는 항상 원칙을 내세워 고객을 이해시키려 하기보다는 때로는 규정을 어길 줄도 알아야 한다. 즉, 사고의 유연성을 갖고 고객의 입장에서 설득시켜야 한다.

연습문제

01 진실의 순간(Moments of Truth)의 개념을 서비스 현장에 최초로 도입한 최고 경영자는 누구인가?

① 잭 웰치(제너럴 일렉트릭)
② 얀 칼슨(스칸디나비아 항공)
③ 포드(포드자동차)
④ 레이 크록(맥도날드)

02 고객접점에 대한 설명 중 적절하지 않은 것은?

① 진실의 순간(MOT)이라 말할 수 있으며 기업의 성공과 실패를 가늠한다.
② 회사에서 직원 한 사람이 고객과 만나는 짧은 시간에 회사 전체의 인상이 결정된다.
③ 고객이 특별한 요구를 할 때 회사 내의 규정과 방침을 설명하며 이해를 구한다.
④ 관리자들은 고객에 대한 표준 접점의 대상이 되지 않는다.

03 다음 중 고객만족 서비스 품질을 결정하는 요소에 대한 설명이 바르지 못한 것은?

① 대응성 : 위험, 리스크, 의심으로부터의 자유, 육체적 금전적 안전, 비밀보장 등을 의미한다.
② 신뢰성 : 약속된 서비스를 정확하게 수행하는 능력을 의미한다.
③ 숙련성 : 서비스를 수행하는데 요구되는 숙련과 지식의 소유, 접촉자의 지식과 숙련, 조직의 연구능력 등을 의미한다.
④ 접근성 : 접근의 용이함, 전화로 쉽게 접근 가능, 전화 대기시간, 편리한 영업시간, 편리한 입지 등을 의미한다.

04 다음 중 MOT의 3요소를 바르게 설명하지 못한 것은?

① Human Ware적 접점은 직원의 고객지향적인 정신과 고객이 만나는 접점인 인적 요소를 의미한다.
② Human Ware적 접점은 직원의 판단과 행동양식이 고객의 만족도에 직접 영향을 주게 된다.
③ Soft Ware적 접점은 서비스와 일이 처리되는 속도와 정확성 등 무형요소에 대한 고객의 인상과 평가를 말한다.
④ Hard Ware적 접점은 고객이 느끼는 프로세스를 의미한다.

정답 01.② 02.④ 03.① 04.④

CHAPTER

09 전화 커뮤니케이션 이야기

학습목표

1. 보이지 않는 얼굴! 회사의 이미지가 결정되는 전화! 전화 예절의 중요성에 대해 이해할 수 있다.
2. 올바른 전화 걸기와 받기의 프로세스와 적절한 용어를 습득할 수 있다.
3. 상황별 전화 응대의 스크립트를 습득할 수 있다.
4. 불만 전화를 받았을 때의 응대 프로세스를 공부할 수 있다.

1 전화 응대

얼마 전, 모 기업의 직원과 전화 통화를 하게 되었다.

"안녕하십니까? 저는 ○○라고 합니다. 부장님과 통화를 하고 싶은데 지금 자리에 계신가요?"라고 물었는데, 직원의 답변은 "지금, 자리에 없는데… 나중에 하세요"라며 내가 다시 질문을 하기도 전에 찰칵하며 먼저 전화를 끊어버렸다.

끊어진 전화를 바라보며, '이 회사는 멀었구나' 하는 생각이 자연스럽게 들었다. 이름만 대면 알 만한 대기업이었는데도 불구하고, 불친절한 직원과의 짧은 전화 한 통화로 이미지가 별로인 회사라는 생각이 들고 말았다.

이렇듯 전화는 서로가 보이지 않는 상황에서 대화를 나누게 되지만 전화를 끊고 난 후에도 대화를 나누었던 상대방의 이미지는 그대로 남게 된다. 따라서 사소한 통화에도 신경쓰도록 노력하는 것이 중요하다 할 것이다.

이번 장에서는 보이지 않는 전화의 중요성에 대해 알아보는 시간을 갖도록 하겠다.

2 전화 응대의 중요성

- 전화는 얼굴 없는 만남이며 예고 없는 만남이다.

• 전화는 보안이 되지 않는다.
• 오해가 발생할 수 있다.
• 전화 한 통화로 회사의 이미지가 결정된다.

3 전화의 특성과 유의사항

| 전화의 특성 |

• 목소리만을 통해 의사가 전달된다.
• 호감 가는 음성과 말씨, 정중한 표현, 정확한 언어, 적절한 속도로 응대한다.
• 상대방의 표정이나 주변 상황을 알기가 어렵다.
• 상대방의 전화 응대상황을 고려한다.
• 증거, 정확한 전달 여부를 알기가 어렵다.
• 중요한 내용은 확인과 메모! 반드시 본인의 이름은 정확히 밝힌다.

| 유의사항 |

• 비용이 든다.
• 간결한 응대, 용건만 간단히
• 응대에 필요한 자료 비치, 활용
• 불시에 전화가 온다.
• 전화 응대 시 감정 조절

4 전화 응대의 바른 태도

① 전화 응대 시 고객을 마주한다고 생각하고 바른 자세를 할 것
② 거울에 비친 모습이 고객이라 생각하여 항상 밝은 얼굴로 받을 것
③ 고객과의 전화 통화에 몰입하여 열중할 것
④ 복잡한 용건을 주고받을 때는 반드시 메모하고 확인할 것
⑤ 고객을 도와주려는 자세로 호의적이고 따뜻하게 친절하게 받을 것

5 전화 응대의 3원칙

① 신속
② 정확
③ 친절

6 전화 응대에 실패하는 원인

- 전화를 늦게 받았기 때문
- 첫인사, 소속을 명확히 하지 않았기 때문
- 친절하지 않았기 때문
- 상대방이 말하는 내용을 늦게 파악했기 때문
- 억양이나 어투가 좋지 못했기 때문
- 마지막 인사가 불분명하거나 전화를 먼저 끊어버렸기 때문
- 전화 약속을 지키지 않았기 때문

7 전화 응대! 고객은 이런 점이 불만

- 전화벨이 3회 이상 울려도 받지 않을 경우
- 바꾸어주겠다고 한 후 기다리게 하는 경우
- 전화 문의 시 귀찮아하고 빨리 끊으려고 하는 경우
- 전화 응대 시 경어를 사용하지 않는 경우
- 아무런 반응이 없어 잘 듣고 있는지 의문스러운 경우

① 전화기 근처에 비치해 두어야 할 것

- 메모용지
- 필기도구
- 전화번호부
- 자주 거는 상대방의 전화번호 리스트

② 전화를 거는 시간

보통의 비즈니스 사회에서는 일과시간에 해당되는 오전 9시에서 오후 6시까지 사이에 거는 것이 좋다.

점심시간은 특별한 경우를 제외하고는 피하는 것이 좋다.

③ 상대를 확인할 것

특별한 연상의 상사나 윗사람에게 전화를 할 경우, 상대방을 직접 전화에 불러내는 것이 결례가 되는 경우가 있으므로 주의하도록 한다.

이런 경우 최초로 전화를 받은 사람에게 용건을 말할 상대방의 형편을 묻든가 전갈을 의미한다. 또 상대방의 업무상 특징이나 성격을 사전에 파악해 둘 필요가 있다.

사 례 | 전화 응대

전화 응대 1 : 전화상의 대화도 인사부터!!

"여보세요."

"여보세요. 거기 ㅇㅇ회사죠? 담당자 좀 바꿔주세요."

우리 주위에서 쉽게 들을 수 있는 통화 내용이다. 그러나 우리가 누군가를 만났을 때 반갑게 인사하며 서로 관계를 맺듯이 전화도 먼저 이름을 밝히며 인사하는 것이 좋을 것 같다.

예를 들어, "안녕하십니까? OO회사 어머나입니다"라고 말한다. 전화로 이야기한다고 결코 기계와 대화하는 것은 아니기 때문이다.

이것은 업무상으로 고객에게 전화의 용건에 대해 말하려고 하기 전에 본인이 이 일의 책임자임을 알 수 있도록 정확한 정보를 전달한다는 의미도 있고, 고객에게 신뢰를 줄 수 있기 때문이다.

최근에는 "정성을 다하겠습니다.", " 친절히 모시겠습니다." 등으로 전화를 받는 경우가 많다. 또한 전화 벨이 오래 울린 후에 받게 되는 경우라면 다음과 같이 한마디를 붙여 전화를 받아보도록 하자.

"기다려주셔서 감사합니다." 혹은 "오래 기다리셨습니다. OO회사입니다." 아마 기다림으로 지루했던 고객이 호감으로 바뀔 수 있을 것이다.

전화 응대 2 : 전화는 좋은 끝맺음도 중요하다

전화는 받는 것도 중요하지만 무엇보다 끝내도 좋은 때에 끝내야 한다. 상대방이 전화 수화기를 먼저 내려놓는 소리를 들었을 때 기분이 별로 좋지 않았을 것이다.

용건이 채 끝나기도 전에 잘못 짐작하여 수화기를 내려놓으면 상대는 기분이 상하게 된다. 그리고 전화를 끝맺을 때는 전화가 시작할 때와 마찬가지로 인사로 끝맺음해야 한다.

"감사합니다."

"좋은 하루 되세요."

"잘 알겠습니다."

"잘 부탁드리겠습니다."
"즐거운 하루 되시기 바랍니다."
효과적인 시작과 끝맺음의 대화는 당신이 고객과의 전화 통화를 끝낸 후에도 빠르게 고객들에게 인식되어 여러분과 회사의 이미지를 결정하게 된다.

8 전하 응대 서비스의 3요소

1) 목소리 조절(Voice Control)

메시지 전달 후에 고객이 받은 어떠한 인상의 원인을 살펴보면 실제 말의 내용보다는 (14%), 억양, 어투, 발음, 톤, 음성표현(86%)에 민감하게 반응하는 것을 알 수 있다.

2) 통화태도(Attitude)

전화 통화를 하다 보면 전달되는 목소리만으로도 상대방의 심리상태, 자세, 지적 수준까지 가늠할 수 있다.

3) 통화 예절(Manners)

고객은 나에게 도움이 되는 존재이며 이익이 되는 존재라는 생각으로 응대하면 통화 예절은 당연히 지킬 수 있다.

9 ART 전화 응대방법

A : 적극적으로 응대하기(Active Listening)
고객의 이야기를 같은 수준에 맞춰주는 것
〈"○○○해서 ○○○하시겠군요"〉

R : 공감적 수용하기(Received Empathy)
보다 구체적으로 감정을 존중하며 맞춰주는 것
〈"특히, ○○○ 때문에 ○○○하시겠군요"〉

T : 신뢰관계 형성하기(Try to Intergrade)
확장하거나 혹은 그 이상으로 맞춰주는 것
〈"그래서 ○○○하는데 ○○○하시겠군요"〉

10 전화 받기 예절

이번 장에서는 올바른 전화 받기 예절에 대해 알아보도록 한다.

1. 수화기를 든다

전화벨이 3번 울리기 전에 응대한다.
메모 준비를 하고, 자세를 바르게 한다.

2. 첫인사

〈응대화법〉
"안녕하십니까? ○○회사 ○○○입니다."
"늦게 받아 죄송합니다. ○○○입니다."
밝고 정중한 첫인사로 고객을 맞이한다.
정확한 인사말과 성명, 소속을 안내한다.

3. 고객문의를 경청

〈응대화법〉

"네, 그러셨군요."

"네, 맞습니다." / "아, 그러셨군요."

고객의 문의내용을 경청하고 호응한다.

4. 니즈 파악(문의내용)

〈응대화법〉

"~을 확인하고자 하십니까?"

"문의하신 내용이 ~ 맞습니까?"

고객의 문의내용을 요약 정리하여 확인한 후 니즈를 정확하게 파악하도록 한다.

5. 솔루션 제공

고객의 니즈를 파악하여 필요한 정보를 제공한다. 공감적 표현으로 고객의 불만을 이해하고, 신뢰를 줄 수 있도록 응대한다.

이해하기 쉽고, 상세한 안내로 고객의 눈높이에 맞는 응대를 한다.

고객이 문의하기 전에 추가적으로 제공 가능한 내용을 안내하여 상담을 한다.

6. 만족 확인

〈응대화법〉

"더 궁금한 사항이 있으십니까?"

"전화 주셨는데, 도움이 되어드리지 못해 죄송합니다."

응대 내용에 대한 만족여부를 확인한다.

고객의 요구대로 처리가 불가능한 경우 양해를 구한다.

다른 궁금한 사항이 있는지 문의한다.

7. 끝인사
〈응대화법〉
"고맙습니다. 좋은 하루 되십시오."
정중한 끝인사로 상담을 종료하며, 종결 의사가 먼저 느껴지지 않도록 한다.

8. 수화기를 내려놓는다
고객이 끊는 것을 확인한 후 수화기를 살짝 내려놓는다.
단, 다른 고객을 응대 중일 때는 종료 인사 후 2초의 여유를 갖고 오른손으로 '훅'을 누르고 수화기를 살짝 내려놓는다.

11 전화 걸기 예절

이번 장에서는 올바른 전화 걸기 예절에 대해 알아보도록 한다.

1. 통화계획 사전점검
상대의 시간, 장소, 상황을 고려하여 용건과 말하는 순서를 메모한 후 전화번호와 성명을 확인한다.

2. 첫인사
〈응대화법〉
"안녕하십니까? 회원님 ○○○회사, ○○○입니다."
인사말을 정중하게 한 후 자신의 소개를 명확히 한다.
통화하고자 하는 고객을 확인하고 정중하게 부탁한다.

3. 니즈 파악
〈응대화법〉
"고객님, 지금 통화 가능하십니까?"
고객의 입장에서 통화상황을 파악하여 가능 여부를 확인한다.
통화 허락에 대한 감사인사를 한다.

일방적인 통화가 되지 않도록 주의한다.

4. 요점정리 및 확인

주요 결정사항에 대해 복창, 확인을 한다.

숫자, 시간, 장소, 이름, 연락처 등은 반드시 복창하여 확인한다.

5. 끝인사

〈응대화법〉

"바쁘신데 시간 내주셔서 감사합니다."

통화에 대한 감사인사를 한다.

상황에 따른 적절한 끝인사를 한 후 고객이 끊은 것을 확인하고 수화기를 살짝 내려놓는다.

전화 응대 체크리스트
1. 벨이 2회 이내 울릴 때 받았습니까?
2. 메모 준비는 되어 있었습니까?
3. 자신의 이름을 바르게 말했습니까?
4. 상대방을 확인했습니까?
5. 전화를 신속하게 바꾸어주었습니까?
6. 찾는 사람이 없을 때 적절히 처리했습니까?
7. 용건을 들으며 메모를 했습니까?
8. 요점을 복창했습니까?
9. 전언을 부탁받았을 때, 상대에게 자신의 이름을 알렸습니까?
10. 전화를 쓸데없이 여기저기 바꾸어주지는 않았습니까?
11. 전문용어를 쓰지 않았습니까?
12. 너무 기다리게 하지는 않았습니까?
13. 알기 쉬운 말로 배려하면서 전화를 받았습니까?
14. 확실하고 밝은 목소리였습니까?
15. 경어는 적절했습니까?

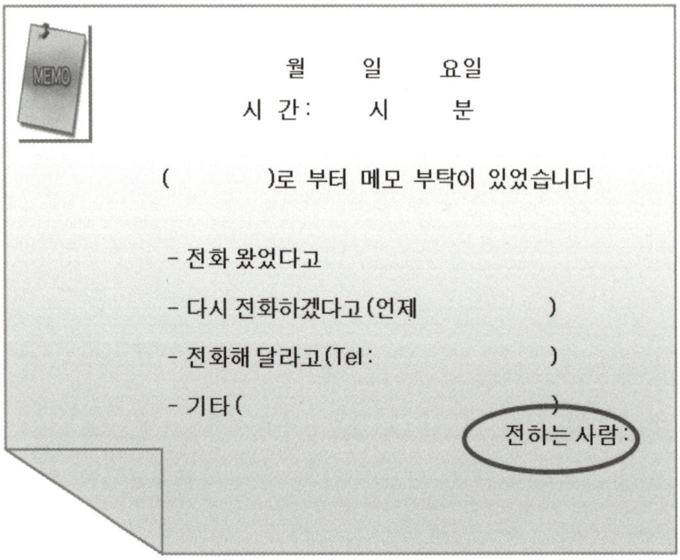

| 메모 전달 시 유의사항 |

12 상황별 전화 응대

사 례 | **전화 응대**

1. 통화 중에 고객이 찾아왔을 경우

〈통화 상담이 길어질 경우, 전화 고객에게 양해를 구한 후〉
"고객님, 죄송합니다.
통화가 다소 길어질 것 같은데, 잠시만 더 기다려주시겠습니까?"

〈통화 종료 후〉
"오래 기다려주셔서 감사합니다. 바로 처리해 드릴게요."

〈주의사항〉
업무상 통화를 하고 있기 때문에 당연히 고객이 기다려주리라 생각하지만, 고객에게는 먼저 관심받고자 하는 심리가 있다.
이때, 가볍게 목례와 눈인사를 하는 것이 좋다.

2. 통화 도중에 전화가 끊겼을 경우

"고객님, 죄송합니다. 전화가 끊겼습니다.
다시 한 번 말씀해 주시겠습니까?"

3. 상담 도중 전화벨이 울릴 경우

"고객님, 죄송합니다. 전화 좀 받겠습니다."
"고객님, 잠시 실례하겠습니다."

4. 통화 중 다른 전화가 걸려올 때

〈통화 중인 고객에게〉
"죄송합니다. 고객님, 다른 전화가 걸려 왔는데, 잠시만 기다려주시겠습니까?"

〈전화 건 고객에게〉
"안녕하십니까? ○○○입니다."

〈통화 중인 고객에게〉
"죄송합니다. 오래 기다리셨습니다."

5. 전화받을 사람이 부재 중일 때

"지금 자리에 안 계십니다. 메모 남겨드릴까요?"

6. 전화 받을 사람이 통화 중일 때

"○○○과장님은 지금 통화 중이십니다.
잠시만 기다려주시겠습니까?"

〈기다리시는 시간이 길어질 경우〉
"죄송합니다. 통화가 길어지는데, 메모를 남기시면 전해드리겠습니다."

7. 전화가 잘못 걸려왔을 경우

"여기는 ○○○입니다.
전화번호를 다시 한 번 확인해 주시겠습니까?"

〈주의사항〉

전화 한 통화로 모든 업무가 가능하다고 생각하는 고객이 많다. 무조건 안 된다고만 하지 말고 그 이유를 고객이 이해할 수 있도록 설명해 준다.

13 불만전화를 응대하는 요령

01. 먼저 사과한다.
"불편을 끼쳐드려서 대단히 죄송합니다."

02. 우선, 고객의 불만 내용을 끝까지 참고 듣는다.
(고객의 감정이 상하지 않도록)
* 고객의 내용을 부정한다든지 의심하는 말은 삼간다.

03. 진실을 확인하고 변명하지 않으며 불만사항에 대하여 정중히 사과한다.
* 단순한 사과보다는 설명부족 부분, 사무착오적인 부분 등 그 원인에 대해 명확히 사과하는 것이 효과적이다.

04. 불만의 원인을 조사한다.
* 그 즉시 확인이 불가능할 때는 적당히 판단하지 말고 상사나 동료, 담당자에게 확인한다.

05. 최선의 해결책을 제안한다.
* 회사의 성의가 충분히 담겨 있고 고객이 납득할 수 있는 신속한 처리방법을 제시한다.
"이렇게 해드리면 어떨까요?"

06. 그래도 설득이 안 될 때는 상황을 바꿔서 처리한다.
* 같은 사람이 끝까지 응대하는 것보다는 책임자 혹은 상급자가 나서서 해결하는 것이 효과적이다.

07. 책임감을 갖고 전화받는 사람의 이름을 밝혀 고객을 안심시킨다.
* 끝으로 한 번 더 사과하는 말과 함께 소속과 이름을 말한다.
"고객님, 불편하게 해드려 다시 한 번 거듭 사과드립니다.
오늘도 좋은 하루 되십시오."

| 텔레커뮤니케이션의 3요소 - 음성품질 |

구분		내용
목소리(톤) & 억양	좋은 목소리	• 말의 길이와 높낮이, 강약 조절 생동감 • 내용의 정확한 전달과 이해 신뢰감 • 회화적인 음률의 변화 등이 자연스러운 목소리
	억양	• 열정적으로 생동감 있게 • 침착하고 자신감 있게 • 고객을 이해하고 도와주는 마음으로
말의 속도		• 전화상의 대화는 시간제약이 있으므로 일반 대화보다는 약간 빠른 속도로 말한다. • 고객과 보조를 맞춰 속도를 결정한다. • 고객 유형에 따라 속도에 변화를 준다. • 인사와 소속, 이름을 밝히는 첫 멘트는 정확하게 하도록 한다.
발음 & 강조하기		• 명확한 발음으로 입 모양을 크게 벌려 활용한다. • 같은 말이라도 강조하는 곳에 따라 전혀 뜻이 다르게 나타난다. • 번호, 금액, 수량, 일시, 장소 등을 강조하고 또박또박 말한다.

➜ 커뮤니케이션의 3요소

대인 커뮤니케이션	텔레커뮤니케이션	성공적 커뮤니케이션
• 시각 55% • 언어 7% • 청각 38%	• 언어표현 15% • 음성품질 85% • 경청능력	• 말하기 10% • 듣기 30% • 생각하기 60%

➜ Voice with Smile!

세계적인 한 통신회사의 광고 문구이다. 이는 미소를 띠고 얘기하면 그것이 전화선을 타고 상대방에게 전달된다는 생각에서 비롯되었을 것이다.
누구나 목소리만 들어도 상대의 표정을 충분히 읽을 수 있다.
그래서인지 어느 호텔의 경우, 거울을 놓고 전화벨이 울리면 먼저 미소부터 짓는다고 한다. 전화 응대의 기본은 밝은 얼굴에서 시작됨을 다시 한 번 명심하자.
말하는 동안 미소를 짓고 항상 밝은 목소리로 응대한다.
얼굴표정뿐 아니라 어떻게 앉아 있느냐에 따라 음성의 명확함, 강도, 생동감이 달라진다. 바른 자세로 밝은 얼굴로 말하면 전화는 항상 긍정적인 톤으로 끝나게 됨을 명심하도록 하자.

나의 체크리스트 My Checklist

01. 나는 전화를 받을 때 전화기 근처에 항상 메모지와 펜을 준비하고 있다.
02. 나는 전화를 받을 때 우리 회사를 대표한다는 생각으로 고객의 전화를 응대하고 있다.
03. 나는 적극적으로 고객의 말을 듣고 있다.
04. 나는 끝맺음 인사말을 하고 있다.
05. 나는 고객보다 먼저 끊지 않는다.

QUIZ 1 전화는 보이지 않는 얼굴이라고 할 정도로 기업에서는 중요하다. 전화의 중요한 특성이 아닌 것은? 정답 ④

① 보안이 되지 않기 때문에 잘 들어야 한다.
② 얼굴이 보이지 않기 때문에 회사의 이미지가 결정된다.
③ 오해가 발생할 수 있다.
④ 회사 비용의 전화니까 편하게 사용해도 된다.

회사 비용의 전화일 수도 있지만 고객이 직접 전화를 거는 경우라면 상황이 달라진다. 이때는 고객의 비용이 들어가기 때문에 우물쭈물하다 전화가 돌려지는 일이 없도록 한다.

QUIZ 2 텔레커뮤니케이션의 3가지 요소가 아닌 것은? 정답 ②

① 경청 능력 ② 태도
③ 언어 ④ 음성

물론 텔레커뮤니케이션에서도 태도는 중요하다. 보이지 않지만 그 사람의 태도는 나타나기 때문이다. 하지만 텔레커뮤니케이션에서 더욱 중요한 것은 경청능력, 언어, 음성 이 세 가지라고 할 수 있다.

연습문제

01 전화 응대 태도를 설명한 것 중 잘못된 것은?

① 전화 응대 시 자세는 고객을 마주 대한다는 생각으로 바른 자세를 취하도록 한다.
② 고객과의 전화 통화에 몰입하고 열중해야 한다.
③ 복잡한 용건을 주고받을 때는 반드시 메모하고 확인한다.
④ 얼굴이 보이지 않으니까, 목소리만 신경써서 받는다.

02 전화 응대에서는 상대방에게 어떻게 언어를 표현하느냐도 중요하다. 다음 중 바르지 않게 설명한 것은?

① 전문용어보다는 이해하기 쉬운 용어로 선택한다.
② 시종 일관 상담용어만 사용해서 전문화를 주어야 한다.
③ 부정형보다는 긍정형으로 사용한다.
④ 플러스 대화법으로 활용하도록 한다.

03 불평 전화를 받았을 때 응대가 잘못된 것은?

① 일단 고객의 말을 끝까지 듣는다.
② 사실을 확인하기 전에 먼저 사과하고 불만사항을 해결한다.
③ 일단 상황을 먼저 듣도록 한다.
④ 상황이 종료된 후에도 해피콜을 하도록 한다.

04 전화가 주는 업무능력을 설명하지 않은 것은?

① 시간이 효율화될 수 있다.
② 경비가 절감될 수 있다.
③ 정보가 효율화될 수 있다.
④ 행동이 바뀔 수 있다.

05 전화 응대의 ART 응대방법에 대해 잘못 설명한 것은?

① A : 태도를 정중하게 응대하기
② R : 공감적으로 수용하기
③ A : 적극적으로 응대하기
④ T : 신뢰관계 형성하기

정답 01.④ 02.② 03.③ 04.④ 05.①

CHAPTER

10 분노한 고객은 정말 다시 오지 않을까?

학습목표

1. 불만고객과 불만이 없는 고객의 특성에 대해 알 수 있다.
2. 불만고객을 개선하는 방법에 대해 알아보고, 기업에 주는 영향에 대해 알아본다.
3. 불만 전에 고객 스스로가 불만을 지혜롭게 표현하는 방법을 알아본다.
4. 불만고객을 잘 대응하는 기업의 사례를 알 수 있다.
5. 고객불만에 대해 고객관계 부서뿐만 아니라 전사적 차원에서 빠르고 신속하게 해결하는 제시책에 대해 알아본다.

1 불만고객 응대

화난 고객의 분노를 재빠르고도 효과적으로 해결하는 것은 쉬운 일이 아니다. 고객의 분노는 일반적이고 평범한 것이 아니라, 화가 난 고객에게는 화를 낼 만한 이유가 있기 때문이다.

우리는 가끔 분노한 고객과 마주치면 대부분 여유를 잃고 정신적인 공백상태에 빠지게 된다. 이때 자신이 내뱉는 말의 효과에 대해서는 생각하지 않고 맞서 싸우거나 도망치기 쉬운데 이는 상황을 더욱 악화시킬 뿐이다. 화가 난 고객을 상대하는 비결은 행동하기 전에 '먼저 해결하는 것'이다.

이렇게 고객불만을 효과적으로 처리하기 위한 시스템과 프로세스의 개선을 위한 투자야말로 최고의 투자이다. 고객불만을 잘 해결하면 여러 가지 이점이 있다.

- 기존 고객들과의 좋은 관계를 만드는 것은 새로운 고객을 획득하는 것이 힘든 경쟁환경에서 더욱 중요하다.
- 고객불만을 효과적으로 처리하고 회복시키는 시스템들은 추가 매출증진과 회사의 이미지를 향상시켜 준다.
- 고객회복 시스템에 투자하는 50~400%의 ROI(Return on Investment : 투자대비수익)를 갖고 있으며 다른 투자와 비교할 수 없는 탁월한 투자이다.
- 고객불만은 서비스의 품질향상을 도와줄 수 있는 고객에 의해 제공되는 '무료'의 고급정보이다.

이런 이점들만 보더라도 고객불만을 도와줄 수 있는 최적의 시스템을 만드는 데 필요한 투자는 매우 중요하다.

그런데 우리가 불만고객을 다루는 데 있어서 간과하는 것 중 하나는 고객불만 기록방법들에 있어 공식적으로 제기된 불만사항과 고객 서비스 부서에 접수된 고객불만들에 대해서만 고려하기 때문에 대부분의 회사들은 고객불만의 상황을 제대로 파악하지 못하는 것들이 있다.

우리가 불만고객을 다루면서 유의해야 할 몇 가지가 있다.

첫째, 불만을 제기하는 고객도 중요하지만, 불만을 제기하지 않았던 고객들도 살펴보아야 할 부분이라는 것이다.

둘째, 회사는 자신의 불만을 제기하기 위하여 시간, 노력, 에너지라는 고비용을 제공하는 헌신적인 고객을 잃을 수 있다. 사실 만약 우리가 고객에 대한 데이터를 좀 더 세밀하게 관찰한다면 이런 손실은 비교적 쉽고 저렴하게 방지할 수 있으며 화가 난 고객을 우리의 좋은 파트너로 변화시킬 수 있다.

2 불평하는 고객은 적이 아닌 친구

1) 서비스의 부족이 고객을 잃게 한다

물론 불만족한 고객들은 문제가 없었던 사람들에 비해 구입할 확률이 낮을 것이다.

불만족한 고객들 중 아주 적은 수의 사람들만이 불만을 제기한다.

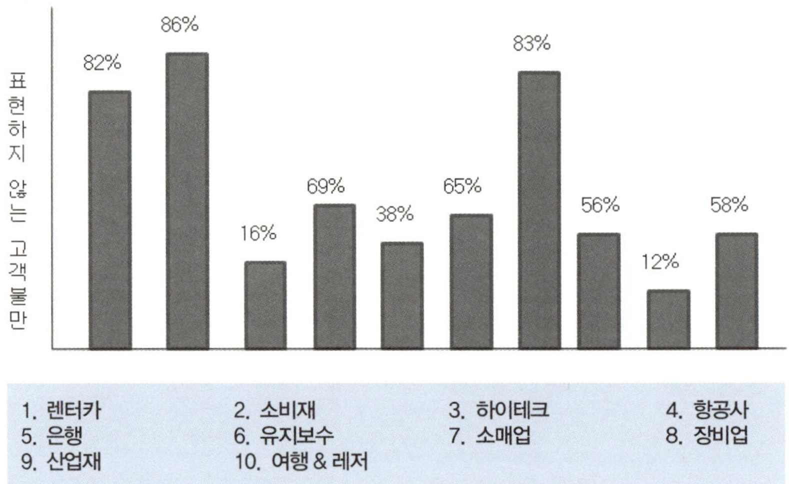

| 분야별 고객불만에 대한 Source : TARP Europe 1995 |

2) 불평고객이 적합한 조치나 개선이 없을 시

불평하는 고객의 대부분은 아무 말 없이 다른 곳으로 가던지 그냥 무시하는 형태를 보이게 된다.

이렇게 행동하는 데에는 몇 가지 이유가 있다.

고객들은 문제점을 고치도록 도와주는 것이 자신의 일이 아니라고 믿거나 혹은 자신의 불만이 경청되지 않을 것이라 믿고 있다. 고객들은 대부분 자신이 잘못했다고 생각하지 않기 때문에 논쟁하는 것을 원하지 않는다.

문제들에 대해서 불평하는 고객들은 문제가 있으나 불평하지 않는 고객들보다 재구매할 확률이 높다. 불평을 하고 반응을 받지 못한 고객의 재구매율도 37%이다. 반대로 문제점에 대해 불평을 하지 않은 고객의 9%만이 재구매를 한다. 사실 불평하는 고객들은 회사나 제품에 대해 매우 높은 로열티를 지니고 있다. 특히 불만을 제기한 고객이 만족스러운 응답을 받았다면 회사나 제품에 대한 로열티는 더 높아질 것이다.

다음에서 보이듯 불평하는 고객들의 로열티의 평균은 50%이다.

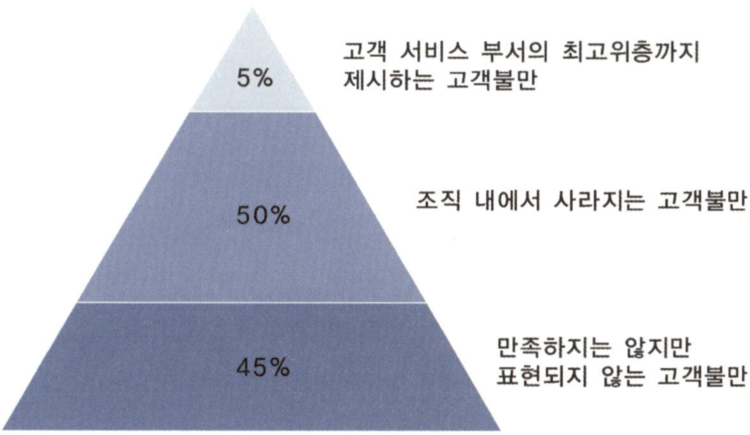

| 서비스 문제 / 고객불만의 피라미드 |

위의 피라미드에 나타난 것처럼 최고관리자에게까지 전달되는 5% 내의 고객불만들은 대부분 불만족 사례를 공식적인 문서로 전달하거나 전화로 전달하기 전에 이미 같은 문제에 대해 평균적으로 2번 이상 호소하였던 고객으로부터 나왔다.

이런 고객의 경우를 추론해 보면 아마 처음에는 일반적으로 연락하는 회사에게 불만을 제시하고 그 다음에는 상사에게 자신들의 불만에 대하여 좀 더 강력하게 요구하였을 것이다.

한 항공사에서 고객 서비스 부서를 개혁하고자 결정하였을 때 다음과 같은 사실을 알게 되었다.

* British Airway

1. 1/3의 고객들은 BA의 서비스에 불만족스러웠다.
2. 하지만 불만족고객의 69%는 불만을 등록하지 않았다.
3. 이들 그룹 중 23%만이 BA직원에게 고객불만을 구두로 전했다.
4. 결국 8%만이 고객관계부서에 공식적으로 제기를 했다.

게다가 불만을 표현하지 않은 불만족고객의 절반이 이 항공사를 떠났고 불만을 호소한 고객은 단 13%만이 변심을 했다. 그 결과로 BA는 고객을 잃게 되었고 총수입도 감소하게 되었다. 이런 조사 결과에 대해 BA는 즉각적인 조치를 행동으로 실천했다.

공식적으로 고객불만을 호소한 8%의 고객에게 12주가 걸리던 고객응답을 5일로 단축시켰다. 구두로만 제기되었던 23%의 불만에 대해 즉시 대응을 높이기 위해 일선직원들에게 권한을 주었으며, 나머지 69%의 침묵하는 고객들이 무엇을 생각하는지 알기 위해 경청구역까지 만들었다.

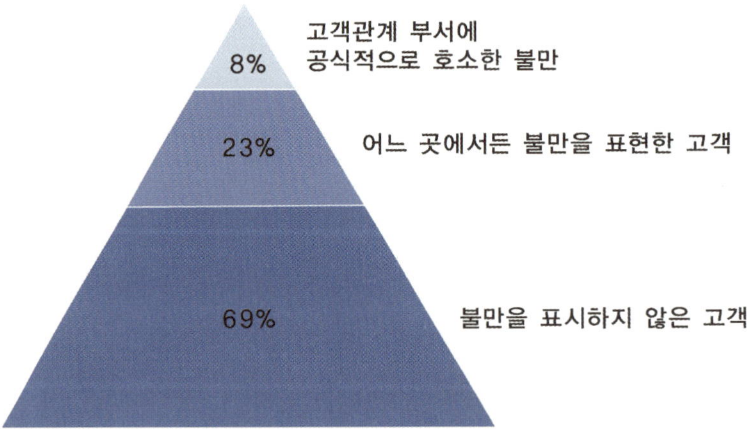

| 고객 유출로 인해 발생한 수익의 감소 |

이런 시스템에 대한 투자는 일 년 안에 이익으로 돌아왔다. 고객불만이 들어오는 것이 150%로 증가하였다. 즉, 나머지 60%가 더 이상 조용히 침묵하지 않았다. 또한 반응속도는 금전적인 보상의 필요를 8% 감소시켰다.

3 분노한 고객을 다루는 우선순위

1) 고객접점 시 임파워먼트를 통해 대응성을 즉시 높여야 한다

고객불만의 기회는 계속해서 경청하도록 요구하는 5%에 있는 것이 아니고 한두 번 불평을 하다 포기하는 50%의 고객에게 있다. 그러므로 가장 좋은 고객반응 시스템은 고객불만이 바로 처리되고 처음 접촉하였을 때 바로 처리되도록 하는 것이다.

비즈니스에서는 이런 것을 "Fix it now" 접근법이라고 한다. "Fix it now" 프로세스는 고객과 접점에 있는 모든 직원들이 독창적으로 해결하고 그렇게 할 수 있는 권한이 주어지는 것을 필요로 한다.

15개 국가에 800개의 점포가 있는 소매안경회사에서는 '10가지의 직원관리'로 다음의 내용이 있다.

"당신은 고객을 만족시키기 위해서라면 사전 허락 없이 무엇이든 할 권리가 있다"

이런 경우, 때에 따라서 이것을 악용하는 직원이나 고객이 있을 수 있으나 악용의 모험이 많지 않을 경우 이 임파워먼트를 과감히 시도해 보는 것도 좋다.

2) 고객이 불만을 할 수 있도록 만들어라

불만족 피라미드에서 만족스럽지 못하지만 불만을 표현하지 않는 45%의 고객은 아마도 경쟁자의 비즈니스를 향상시킬 것이다. 이들과 불만을 한번 표현하고 포기한 50%의 고객들이 불만을 호소하도록 만들어야 한다.

첫 번째 방법으로는 고객이 어느 곳에서든 불만을 표현할 수 있도록 한다. 고객불만을 표현하는 과정을 최대한 쉽게 만들어야 한다.

이런 조치 중 하나가 경청지역을 만드는 것이다.

대규모 식당체인점을 하는 회사에서는 모든 냅킨에 CEO의 주소와 이름이 적혀 있다.

델 컴퓨터는 모든 고객에게 구입 4개월 이후에 전화하는 것을 시작했다.

델 컴퓨터는 문제만 해결한 것이 아니고 불만족했던 고객을 델과 델 상품의 홍보요원으로 전환시켰다.

디즈니는 '1일 5상호작용'이라는 프로그램을 모든 직원들에게 소개했다.

'1일 5상호작용'프로그램은 테마공원과 호텔에 있는 모든 직원들이 다섯 명의 다른 고객과 상호작용을 하도록 강력하게 추천하는 것이다.

직원들은 거의 대부분 긍정적인 상호작용과 칭찬을 받는 것에 놀랐으며 문제점을 바로 찾을 수 있었다.

사 례 | 전화 응대

우리나라의 경우에는 칭찬에도 인색하지만, 불만을 이야기하는 방법에 있어서도 많이 서툴다. 상대를 모욕하거나 소리를 높여서 주위 사람을 놀라게 하는 경우가 많다. 그것은 불만을 그때그때 이야기하지 않고 마음속에 쌓아두었다가 한꺼번에 폭발시켜서 그런 것이다.

이런 경우 나중에 한꺼번에 불만이 표현되면 감정적인 문제가 더욱 커지는 경우가 다반사이다. 이런 것을 누적된 불만이라고 하는데 누적된 불만은 어느 순간에 눈덩이처럼 불어나게 된다.

일단 불만은 표출되어야 한다. 그래야 고객으로서 제대로 된 대접을 받을 수 있고 차후 서비스 품질도 좋아진다. 서비스의 품질을 저해하는 요인 중 하나는 '에에, 다음에 안 오면 되지. 이번에 참자'라는 생각이다.

한국소비자보호원에서 발표한 자료에 의하면 변호사의 서비스를 이용해 본 사람 중 72%가 불만을 느낀 데 반해 이들 중 4.6%만이 민원기관에 의뢰하거나 소송을 제기했고, 32.3%만이 불만을 이야기하는 데 그쳤다고 한다.

그러니까 많은 사람들이 변호사의 서비스에 불만을 느꼈음에도 별다른 항의 없이 수임료를 지불했다는 것이다.

불만 표현에도 요령이 있다. 불만 표출의 목적은 '문제 해결'인데 그 방법이 서툴러서 감정의 골이 깊어지면 전혀 엉뚱한 결과를 초래할 수도 있기 때문이다. 불만을 표현해서 보상을 받았음에도 그 과정에서 고객이 상처를 입을 수도 있다는 것이다.

고객의 입장에서도 불만을 표현하는 데 요령이 있어야 한다.

첫째, 품위 있게 불만을 이야기하는 것이 중요하다. 만약 이렇게 해도 해결이 안 되면 그 다음에 윗사람을 찾아도 늦지 않다.

둘째, '상황'에 대한 불만을 이야기하는 것이 좋다. 책임을 전가하거나 직원을 책망하는 식의 불만의 토로는 문제를 해결하지 못하고 서비스의 효과도 반감된다. 그 이유는 서비스의 잘못을 떠나 일단 감정을 다치면 관계가 악화하기 때문이다.

따라서 불만은 표현하는 것이 좋다. 단, 불만을 말하는 중에도 고객으로서의 예의를 지키는 것이 좋다. 사람이 아닌 상황을 지적하고 적절한 칭찬과 정확한 불만 표현은 서비스에 있어서 아주 중요한 요소 중 하나이다.

3) 공식적으로 불만을 제기하는 5%를 기쁘게 하라

공식적으로 불만을 호소하는 고객들은 공식적으로 자신의 불만을 평균 2번 정도 시도하였다.

자신의 비용과 노력을 투자하면서 이런 노력을 하는 근본적인 이유는 회사와 계속 거래를 하고 싶기 때문이다. 그래서 이들은 문제로 보이거나 문제가 되는 것을 풀도록 도와주기 위해 지속해서 노력을 한다.

이런 고객들은 나머지 95%보다 '더 빠르고', '더 개인적인 반응'을 요구한다. 여기서 말하는 빠르다는 것은 전화를 통한 불만에 대해 24시간 대처를 하는 것, 불만에 대한 답례 서문의 수령증, 우편으로 받은 불만에 대한 기준은 1주일이다.

리츠칼튼 호텔은 '24/48/30규칙'을 정하고 있다. 수령, 답례를 하는 데 24시간, 책임을 취하는 데 48시간, 문제를 해결하는 데 30일을 뜻한다.

고객에게 불만을 공식적으로 표현하기 전에 물어보아야 할 것인가? 아니면 기다려야 할 것인가? 물론 물어보아야 하지만, 질문의 목적은 고객이 맞는지 틀리는지를 묻기 위한 것이 아니다. 문제를 해결하기 위해 혹은 고객의 질문에 대답하기 위해 현재의 사실을 발견해야 한다.

고객불만에 대한 개선의 첫걸음은 현실적으로 몇 명의 불만족고객이 있는지를 정확하게 파악해 보는 것이다. 몇 개의 불만을 받았는지, 언제, 어디서, 어떻게 고객들이 불만을 표현하였는지 알아본다.

두 번째, 고객들이 현재의 고객 응대시스템에 대하여 얼마나 만족하고 있는지를 부분별로 나누어서 평가하고 측정해야 한다.

세 번째, 고객 응대 시스템에 접해서 응답을 받은 집단과 그렇지 못한 집단 간의 구매행동을 조사하고 분석하도록 한다.

네 번째, 불평에 대답하는 것, 의견을 받는 것의 비용에 대한 현재 시스템과 임파워먼트 시스템에 대해 비교해 본다.

다섯 번째, 효과적인 고객 응대 시스템으로 인해 얻을 수 있는 잠재적 이익을 평가해야 한다.

마지막으로 다음에 대한 실행계획을 만들어야 한다.

- 의사소통 통로를 연다.
- 즉시 반응한다.
- 고객불만에 대하여 빠르게 대응할 수 있는 내부 피드백 시스템을 향상시킨다.
- 효과적인 방법으로 빠른 비용대비 효과를 고려한 방법을 고려한다.
- 화난 고객들을 홍보사절로 바꿈으로써 고객으로부터 증가된 의견, 응답에 대한 만족 증가, 판매 증가가 회사 이미지에 미친 결과를 측정한다.

1. 공식적으로 불만을 표현하는 고객들 : 브랜드 로열티 13년간 회사제품을 사용
2. 고객들이 불만을 표현하는 곳 : 고객접점 직원, 부서
3. 불만을 표현한 고객의 기대는? 배려, 확실한 해결책, 빠른 응답
4. 불만을 표현한 고객이 얻게 되는 것은? 78%가 응답에 대해 만족 못 함
5. 4의 결과로 고객의 행동
   14%가 1년 이내 이탈
   40%가 1년 이내 이탈계획
   32명이 문제를 제기하려 함
6. 회사의 손실은? 4% 세일즈 감소, 수익 감소
7. 고객불만을 개선하는 데 필요한 비용은? 6억
8. 비용에 대한 회수기간 : 2개월 이상

4 화난 고객을 내 편으로 만드는 전략

1) 이해한다는 신호를 보내라

- 진지한 표정
- 공손한 자세
- 사과의 말

  단, 전문가다운 카리스마는 잃지 않는다.

2) 고객을 진정시키기 위해 자연스러운 행동이 이어져야 한다

일단 서 있는 고객을 앉게 한다. 여러 사람과 함께 있는 경우에는 다른 장소로 자연스럽게 이동하는 것이 좋다. 다른 고객 앞에서는 체면 때문에 쉽사리 누그러들지 않기 때문이다. 고객의 말을 경청하면서 문제를 해결하도록 한다.

3) 시간을 적절히 조절하라

화가 난 고객을 상대할 때는 시간을 적절히 조절해야 한다.

| 성급한 고객에게는 속도가 최고이다. |

우리나라 고객들이 제일 많이 쓰는 말이 무엇일까?

1위는 "빨리빨리'이고, 2위는 '책임자 바꿔!'라고 한다.

이렇게 우리나라 고객들은 참고 기다리는 데 인색한 편이 사실이다. 성격이 급한 고객에게 가장 중요한 것은 무엇보다 속도가 중요하다는 것이다.

그런데 속도를 빠르게 하다 보면 서비스의 질이 떨어질 우려가 있기 때문에, 서비스의 질을 떨어뜨리지 않으면서도 속도가 빨라야 함을 잊지 말아야겠다.

따라서 고객 중 성격이 급하신 경우, 아무 말 없이 10분 만에 일을 해결하기보다는 중간중간 고객에게 이야기를 하면 12분이 걸렸어도 오히려 시간은 얼마 걸리지 않은 걸로 느낄 수 있다.

여기에 산만한 부연 설명보다 핵심 내용만 이야기하고 말을 빨리 하며 행동을 민첩하게 하고 고객의 시간을 소중히 여긴다는 진지한 표정을 지어주는 것이 무엇보다 중요하다.

5 클레임 매니지먼트

최근 들어 다양한 고객불만이 제기되는 배경에는 많은 정보를 짧은 시간에 입수할 수 있기 때문에 '스톡 효과'(Stock effect : 고객이 서비스에 대한 지식과 경험이 풍부해 그 차이에 민감하게 반응하는 것)가 높고 그에 비례하여 고객의 자기주장 역시 강하게 표출되기 때문이다.

따라서 기업으로서는 가능한 예견되는 모든 상황을 사전에 파악하여 대응해야 하며, 아예 불만이 나오기 전에 예상되는 것을 체크하고 고객만족도를 높일 필요가 있다. 이런 노력이 계속되어야만 고객의 재방문을 통한 기업의 성장을 기대할 수 있으며 그것을 관리하는 것이 바로 '클레임 매니지먼트'이다.

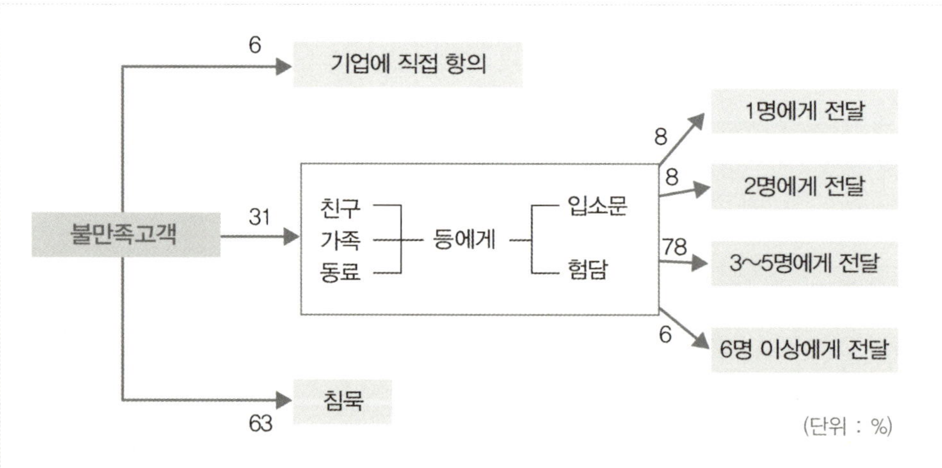

| 고객불만의 확산경로 |

출처 : 와튼 스쿨 '2006 불만 RHOR 연구보고서', 한국경제신문 재인용

이 클레임 매니지먼트는 사업 규모가 클수록 더욱 중요하다. 그 이유는 고객의 불만이 발생했을 경우 그 보상 역시 기업의 규모에 비례하기 때문이다. 따라서 '이 이상의 것은 없다' 혹은 '이 이상은 불가능하다'고 생각되는 것을 철저히 검토함은 물론 '고객과 직원 모두에게 좋은 환경이 기업의 성장을 가져온다'는 사고를 각인시킬 필요가 있다.

→ 존 구드만 법칙

고객이 평소에 이용하여 아무런 문제를 느끼지 못한 상황에서는 일반적으로 10% 정도의 재방문율을 보이지만, 만약 불만사항을 말하러 온 손님에게 진지하게 대응했을 경우 고객의 65%가 다시 이용하러 온다는 것이다. 즉, 고객이 직원의 대응에 따라 재방문율이 극단적으로 높아진다는 것이다.

이 때문에 많은 기업들은 불만사항에 대한 고객의 요구를 진지하게 받아들여 문제를 해결하고자 하는 노력을 하고 있다.

무엇보다 직원 한 사람 한 사람의 실력을 향상시켜 고객의 직접적인 신뢰를 얻을 수 있도록 실천하고 있다.

→ 불만고객의 확산

와튼 스쿨이 2005년 크리스마스 전후로 쇼핑을 한 미국 소비자 1,186명을 대상으로 실시한 〈2006년 불만고객 연구보고서〉에 의하면 고객 100명이 불만을 느끼면 32~36명이 다시는 재방문하지 않는 것으로 나타났다. 불만을 느낀 고객 중 단 6%만이 기업에 정식으로 불만을 제기한다고 한다.

그런데 불만을 참지 못하고 가족, 친지, 직장 동료에게 적극적으로 알리는 고객은 31%에 달했다. 31% 고객 중 8%는 1명에게, 또 다른 8%는 2명에게 자신의 나쁜 경험을 이야기했다고 한다. 78%는 3~5명에게, 나머지 6%는 6명에게 자신의 험담에 대해 이야기했다.

결과적으로 100중 31명의 고객이 적어도 90명에게 이야기하는 것으로 나타났다.

| 고객 감정 빛깔에 따라 다르게 대처해 보기 |

문제마다 해결책이 다르듯 고객 감정상태의 빛깔에 따라 문제를 복구하는 것도 다르다. 고객들의 반응에 따라 다음과 같은 세 종류의 감정적 빛깔로 분류하는 것이 좋다.

1. 덤덤한 푸른색 고객

이런 고객은 화가 난 상태에 대해 결정적인 단서를 제공하지 않는다. 어떤 고객들은 서비스가 불만족스러워도 덤덤하게 받아들이고 신경을 쓰지 않는다. 하지만 겉으로는 아무렇지 않게 보이는 고객들도 서비스 직원들이 심각하게 대해주지 않는다면 감정이 고조될 수 있다.

2. 고약한 오렌지색 고객

이런 고객은 자신의 기대에 미치지 못하면 기분이 상해 짜증을 낸다. 가볍게 대하거나 화난 것을 알아주지 않으면 급격히 고조되어 적색경보가 발동된다.

3. 노발대발하는 붉은색 고객

이런 고객들은 엄청난 분노와 좌절감을 나타내 보인다. 이들은 서비스 장애로 인해 자신이 희생되고 상처를 입었다고 느낀다.

세 고객의 차이점을 알아보기 위해 일이 지연되는 동일한 상황에서 고객의 감정적인 빛깔이 어떻게 다르게 나타나는지 본다.

- 덤덤한 푸른색 : 일이 지연되지만, 내 일에 지장이 없다면 큰 문제가 없다.
- 고약한 오렌지색 : 일이 지연되어 다른 일을 못하게 되는지 염려한다.
- 노발대발하는 붉은색 : 일이 지연되어 본인이 해야 할 일의 계획에 차질이 생기면 굉장히 화를 낸다.

다음은 고객의 감정적 색깔에 따라 해야 할 일이다.

덤덤한 푸른색 고객	고약한 오렌지색 고객	노발대발하는 붉은색 고객
• 뜻밖의 일을 하기 • 사람을 다루는 적절한 기술을 사용하라. • 고객의 기분을 맞추어줘라.	• 긴박감을 보여주기 • 해결책을 찾아내는 일에 고객을 참여시키기 • 부가적인 보상을 제공한다.	• 공감해라. • 분출하게 두어라. • 진정할 수 있도록 분위기 조성하기 • 열심히 경청하기 • 후속조치를 계획하기

사 례

몇 년 전, 국내 모 방송사에서 일본의 한 음식점에 몰래 카메라를 촬영하여 방영해 준 적이 있었다. 연기자들은 주문한 음식이 나오자 음식에 대한 불만을 늘어놓으면서 귀찮게 여러 번씩 직원들에게 심부름을 시켰다. 서빙 직원은 부드러운 표정과 정중한 태도로 묵묵히 고객의 불만을 듣고 수용하면서 고객이 원하는 대로 서비스했다. 한번쯤은 귀찮은 표정이나 언짢은 말을 할 것도 같은데, 한결같이 미소를 잃지 않는 직원의 태도에서 존경심마저 들었다. 결국 촬영팀은 몰래 카메라였다고 실토하고 어쩌면 이렇게까지 친절할 수 있는지 물었다.

출처 : https://search.naver.com/search.naver?sm

제작진은 아마도 직원이 "귀찮게 하는 고객 때문에 속으로는 화가 났다"라고 말하지 않을까 예상했지만 대답은 의외였다. "오늘은 참 재미있는 분이 오셨구나라고 생각했지, 화는 나지 않았어요."

여러분이라면 어떠했을까? '오늘 정말 이상한 고객 때문에 미치겠군. 정말이지 장사 못 해 먹겠네'라며 귀찮아하지 않았을까? 아니면 '대충 먹고 가면 되지, 대체 왜 이리 깐깐하게 구는 거야'라고 생각하지 않았을까?

6 당장의 손해가 장기적 이익이 될 수 있음

"장기적 비전을 위해 단기적 손해를 감수한다. 이것이 성공의 비결이다."

빌 게이츠 회장의 말이다. 단기 이익과 장기 이익은 충돌하는 경우가 많다. 단기적 손해를 감내할 줄 아는 사람들이 인생이라는 장기 레이스에서 승자가 될 확률이 높다.

사 례

언젠가 동료와 함께 회사 근처에 있는 돈가스 전문점에 갔다. 점심시간이라 그런지 사람들로 북적대서 차례를 기다려야 했다. 빈자리가 나서 자리에 앉자 바로 도톰한 돈가스와 마카로니가 나왔다. 그런데 마카로니를 씹는 순간 너무 물렁거리고, 상한 맛이 느껴졌다. 직원에게 마카로니가 상한 것 같다고 했더니 죄송하다고 하면서 다시 가져오겠다고 했다.

그러나 마카로니가 나온 것은 식사가 거의 끝나갈 때가 되어서였다. "오래 기다리셨죠? 다시 삶아서 가지고 오느라 늦었습니다." 화가 난 상태였으나, 직원이 정말로 미안해 하는 눈치여서 별말 없이 일어서긴 했으나, 센스 없는 식당이라고 느껴졌다.

계산을 하기 위해 카운터로 갔다. 계산을 하면서 식당 이용 고객 마일리지 카드를 함께 내밀었다. 주인은 직원에게 마카로니에 대한 얘기를 언제 들었는지 "불편을 드려 정말 죄송합니다"라는 말과 함께 마일리지 카드에 남아 있는 빈칸 일곱 개를 도장으로 쾅쾅 찍는 것이다.

그 식당에는 고객 카드 열 칸에 도장이 찍히면 돈가스를 공짜로 먹을 수 있는 혜택이 있었다.

성의 있게 자신의 실수를 바로 만회하려는 친절함 덕분에 어느새 마카로니 때문에 불쾌했던 감정은 사라졌다.

그날 저녁 회사 동료들과 그곳에서 회식을 했다. 그 식당은 작은 실수를 했지만 손해를 감수하고 도장을 찍어줌으로써 오히려 더 많은 고객을 얻게 되었다. 순간의 손해가 오히려 이익이 된 것이다.

7 침묵하는 고객에게 주의를 기울이기

"나는 정말로 좋은 고객입니다."

나는 어떤 종류의 서비스를 받더라도 불평하는 법이 없습니다. 음식점에서는 조용히 앉아서 종업원들이 주문받기를 기다리며 그 사이에 절대로 종업원들에게 주문받으라고 요구하지도 않습니다.

종종 나보다 늦게 들어온 사람들이 나보다 먼저 주문하더라도 나는 불평하지 않습니다. 나는 기다리기만 할 뿐입니다.

나는 언젠가 정비사업소에 들른 적이 있는데 정비사는 아끼는 내 차에 담배를 물고 기름 묻은 채로 시트에 앉아서 별거 아니라는 듯 한마디 내뱉습니다. 그러나 내가 누굽니까? 이런 서비스에도 절대 불평하지 않았습니다.

나는 절대로 흠잡거나 잔소리하거나 비난하지 않습니다.

시끄럽게 불평을 늘어놓지도 않는 멋지고 착한 고객입니다.

여러분 내가 누군지 궁금하지 않으십니까?

바로 나는 '돌아오지 않는 고객'입니다.

나의 체크리스트 My Checklist

01. 회사를 방문하는 고객 중 과연 몇 %가 불만족한지를 알고 있다.

02. 우리 회사 고객불평의 의사소통 채널이 철저하게 고객입장에서 가능하다고 생각하고 있는가?

03. 불만고객이 자신의 방식대로 불만을 제시할 수 있도록 시스템을 갖추고 있는가?

04. 나의 불만고객에 대한 프로파일과 발생 원인에 대한 근본적인 대책을 가지고 있는가?

05. 나는 불만을 토로하지 않은 고객에게도 불만이 있다고 생각하는가?

QUIZ 1 모든 직업인에게는 직업윤리가 있다. 고객을 응대하는 서비스맨의 직업윤리로 적절하지 않은 것은 무엇일까? 정답 ①

① 형식적이고 사무적인 응대
② 상대방의 입상을 손숭한다.
③ 친절의 생활화를 실시한다.
④ 공사가 구분되어야 한다.

이 세 가지 이외에도 약속을 지키고, 능률을 생각하고, 투철한 사명감으로 정직하게 해야 하는 것을 잊어서는 안 된다.

QUIZ 2 서비스 리더로서 필요한 리더십의 조건에 해당되지 않는 것은? 정답 ③

① 감성적인 서비스 리더가 되어야 한다.
② 헌신적인 봉사의 서번트 리더십이 필요하다.
③ 일에 대한 자신감과 열정만 있으면 된다.
④ 커뮤니케이션 능력이 필요하다.

연습문제

01 고객이 서비스에 대한 지식과 경험이 풍부해 그 차이에 민감하게 반응하는 것을 무엇이라고 하는가?

① 서비스 가치 ② Stock effect
③ 고객접점 임파워먼트 ④ 서비스 패러독스

02 존 구드만 법칙을 설명한 것을 찾으시오.

① 고객이 평소에 이용하여 아무런 문제를 느끼지 못한 상태에서는 일반적으로 10% 정도의 재방문을 보이지만, 만약 불만사항을 말하러 온 손님에게 진지하게 응대했을 때 고객의 65%가 다시 온다는 법칙
② 고객만족도 지수를 설명한 것
③ 기업의 경쟁력은 고객에게 있다고 이야기한 것을 말한다.
④ 기업과 조직이 직접 위기에 직면하기 전 미리 대응해야 한다는 법칙이다.

03 불만고객을 효과적으로 대응하는 방법이 아닌 것은?

① 고객의 불만을 직접 듣도록 한다.
② 고객이 불만을 이야기할 수 있도록 경청지역을 설치한다.
③ 접점 직원에게 권한을 부여한다.
④ 제기된 불만만을 해결한다.

04 감정을 색깔화하여 분류할 때 무덤덤한 푸른색의 고객에 대한 설명으로 옳지 않은 것은?

① 화가 난 결정적인 단서를 표현하지 않는다.
② 고객의 기분을 맞추어주도록 한다.
③ 일이 잘못되어 자신의 계획에 차질이 생긴다면 무척 화를 낸다.
④ 고객의 기분을 알아주지 않을 때, 무척 서운해 한다.

05 고객불만 해결의 가장 좋은 시스템은 고객불만이 바로 처리되고 처음 접촉하였을 때 바로 처리되도록 하는 것이다. 이것을 무슨 시스템이라고 하는가?

① Fix it now ② CSI
③ 데미지 컨트롤 ④ 리스크 매니지먼트

정답 01.② 02.① 03.④ 04.③ 05.①

2부

미스테리 쇼퍼 (서비스평가사)의 이해

CHAPTER

11 서비스평가사(미스테리 쇼퍼)의 이해

1 서비스평가사(Mystery Shopper)의 정의

훈련된 전문 종사원이 신분을 감추고 고객으로 위장하여 서비스 미스테리 쇼핑장소를 방문하여 일상적인 운영상황에서 비밀리에 점검하고, 기준에 맞게 제공되어야 할 서비스와 메뉴, 시설환경 등의 수준을 평가하여 고객의 만족도를 높일 수 있는 방안을 찾아내는 역할을 하는 자를 말한다.

2 서비스평가사(Mystery Shopper)의 유래

당시 소매점 업주들이 종업원들의 절도를 막기 위해 사립 탐정을 고용한 데서 유래하였으며, 미국 리서치회사 위마크가 1940년대 들어 대(對)고객 서비스평가에 나서면서 그 용어를 처음 사용하였다.

3 서비스평가(Mystery Shopping)의 개념

조사원이 고객으로 가장해 해당 매장의 전반적인 서비스 수준을 평가하는 것으로서, 지속적으로 고객을 획득하고 유지하기 위해 일반 고객의 입장이 되어 미스테리 쇼핑 대상을 방문하고, 동일한 조건, 동일한 점검표, 동일한 기준으로 상품수준, 직원들의 서비스 수준, 서비스 환경 등에 대한 현재의 수준을 암행 평가하는 기법을 말한다.

미스테리 쇼핑을 수행하는 기업들은 일반 소비자들의 편향되지 않은 정직한 보고서를 필요로 한다. 서비스평가사들은 이러한 기업 고객들을 위해 일반 소비자의 눈과 귀를 대변한다. 미스테리 쇼핑에는 다양한 유형이 있다. 그러나 대부분의 미스테리 쇼핑은 익명의 미스테리 쇼핑 또는 실명의 미스테리 쇼핑 등 한두 가지 범주로 축소된다.

일반적으로 익명의 미스테리 쇼핑은 고객이 자사 제품의 품질 또는 고객 서비스를 평가하기 위해 서비스평가사는 미스테리 쇼핑 사업자와 계약을 맺는 경우 실행되고 있다.

서비스평가사는 일반 고객으로 가장해야 하며 과도한 관심을 끌어서는 안 된다. 일반적으로 익명의 미스테리 쇼핑을 위한 지침으로 사용할 시나리오를 제공받는다. 그리고 해당하는 특정 매장의 일반 고객과 같이 눈에 확 뜨이지 않는 복장을 착용해야 한다.

또한 고도의 주의력과 판단력이 필요하고 엄정하고 객관적인 보고를 할 수 있어야 한다. 조사에는 자기만의 노하우가 필요하고 단지 평가만 하고 마는 것이 아니라, 평가한 곳의 개선과 발전까지 염두에 두어야 한다. 왜 그렇게 평가했는지에 대한 설명능력과 어떻게 하면 문제가 해결되고 발전을 도모할 수 있을지에 대하여도 제안할 수 있어야 한다.

조사 결과를 어떻게 개선과 연결짓는가 하는 것이 중요하다. 보고서를 일반적인 포맷에 맞추는 것이 아니라, 각 회사나 점포에 맞는 독립적인 포맷이어야 한다. 따라서 요구되는 것은 관찰력, 객관성, 전달력, 문장력, 개선제안 능력 등이 필요하고 고도의 객관성과 균형감각은 기본이고 구체적인 조사방법 능력까지 필요로 하는 전문적인 일이다.

미국 네바다주에서 미스테리 쇼퍼가 되려면!

BECOME A MYSTERY SHOPPER?

If you'd like to become a Mystery Shopper, Please visit this page.

Nevada Mystery Shopping

A Closer Look, Inc.

A Nevada Mystery Shopping Company

1-888-446-5665

To become a mystery (or secret) shopper in most states **requires no special training or licensing**, and anyone can be a mystery shopper in those states. However, this is not true for the state of Nevada.

To perform mystery shops in Nevada a mystery shopper must be an employee of a licensed private investigator (no independent contractors.) In addition to this employment status, a mystery shopper must also obtain a work permit from the **Nevada Private Investigators Licensing Board**. There are approximately $120 in costs associated with the work card and required fingerprinting process. People with felony convictions or weapons violations need not apply.

Do you have business locations in Nevada that you would like to have mystery shopped? If so, Nevada law is quite specific. Nevada businesses who wish to hire a mystery shopping service must hire a mystery shopping provider who is a licensed private investigator in Nevada. A Closer Look, Inc. possesses**Nevada PI license # 1569** and is the premiere mystery shopping provider in Nevada

| 미국 네바다주 미스테리 쇼퍼 광고 |

4 서비스평가사(Mystery Shopper)의 직무

미스테리 쇼퍼는 마치 영화에 나오는 비밀요원이나 암행어사처럼 해당 방문매장의 위치와 교통편, 직원 수 등을 미리 파악하고 평가 준비한다.

해당 매장에 손님처럼 방문하여 시설적인 부문이나 청결, 직원들의 서비스와 상품에 대한 지식, 직원들이 그 제품이나 서비스에 대하여 숙지하고 있는지를 살펴보기도 한다.

암행평가기법을 활용한 고객경험관리 마케팅은 공공기관, 호텔, 백화점, 은행, 음식점, 병원 등 다양한 업종의 서비스를 평가하는 21세기 유망직종이라고 할 수 있다.

각 기업마다 상품중심에서 고객중심의 경영으로 바뀌고 있는 가운데 고객입장에서 기업의 서비스를 평가하는 미스테리 쇼퍼의 역할이 점차 증가되는 추세이다.

처음에는 아르바이트로 시작되었지만, 각 기업체나 병원 등에서 자체적으로 미스테리 쇼퍼를 공개적으로 모집해서 교육 후 활동시키고 있다.

또한 익명의 미스테리 쇼핑과 실명의 미스테리 쇼핑을 결합한 방식은 점차 인기가 높아지고 있는 또 다른 유형의 미스테리 쇼핑이 되고 있다. 이러한 미스테리 쇼핑에 있어서 서비스평가사는 회사 및 직원이 미스테리 쇼핑 지침에 명시되어 있는 특정 기준을 충족시키고 있는지의 여부를 확인한다. 기준이 충족된 경우 평가사는 자신의 정체를 밝힌 다음 회사에서 준비한 상을 부여한다. 기준이 충족되지 못한 경우에도 서비스평가사는 자신의 정체를 밝힌 다음 그들이 요구되는 기준을 충족시키지 못한 이유에 관해 설명해야 한다. 이와 같이 기업의 요구에 따라 미스테리 쇼핑형태는 다양하게 나타날 수 있다.

전화 모니터링, 온라인 쇼핑 등과 같이 매우 다양한 유형의 미스테리 쇼핑 유형이 존재한다.

현재는 미스테리 쇼핑 전문기업도 생기고 있는데, 주로 대형 리서치 기관에서 설문조사를 담당하던 사람들을 활용해서 이 일을 많이 맡곤 한다.

5 선진국의 서비스 수준을 높이는 미스테리 쇼핑기법

미스테리 쇼핑은 서비스 선진국에서는 일반화된 대중적인 서비스관리기법이다. 국내에 진출한 많은 외국계 기업들이 활용하고 있으며, 최근에는 지방자치단체들까지도 공무원의 전화 응대 친절도 평가와 공공기관의 친절서비스평가를 하고 있다.

현재 우리나라 병원서비스는 호텔 수준을 따라가려고 많은 노력을 하고 있을 뿐만 아니라, 결국에는 삼성의료원이 호텔보다 높은 서비스평점을 받기도 하였다.

미국의 모든 산업 즉 소매점, 호텔, 영화관, 레스토랑, 패스트푸드 체인, 은행, 주유소, 자동차 판매점, 아파트, 헬스클럽 및 의료시설과 2010년부터 의료관광에서 고객 서비스 경험을 개선하기 위해 도구를 사용하여 의료 공급자와 의료시설을 점검하고 있으며, 영국 미스테리 쇼핑은 지방자치단체 및 비영리단체 등 주택협회와 교회 등 고객 서비스에 대한 피드백을 제공하는데 사용된다.

미스테리 쇼핑은 일종의 시장조사이다. 미스테리 쇼핑 사업자들은 그들의 고객들을 위해서 미스테리 쇼핑을 수행하는 독립적 계약업자들을 고용하는 시장조사업체들이다.

소매유통 매장인 경우 미스테리 쇼퍼는 다음과 같은 사항을 관찰하고 평가하게 된다.

매장의 외관, 직원이 인사하기까지 걸린 시간, 직원들의 용모, 직원들의 유니폼 및 명찰 착용 여부, 도움을 받기까지 걸린 시간, 제품에 관한 직원들의 지식, 제품의 특징 및 편익에 관한 직원의 설명 여부, 직원의 제품 추천 여부, 판매 계약 체결을 위한 직원의 노력 정도. 또한 미스테리 쇼퍼는 직원의 이름 및 상황에 대하여 설명을 제시할 것을 요구받을 수도 있다. 또는 미스테리 쇼핑 업무에 자부심을 느끼는지 여부 또는 일반 고객으로서 해당 매장에서 쇼핑할 건지의 여부 등도 요구받을 수 있다.

레스토랑 또는 패스트푸드점에 대한 미스테리 쇼핑은 제공된 음식의 시각적인 면, 제공된 음식의 적절한 온도, 음식의 맛 등과 같이 음식을 평가해야 한다는 점 말고는 위와 동일한 방식으로 수행된다.

금융기관에 대한 미스테리 쇼핑은 단순히 은행을 방문해서 은행직원이 제공하는 서비스를 평가하는 것에서부터 투자담당 직원과의 투자상담 또는 대출담당 직원과의 대출상담 그리고 실제 주택담보대출 신청절차를 평가하는 것에 이르기까지 다양하다.

일반적인 소매유통 매장 이외에도 미스테리 쇼핑은 호텔, 병원, 리조트, 테마파크, 미용실, 마사지숍, 대형체인마트, 주유소, 자동차대리점, 면세점, 백화점, 부동산 관리, 아파트, 콘도미니엄, 안경점, 인사관리부, 정부기관, 카지노, 영화관 및 기타 오락시설에서도 수행되고 있다.

미스테리 쇼핑은 일반적으로 고객이 자신의 프랜차이즈 매장 또는 유통업체들이 회사 이미지, 제품사양 등을 준수하고 있는지를 평가하기 위해 미스테리 쇼핑 사업자와 계약을 맺는 방식으로 수행되고 있다.

미스테리 쇼퍼가 해야 할 일은 현장 및 매장 운영이 회사 규정을 준수하고 있는지 검사하고 그러한 표준과 관련된 설문지를 작성하는 것이다. 대부분의 경우 미스테리 쇼퍼는 회사 규정이 위반되는 사례를 디지털 사진으로 촬영해야 한다.

불시 방문의 미스테리 쇼퍼는 전문가에 어울리는 복장을 착용해야 한다. 그리고 항상 전문가처럼 행동해야 한다. 미스테리 쇼퍼는 자신을 고용한 회사를 대표할 뿐만 아니라 해당 회사의 고객도 대표하는 것이다. 해당 고객은 최종 보고서를 제공받게 된다.

6 1인 기업이 될 수 있는가?

간단히 말하자면 미스테리 쇼핑은 일종의 시장조사이다. 미스테리 쇼핑 사업자들은 그들의 고객들을 위해서 미스테리 쇼핑을 수행하는 독립적 계약업자들을 고용하는 시장조사업체들이다.

그렇다면 미스테리 쇼퍼의 서비스를 원하는 이러한 고객들은 과연 누구일까? 이러한 고객들은 매우 다양하다. 그들은 대형 다국적기업에서부터 소규모 자영업자들에 이르기까지 광범위하다.

그들 모두는 한 가지 공통된 목적을 갖고 있다. 그들은 그들의 제품 및 서비스가 어떻게 제공되고 인식되고 있는지에 대한 현장의 생생한 정보를 원하고 있다. 그들은 이러한 정보를 사용해서 더 많은 고객을 유치하기를 원하고 시장에 제공하는 제품과 서비스를 향상시키고자 한다.

미국의 경우에도 미스테리 쇼핑 업무의 경우 구매한 제품을 포함해서 수당으로 2~3백 달러의 높은 금액을 받고 있다. 일반적으로 미스테리 쇼핑 직무의 수입은 건당 8달러에서 20달러 수준이다. 그리고 미스테리 쇼핑을 수행하는 시간은 10분에서 1시간에 이르기까지 차이가 난다.

미스테리 쇼핑 회사를 1인 기업으로 경영하면서 투자되는 근무시간이나 관심분야 또는 전문분야에서 하고자 하는 유형에 따라 수입이 결정된다. 미스테리 쇼핑 경험이 많을수록 더 많은 수입이 창출된다는 것은 다른 직종과 다를 바 없다.

즉, 경험이 적은 미스테리 쇼퍼가 많은 미스테리 쇼핑 직무를 수행하기는 쉽지 않다. 하지만 필요한 경험을 쌓는 데는 본인들의 의지 여하에 따라 많은 시간이 걸리지는 않을 것이다.

따라서 여러분은 미스테리 쇼핑 직무를 준비할 시간이 필요하고 보고서 제출 마감시간에 맞춰 보고서를 작성할 수 있도록 해야 한다.

보고서 작성시간도 15분에서 1시간 정도가 걸릴 것이고, 보다 긴 보고서 작성을 요구하는 고수입의 경우에는 1시간 이상이 소요되기도 한다.

독립적인 계약업자로 활동한다면 근무시간, 하고자 하는 미스테리 쇼핑 유형 및 수입 액수를 결정할 수 있다. 경험이 많을수록 더 많은 직무기회가 찾아온다는 점에서 미스테리 쇼핑도 여타 직종과 다를 바 없다. 달리 말하자면 초보 또는 신입 서비스평가사가 가장 많은 미스테리 쇼핑 직무를 수행해서 많은 수입을 올릴 수는 없다는 것이다. 그러나 초보자라고 해서 보다 많은

미스테리 쇼핑 직무를 수행해서 보다 많은 수입을 올리기 위해 필요한 경험을 쌓는 데 오랜 시간이 걸리는 것은 아니다.

서비스평가사로서 얼마의 수입을 올릴 수 있는지에 대해 확정할 수는 없지만, 수입문제에 관여하는 변수들이 너무 많기 때문에 심지어 개략적인 금액을 제시하는 것조차 많은 사람들이 오해할 가능성이 있다. 독립적인 계약업자로서 자영업자라는 점을 명심하면, 자신의 사업체를 소유하는 것이다. 여느 자영업자들이 말하듯 자영업을 통해 얻는 수입은 얼마만한 노력을 사업에 투입하느냐에 달려 있다고 볼 수 있다.

고수익을 얻을 수 있는 직무도 있다. 나도 개인적으로 그러한 직무를 여러 번 수행해 왔다. 실제로 미국에서 경험 많은 미스테리 쇼퍼는 하루에 900달러를 벌 수 있고 카지노에서 무료 음식에 2박을 투숙할 수 있는 카지노 미스테리 쇼퍼 직무를 신청하라는 요청을 받기도 한다. 매우 유능한 미스테리 쇼퍼를 구하고 있는 믿을 수 있는 회사였다. 그러나 이러한 경우는 많지는 않으며 일반적으로 매우 경험 많은 미스테리 쇼퍼에게나 찾아오는 기회이기도 하다.

이러한 미스테리 쇼핑을 위해서 작성하는 평가서는 매우 구체적이며 분량이 많을 수 있다. 대체적으로 관찰한 내용 및 직원과의 상호작용에 관해 구체적으로 작성해야 하기도 한다. 보고서 작성을 마치려면 하루 종일 해야 하거나 그보다 더 오래 걸릴 수도 있다. 일반적으로 보고서가 보다 구체적인 내용을 요구할수록 직무수입이 더 많아진다.

7 서비스평가사(Mystery Shopper)의 적정 업무

미스테리 쇼퍼 직무에 익숙해질 때까지는 하루에 한두 건의 직무 일정만 잡아두는 것이 바람직하다. 어떤 쇼퍼는 불과 몇 번의 직무 수행 후 미스테리 쇼퍼 직무에 익숙해질 수 있고 또 어떤 이는 그보다 많은 시간이 필요할 수도 있을 것이다.

여러분이 원하는 목표에 도달할 때까지 하루당 직무 건수를 서서히 증가시키는 것이 좋다. 각 보고서 작성에 소요될 시간 및 보고서 작성에 할애할 수 있는 시간을 개략적으로 결정하도록 한다.

고려해야 할 점은 보고서 작성에 허용된 시간이다. 어떤 미스테리 쇼퍼 직무의 경우 12시간 이내에 보고서를 제출해야 하고, 또 다른 경우에는 최대 24시간이 주어질 수도 있다. 따라서 만약 12시간 이내에 보고서를 제출해야 하는 경우에는 오전 9시에 수행하면 그날 밤 오후 9시까지 보고서를 제출해야만 한다. 제출시한이 24시간인 경우에는 다음날까지 보고서 제출을 미룰 수도 있을 것이다.

하지만 시간이 지날수록 정확성이 떨어질 수 있다는 것을 명심해야 한다.

8 서비스평가사(Mystery Shopper)의 하루 일정

경험이 많이 쌓일수록 보고서 작성을 보다 효율적으로 하게 될 것이다. 예를 들어 경험이 적은 미스테리 쇼퍼가 같은 날 여러 건의 미스테리 쇼퍼 직무를 수행해야 한다고 가정해 보기로 하자. 매장들의 위치를 확인했더니 매장 중 세 곳이 매우 가깝게 위치해 있다는 사실을 알게 되었다. 각 매장에서 직무를 수행할 개략적인 시간과 보고서 제출시한을 계산한다.

우선 하루 3건의 직무 일정을 잡은 경우 다음과 같을 것이다.

오전 9시:
XYZ 주유소 - 실제 직무 수행시간 10분, 설문지 작성시간 10분
합계 = 20분

오전 9시 45분:
백화점 - 실제 직무 수행시간 30분, 설문지 작성시간 15분
합계 = 45분

오전 10시 45분:
소매 전문매장 - 실제 직무 수행시간 20분, 설문지 작성시간 15분
합계 = 35분

상기의 일정에서는 3개 매장을 방문했고 실제 직무 수행시간 및 설문지 작성시간으로 모두 약 1시간 40분이 소요되었다. 그러나 운전시간, 주차에 걸린 시간 및 차에서 매장으로 이동한 시간도 포함시켜야 할 것이다. 그러면 3건의 직무에 대한 수당은 업체에 따라 다를 수 있지만 대략적으로 4~5만 원 정도가 될 것이다.

9 서비스평가사(Mystery Shopper)의 자질

1) 나의 관찰력은?

① 지금은 몇 월입니까?

② 이 건물은 몇 층 높이의 건물인가요?

③ 이 호텔에 남아 있는 방은 몇 개인가요?

④ 엘리베이터 앞에는 몇 명이 서 있나요?

⑤ 새로 방을 배정받은 사람은 몇 층의 방을 받았나요?

⑥ 현재 시간은 몇 시 몇 분입니까?

2) 미스테리 쇼퍼의 자질이 있는지 확인하기 위한 간단한 테스트

① 쇼핑을 좋아하는가?

② 관찰력이 뛰어난가?

③ 객관적인가?

④ 사교적인가?

⑤ 신뢰할 만한가?

⑥ 비밀을 지킬 수 있는가?

⑦ 믿을 수 있는가?

위에 나와 있는 질문에 모두 '그렇다'라고 답변했다면 당신은 미스테리 쇼퍼가 될 자질을 갖춘 것이다.

3) Mystery Shopper의 자질

① 방문 매장에 대한 관심과 애정

② 적극성

③ 고객의 입장에서, 솔직하게 평가하는 객관성 및 정직성

④ 누구라도 알 수 있는 구체적인 표현력

⑤ 컴퓨터 활용능력이 필요한 보고서 작성능력

⑥ 시소한 것도 놓치지 않는 세밀한 관찰력

⑦ 보고서 작성에 필요한 암기력

⑧ 기한 날짜와 시간 엄수

⑨ 비밀유지 요구

⑩ 책임감

4) 미스테리 쇼핑에서 중요한 2가지 평가항목

① 서비스항목

- 매장입구에서 대기시간에 대해 안내해 주는 것
- 호출 시 서버가 오기까지의 시간, 메뉴 추천, 메뉴 설명, 이벤트 안내 여부
- 식사 중 필요 물품 제공 등 고객 응대
- 식사 후 고객 응대, 계산의 정확성, 신속성, 배웅인사 점검

② 관리항목

- 직원들의 복장, 용모상태 점검
- 매니저의 통솔력, 솔선수범
- 컴플레인 대처능력
- 적정인원 근무 확인

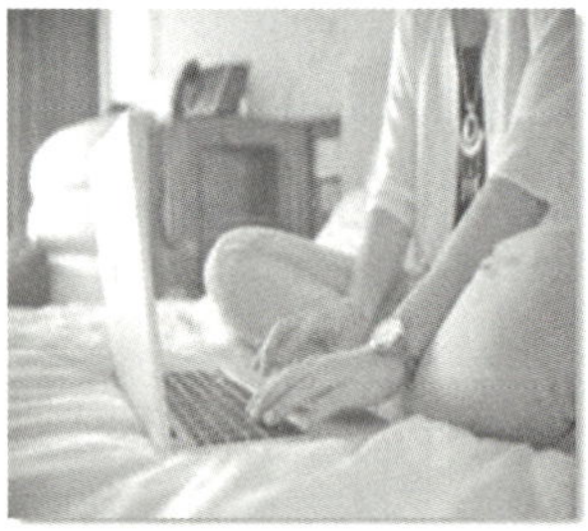

10 서비스평가사(Mystery Shopper)의 자격요건

① 방문매장에 대한 관심, 애정

② 상세한 지식을 보유하기 위한 학습 의지

③ 고객의 입장에서 생각하고 평가

④ 정확하고 구체적으로 평가

⑤ 노출되지 않도록 주의

11 서비스평가사(Mystery Shopper)의 역할

① 고객의 입장에서 매장 직원들의 평상시 근무 및 고객 응대 태도에 대한 실태를 파악한다.

② 고객에게 제공되는 음식들에 대한 모양, 온도, 식감, 제공시간 등을 파악한다.

③ 내, 외부 서비스 환경에 대한 진단을 실시한다.

④ 고객의 입장에서 평가함으로 인해 내부 경영자 및 관리자 수준에서 발견되지 않은 매장의 정보를 획득한다.

⑤ 현재의 서비스 제공실태를 파악함으로써 개선, 보완점 발견 및 표준화된 서비스 기준을 마련해 준다.

12 서비스평가사(Mystery Shopper)의 책임

기업에서는 고객만족과 서비스품질 향상을 위하여 비용과 시간을 투자하여 평가를 진행하므로 정확하고 신속한 결과를 기대한다. 따라서 서비스평가사로서 중요한 책임과 사명감을 가져야 한다.

첫째, 업체에 노출되지 말아야 한다.

둘째, 공정하고 정확한 평가를 해야 한다.

셋째, 보고서 작성 시 자세한 상황을 묘사한다.

넷째, 쇼핑 후 그날로 보고서를 작성한다.(기한 엄수)

다섯째, 비밀유지에 힘쓴다.

13 서비스평가사(Mystery Shopper)는 누가 하는가?

OECD 국가를 비롯하여 미주나 일본에서는 전문직으로서 자리매김하고 있으나 한국에서는 아직도 미미한 상황이어서 많은 관심과 의욕을 갖고 있는 사람들이 활동하고 있다.

① 미스테리 쇼핑 1인 창조기업으로

② 직장 다니면서 투잡으로

③ 시간 여유가 있을 때 파트타임으로

④ 서비스업에 종사하거나 경영할 분들

⑤ 경력단절 여성이나 퇴직자분들

CHAPTER

12 미스테리 쇼핑의 사례와 전망

1 다양한 미스테리 쇼핑의 사례와 활동

1) 서울시, '미스테리 쇼퍼' 강화로 불량 한우 단속

서울시는 올해부터 시민 감시단인 '미스테리 쇼퍼(mystery shopper)' 활동을 강화하는 등 단속효과를 극대화하기로 했다고 밝혔습니다.

'미스테리 쇼퍼'란 손님을 가장해 특정 매장을 방문해 서비스를 평가하는 업무를 담당하는 사람을 지칭하는 말입니다.

이에 따라 시는 불량 한우 단속을 위해 '미스테리 쇼퍼' 활동과 정기 단속업무를 '격월'에서 '매월'로 확대하는 방안도 함께 실시한다고 덧붙였습니다.

앞서 시는 지난해 한우 판매업소 518곳에 대한 점검을 벌여 한우 둔갑업소 등 31곳을 적발해 형사 고발한 바 있습니다.

나백주 서울시시민건강국장은 "불량 한우 판매 행위 근절을 위해 한우협회 등과 함께 지속적인 단속을 펼 것"이라고 말했습니다.(최진광 Copyright © OBS 뉴스, 2017.01.05)

2) 구이가-포차어게인, 현대판 암행어사 '미스테리 쇼퍼' 모집

가업FC(대표 배승찬)가 자사 정통삼겹살 전문점브랜드인 '구이가'와 비내리는 실내포차 브랜드 '포차어게인' 각각을 대상으로 현대판 암행어사 '미스테리 쇼퍼'를 모집한다.

가업FC는 매장의 전반적인 부분을 진단하고 미흡한 부분에 대해서는 개선해 고객만족을 실현시키고자 미스테리 쇼퍼를 운영한다고 밝혔다.

미스테리 쇼퍼에 지원하려면 오는 30일까지 구이가와 포차어게인 공식페이스북에 접속해 나이와 휴대폰번호, 방문 희망 매장(미스테리 쇼퍼 활동지정매장 가운데 선택가능)을 페이스북 메시지로 전달하면 된다. 지원 자격엔 제한이 없어 20세 이상이면 남녀 누구나 지원 가능하다.

미스테리 쇼퍼 활동지정매장은 '구이가'의 경우 서울대입구역점, 부산만덕점, 홍대입구역점, 구리돌다리점 등 총 4곳이고, '포차어게인'은 강남본점, 안양1번가점, 일산식사점 총 3곳이며, 각 매장당 3팀씩 선정된다. 당첨자는 오는 31일 페이스북 메시지를 통해 개별 통보될 예정이다.

구이가 미스테리 쇼퍼에 선정되면 6월 1일부터 30일 중 하루 매장을 방문해 메뉴 구성과 맛, 서비스, 청결도 등 매장 전반적인 부분을 평가해야 한다.(2017.06.24)

3) 호텔 여기어때, '윤리경영 지도정책' 도입… 미스테리 쇼퍼 제도도

여기어때는 호텔 개점 이후에도 관리가 지속적으로 가능하도록 운영체계를 세웠다. '미스테리 쇼퍼(Mystery Shopper, 암행평가원)' 제도로, 가맹점의 윤리경영 준수사항을 상시 점검한다. 손님을 가장한 미스테리 쇼퍼는 야간에 불시 방문해 호텔운영 현황을 파악한다. 고객신고제도를 만들어 일반고객의 제보도 받는다. 고객센터나 홈페이지로 가맹점 위법행위를 신고하면 포상금을 지급한다. 해당 가맹점은 5단계 확인절차를 거쳐 위법행위가 사실로 드러날 경우, 내규에 따라 패널티를 부과하고, 지도한다.

최치영 여기어때 프랜차이즈 사업부이사는 "HOTEL 여기어때는 철저한 교육과 컨설팅 등 관리를 통해 가맹점 운영을 돕고, 윤리경영 철학을 지속적으로 이식할 것"이라고 밝혔다. (2017.04.25)

4) 성북구, 방문민원응대 서비스 1위 올라

성북구가 서울 지역 25개 구청의 민원실과 보건소들을 대상으로 실시한 친절도 평가에서, 방문민원인들에 대한 서비스가 가장 뛰어난 것으로 조사됐다.

성북구는 서울시의 2009년 하반기 방문민원응대 서비스품질 평가에서 성북구 보건소 식품안전추진단(현 보건위생과)이 전체 50개 평가 대상 부서 가운데 92.0점으로 1위를 차지했다고 18일 밝혔다.

서울시는 여론조사 전문기관인 (주)현대리서치연구소에 의뢰해 지난해 10월 14일부터 12월

12일까지 2달 동안 서울 지역 25개 구청 내 민원접점부서인 민원실과 보건소를 대상으로 친절도를 평가했다.

점검은 전문 모니터 요원들이 평가단임을 밝히지 않고 활동하는 미스테리 쇼퍼(mystery shopper) 방식으로 진행됐다.

평가원들은 정해진 평가표에 따라 방문 시 응대태도(30%), 민원상담태도(45%), 민원종결태도(20%), 사무실 환경(5%) 등을 살피며 종합적인 체감만족도를 측정했다.

성북구는 1위를 차지한 식품안전추진단(현 보건위생과) 외에도 민원정보과(현 민원여권과)가 90.0점을 기록해 7위에 올랐다.

25개 각 구청의 민원실과 보건소 등 총 50개 부서 가운데 7곳이 우수 평가(90점 이상)를, 17곳이 보통(85점 이상~90점 미만)을, 26곳이 미흡(85점 미만) 평가를 받았다.

1위를 차지한 것을 포함해 평가 대상 2개 부서가 모두 90점 이상으로 우수 범위에 든 것은 성북구가 유일하다.

성북구청 관계자는 "꾸준한 자체 친절교육과 친절서비스 점검, 방문민원응대 품질향상과정 운영 등을 통해 이 같은 성과를 내게 된 것 같다"며 "이에 만족하지 않고 전국 대표 친절 관공서가 될 수 있도록 더욱 노력하겠다"고 말했다.(서울신문, 2010.1.18)

5) 미스테리 쇼핑을 통한 퇴사처분 정당

손님으로 가장한 조사원의 '미스테리 쇼핑'을 통해 회사방침을 어긴 영업사원을 적발해 퇴사시킨 것은 적법하다는 판결이 나왔다.

서울고법 민사15부(김병운 부장판사)는 할인판매를 금지한 회사 영업방침을 어긴 사실이 암행감사 결과 드러나 위탁계약이 해지된 자동차판매중개인 성 모씨가 R사를 상대로 낸 해고무효확인 등 청구소송에서 원고 패소 판결을 했다고 23일 밝혔다.

성씨는 2000년 7월 R사와 자동차판매중개계약을 맺고 서울 모 지점에서 판매중개인으로 일하게 됐다.

판매중개인은 기본급 없이 순전히 판매실적에 따라 중개수수료와 인센티브를 받았으며 R사의 각 지점에는 판매중개인이 10~20명씩 근무했다.

회사 측은 중개인들의 과당경쟁이 심해지자 9월부터 가격 할인 · 추가용품 제공 · 타사차량 판매 · 비용 착복 · 리베이트 수수 금지 등 중개인이 판매과정에서 준수해야 할 '정도(正道) 영업 방침'을 시행했다.

회사는 영업방침 위반 여부를 적발하기 위해 2002년 조사원이 지점에 들러 할인을 요구하거나 전화상담 중 답변을 녹음해 조사하는 '미스테리 쇼핑'(고객으로 가장한 조사원이 매장에서 품질 · 서비스를 확인하는 조사방법) 제도를 도입했다.

이후 성씨는 2004년 11월 매장을 찾은 고객에게 925만 원대 자동차 구입을 권유했고 고객이 다음날 전화로 "900만 원을 제외한 나머지는 할인해 달라"고 요청하자 승낙했다.

그러나 이 고객은 회사가 실시한 미스테리 쇼핑의 조사원이었고 결국 성씨는 영업방침 위반으로 적발돼 계약을 해지당했다.

재판부는 "회사가 고객 신뢰를 확보하고 영업사원의 수입을 보전하며 서로 신뢰하도록 하기 위해서는 정도 영업이 필요한 반면 중개인의 영업방침 위반은 빈번히 발생해 부득이 미스테리 쇼핑 방법을 쓴 사실이 인정된다. 미스테리 쇼핑이 사회질서에 반하거나 신의칙에 어긋나는 행위라고 할 수 없다"고 밝혔다.

재판부는 "미스테리 쇼핑에서 적발된 원고의 행위는 계약해지 사유로 삼을 수 있으며 양측의 위탁계약은 적법하게 해지됐다"고 덧붙였다.

부당하게 해고됐다는 원고 측 주장도 "판매중개인은 기본급 · 고정급이 없고 실적에 따라 중개수수료와 인센티브를 받으며 업무에 관한 직접적 지휘 · 감독을 받지 않는 점 등을 보면 원고는 근로기준법상 근로자로 볼 수 없어 계약 해지가 부당해고라는 주장은 이유 없다"고 재판부는 덧붙였다.(서울=연합뉴스, 임주영 기자)

6) 지난해 8월 설남설녀 대학생들이 설빙 매장을 찾아 고객들에게 브랜드 알리기 활동을 하고 있다

설남설녀는 10개월간 프랜차이즈 마케팅과 외식사업현장을 체험할 수 있어 지원자가 꾸준히 많다.

디저트카페 설빙은 지난 2015년부터 외식사업과 마케팅에 관심이 있는 수도권 거주 대학생(대학원생 포함)을 대상으로 서포터즈 '설남설녀'를 운영하고 있다. 매 기수마다 약 40명을 선발한다. 회사는 대학생들의 신선한 아이디어를 마케팅에 접목하고, 학생들은 생생한 외식 · 프랜차이즈 마케팅 경험을 해볼 수 있다.

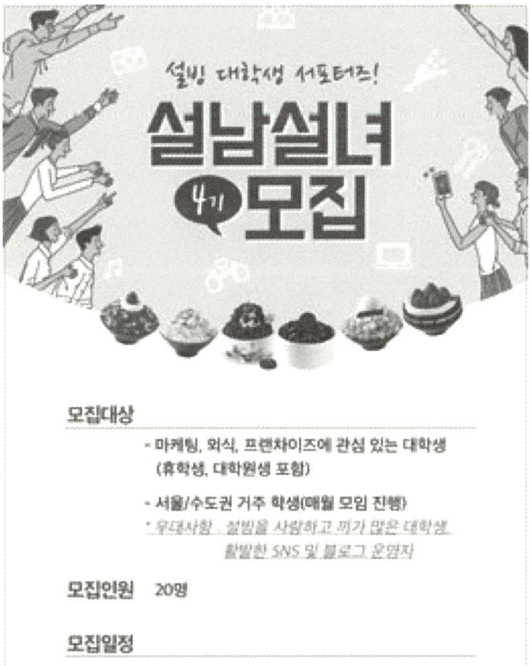

| 신메뉴 깐깐 평가··· '미스테리 쇼퍼'로 매장방문도 하죠 |

출처 : 사진설빙, 중앙일보 입력 수정, 2017.01.11

7) '미스테리 쇼퍼' 경쟁률 사상 최대

- 신세계백화점에 따르면 활동하게 될 주부 모니터요원(30명)의 선발 경쟁률은 무려 170대 1을 기록했다.
- 백화점 등 유통업체와 화장품 · 식품업체들도 이와 유사한 형태의 '주부모니터링제도'를 활용한다.
- 미스테리 쇼퍼는 "이 직업의 가장 큰 장점은 프리랜서로서 시간에 구애받지 않고 활동할 수 있다는 점"이라면서 직접 작성한 보고서가 기업의 고객만족경영 전략에 반영돼 그 자체로도 보람이 있다.
- 식품업체들은 이미 몇 년 전부터 '제품암행어사' 제도를 만들어 자사의 신뢰도를 깎아내리는 불량식품을 적발하고 거래선과의 불공정거래를 없애자며 윤리경영 선포식도 갖고 있다.
- 편의점, 병원, 미용실, 마사지숍, 카지노 · 자동차판매업체도 활용한다.

SISA NewsPeople Online News / Magazine

커버 정치 경제 사회·이슈 인물 기업&CEO LIFE&문화 건강&과학 칼럼·연재

홈 > 경제

고객서비스평가는 미스터리쇼퍼에게 맡겨라!

일반고객 가장해 해당 매장의 전반적인 서비스 수준 평가

이나라 기자 | 35shine@inewspeople.co.kr

승인 2008.08.04 00:00:00

최근 신종직업으로 떠오르고 있는 미스터리쇼퍼가 주부들의 다양한 경험을 토대로 서비스산업의 한 부분을 담당하고 있다. 미스터리쇼퍼가 처음 등장한 외식업체를 비롯하여 생필품 체인점, 은행, 명품 브랜드들까지 보다 정확한 서비스품질 검증에 나서기 시작하면서 미스터리쇼퍼를 채용하는 기업들이 점차 늘어나고 있다.

미스터리쇼퍼는 일반고객을 가장해 해당 매장의 시설, 친절도, 분위기 등 전반적인 서비스 수준을 평가하여 개선점을 제안하는 일을 하는 사람으로, 내부모니터요원이라고도 한다. 상품의 질과 더불어 서비스 질에 대한 소비자 평가에 따라 기업의 매출이 큰 영향을 받게 되면서 생겨난 신종직업 가운데 하나로 볼 수 있다.

직장인, 주부, 학생, 등의 많은 분들이 영화를 좋아하죠?

이번기회에 투잡 및 알바로 M.쇼퍼의 기회를 잡으시는것도 좋을것 같습니다. 그리하여...

"국내 영화관 서비스를 조사할 미스터리쇼퍼를 모집합니다!!!"

- 현재 호텔, 병원, 리조트, 식당, 편의점 등 대부분의 기업이 미스테리 쇼핑 제도 도입!

톡톡보험사 고객센터에서 일하고 있는 김해피 텔러는 다른 날과 다름없이 친절한 미소와 따뜻한 목소리로 고객상담을 하고 있었습니다. "33번 고객님~"을 외치는 순간 다가오는 포스 넘치는 중년의 한 여성. 눈빛부터 매서웠던 고객은 펀드를 가입하고 싶다고 합니다. '보험사에서 왜 펀드를 가입하려고 하지?'라는 의문을 갖기도 전에 고객의 날카로운 질문이 시작됩니다. 잘 다뤄보지 않았던 업무라 우왕좌왕 하고 있는 사이 고객은 그녀가 추천해 준 펀드에 대해 꼬치꼬치 캐물었습니다. 과연 이 고객은 누구일까요?

쇼핑계의 암행어사! 미스터리 쇼퍼가 무엇인가요?

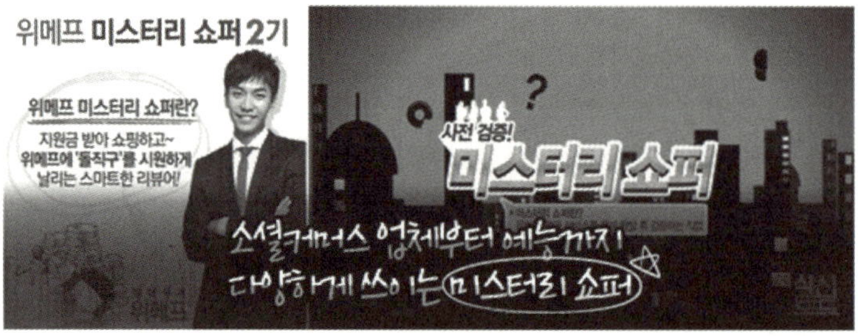

2 서비스평가사(Mystery Shopper)의 전망

아직 아르바이트라는 이미지가 강하긴 하지만 고객 중심의 서비스로 경영이 바뀌고 있기 때문에 아주 중요한 역할로 의미가 바뀌고 있다.

현재 활동 중인 미스테리 쇼퍼는 정확한 인원은 알 수 없으나 각 서비스산업 및 공공서비스 부문에서 상당히 많은 활동을 하고 있다.

미국이나 일본 등 선진국에서는 보편화된 직업군으로 활동하고 있으나, 우리나라는 현재 경력단절 여성, 재취업자, 투잡을 원하는 직장인 및 대학생이나 주부들의 아르바이트 형태로 활동하고 있다.

현재 다양한 부문에서 수요가 있으나 전문인력이 부족한 상태이므로 전망은 밝은 편이다. 이미 선진국에서는 대중화되어 있는 미스테리 쇼퍼의 역할은 더욱 커질 전망이다.

사 례 | 야마하 USA의 판촉을 위한 미스테리 쇼핑

야마하는 2009년 신상품인 디지털 피아노를 출시하면서 판매방법을 고민하다가 미스테리 쇼핑 프로그램을 도입하기로 하고, 중고 피아노를 구입하려는 사람들을 미스테리 쇼퍼로 선정하였다. 그리고 야마하 판매점에는 미스테리 쇼핑 프로그램을 실시한다고 알렸다.

미스테리 쇼핑에 대한 소문은 주위 다른 야마하를 취급하는 곳으로 확산되었고 모든 판매원들은 누가 미스테리 쇼퍼인지를 모르니 어떤 고객이 와도 친절하게 야마하의 제품을 우선적으로 소개하는 세일즈가 이루어졌다. 따라서 구전을 통한 광고의 효과와 여러 야마하를 취급하는 곳에서 적극적인 세일즈 매출이 오르게 되었다. 또한 미스테리 쇼퍼로 참가했던 쇼퍼들도 중고 피아노 대신 디지털피아노를 많이 구입하게 되어 회사는 기대이상의 효과를 볼 수 있었다.

3 미국에서 미스테리 쇼핑의 윤리문제(Ethics of Mystery Shopping)

미국에서는 미스테리 쇼퍼의 활동이 활발함으로 인해서 발생하는 여러 가지 현상 중에서 윤리적인 인권문제에 대해서도 규정을 정하여 평가되는 기업의 직원이나 평가하는 조사자들에게도 피해가 가지 않도록 하고 있다.

1) 시험당하는 매장 직원의 인권문제

- 가게 직원의 사전 동의 없이는 직원의 개인정보를 리포트에 밝히면 안 된다.
- 가게의 모든 직원은 미스테리 쇼핑이 있을 거라는 사실을 알고 있어야 한다.
- 조사 결과에 의해 직원이 불이익(경고, 벌점, 해고)을 받아서는 안 된다.

2) 경쟁사 조사 시 윤리문제

- 미스테리 쇼핑 시 사용하는 시간은 꼭 필요한 최소한의 시간으로 한정한다.
- 최소한의 빈도로 조사해야 한다.(지나칠 경우, 영업 방해 혹은 abusing 소지 있음)

3) 조사원의 보호문제

- 불법적인 거래를 조사시켜서는 안 된다. 조사하다 발각되었을 경우 위험에 빠지면 안 된다.
- 제품 구매 및 반품을 해야 하는 경우, 조사원의 사적 정보 유출을 최소화하고, 신용하락 등 불이익을 발생시켜서는 안 된다.

이러한 여러 가지 문제로 인해, 일부 국가는 미스테리 쇼퍼 자격(License)이 있어야만 가능하다. 미국의 경우 37개 주에서 면허(Private Investigator)를 요구하고 있다고 한다. 네바다 주에서는 무면허 미스테리 쇼퍼는 벌금에 처한다.(위키 백과, http://en.wikipedia.org/wiki/Mystery_shop-ping#Ethics; MSPA 윤리 표준, http://www.mspa-global.org/en/standartethics.html. MSPA: 미스테리 쇼핑 기업가협회)

4 외국 어느 서비스평가사(미스테리 쇼퍼)의 미스테리 쇼핑 활동 입문기

아래의 내용은 미국의 7년차 미스테리 쇼퍼의 이야기입니다. 그는 좌충우돌 끝에 결국은 최고의 미스테리 쇼퍼로서 인정과 명예를 얻고 활동하면서 경험한 내용을 저술하기도 하였습니다.

그는 경기 침체로 인해서 미스테리 쇼퍼에 대한 수요도 감소할 거라 생각했습니다. 하지만 놀랍게도 경기 침체는 미스테리 쇼퍼 수요에 긍정적인 영향을 미쳤습니다. 더 많은 소비자를 유치하려는 시장경쟁의 심화로 인해 오히려 미스테리 쇼퍼에 대한 수요는 증가했습니다.

기업들은 매출 증대를 위해 이전보다 더 미스테리 쇼핑이 제공하는 정보를 필요로 하게 되었습니다.

경기 침체로 인해서 사람들은 부족한 수입을 보충하기 위한 수단을 찾을 필요가 생겼고 새로운 사업을 시작했습니다. 따라서 그는 미스테리 쇼핑에 관심을 갖고 있는 사람들의 성공을 돕기 위한 서적이 필요할 거라 판단했습니다.

그는 은퇴한 법률보조사로 2002년 미국으로 돌아가기로 결정했을 당시에는 중미지역에 살고 있었습니다. 퇴직연금을 보충할 자금을 마련하기 위해 일을 시작해야 했지만 근무시간을 마음대로 조정할 수 있기를 바라는 욕심이 있었습니다. 어느 날 그는 자신의 회사로 80달러를 보내면 미스테리 쇼퍼를 필요로 하는 회사들의 명단을 보내주겠다는 이메일을 받았습니다. 과거 법률보조사로서 조사 분야에 경험을 갖고 있었기 때문에 80달러를 보내지 않고 직접 미스테리 쇼퍼를 필요로 하는 회사들이 존재하는지 알아보기로 했습니다. 몇 주 만에 상당한 정보를 얻을 수 있었고 미스테리 쇼퍼로 첫 번째 임무를 맡게 되었습니다.

지금이야 저지른 실수에 관해 웃어넘길 수 있지만 그 당시 그는 미스테리 쇼핑 분야에서 아무도 몰랐고 모두 혼자 감당해야 했습니다. 그는 시행착오를 통해 모든 걸 배워야 했습니다. 우선 미스테리 쇼핑에 관한 기본적인 지식을 제공하는 서적을 몇 권 구입했습니다. 하지만 그 어떤 서적도 제가 미스테리 쇼퍼로 성공하고 미스테리 쇼핑을 수익성 높은 사업으로 만들기 위해 그가 필요로 하는 경험 많은 미스테리 쇼퍼들이 실용적 도움을 주지 못했습니다. 그래서 독학으로 모든 걸 배워야 했습니다.

그는 첫 번째 보고서를 손글씨로 작성해서 회사로 보냈습니다. 그 당시에도 온라인으로 양식을 보내서 다운로드받아 인쇄한 다음 작성해서 우편으로 송부하도록 하는 회사들이 있었습니다.

미스테리 쇼퍼로서 그의 두 번째 임무는 다른 회사를 위한 것이었는데 그 회사는 요즘의 회사들과 같이 작성할 양식을 온라인으로 제공했습니다. 하지만 이번에는 은행 지점이 대상이었고 새로운 경험을 하게 되었습니다. 미스테리 쇼핑에 앞서 모든 자료와 시나리오를 공부했고 모든 걸 완벽하게 숙지했다고 생각했습니다. 그는 은행직원이 계좌개설을 위해 요구하는 경우 제 실명과 사회보장번호를 제공하라는 지시를 받았습니다. 미스테리 쇼핑을 끝내기 위해서 계좌 개설을 최종적으로 결정하기 전에 다른 은행들도 방문하고 싶다고 말하는 시나리오였습니다. 그는 지시받은 대로 했습니다. 그런데 은행직원은 자신의 컴퓨터에 모든 정보를 입력하고 있었습니다. 하지만 그는 은행직원이 입금도 하지 않았는데 계좌를 개설할 거라고는 상상도 못했습니다. 주어진 시나리오대로 평가할 부분은 대부분 평가하고 미스테리 쇼핑을 마칠 즈음 그는 계좌 개설을 하지 않을 변명을 늘어놓기 시작했습니다. 하지만 당황스럽게도 은행직원은 이미 계좌를 개설했고 제 수표책도 주문했으며 며칠 내로 직불카드도 수령하게 될 거라고 제게 말했습니다. 그는 예금조차 하지 않았고 당일 계좌를 개설할 의사도 없다고 말하며 항의했습니다. 그 은행직원은 계좌 이체를 원하는 손님들을 위해 항상 계좌를 개설해 왔다고 대답했습니다. 은행직원은 그의 은행 계좌로 계좌 이체를 원하는 회사들에게 그의 은행 정보를 보내면 회사들이 그의 계좌로 입금을 시작할 거라고 말했습니다. 그는 당시까지도 그가 정확히 무슨 말을 했는지 기억이 안 날 정도로 당혹해 했습니다. 그는 은행 밖으로 뛰쳐나오면서 '아! 오늘 큰 실수를 저질렀네'라는 생각을 한 것밖에 기억이 나지 않습니다. 집에 도착하자마자 그의 담당자에게 전화를 걸어 그날 있었던 일을 보고했습니다.

담당자가 은행 관리자에게 연락해서 그의 계좌를 해지해 주겠다고 아무렇지도 않다는 듯 말한 걸로 봐서 이런 일이 과거에도 자주 있었던 거라고 짐작했습니다. 담당자는 앞으로도 계속 미스테리 쇼퍼 임무를 수행하라며 그가 작성한 보고서를 제출하라고 말했습니다. 다음

날 관리자는 전화를 걸어 계좌가 해지되었고 개인 정보 기록도 모두 삭제되었다고 말했습니다. 그리고 미스테리 쇼퍼 수행에 대한 보수를 전액 받았습니다. 그 다음부터 그는 여러 은행 지점에서 미스테리 쇼퍼 업무를 수행했고 그 일을 즐기고 있습니다. 그리고 사회보장번호를 사용하지 않고 익명을 사용하도록 허용하는 회사들에 대해서만 은행 미스테리 쇼퍼 업무를 수행하고 있습니다. 은행 미스테리 쇼핑을 한 지 약 1주일 후 은행으로부터 수표책과 직불카드가 도착했습니다. 첫 번째 은행과제를 기억하기 위해서 한 장의 수표만을 제외하곤 모든 걸 파기시켰습니다.

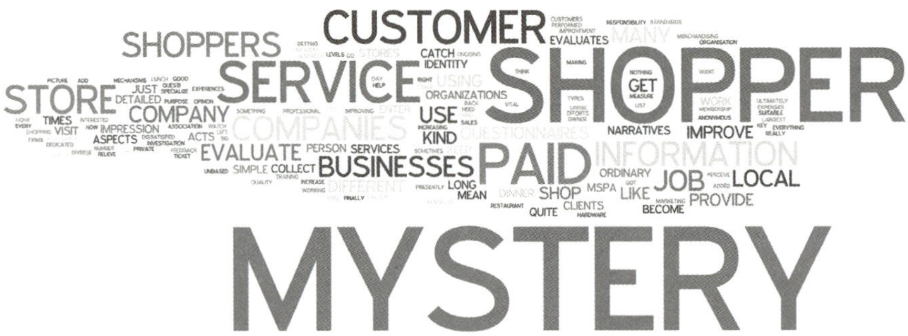

그는 말합니다. 완벽한 사람은 없으니까 누구든 실수는 할 수 있다고… 수천 번에 달하는 미스테리 쇼핑을 수행해 온 그도 여전히 터무니없는 실수를 하곤 한다면서…

CHAPTER

13 서비스 모니터링 & 고객만족도 조사의 이해

1 서비스 품질 모니터링이란?

1) 모니터링

모니터링이란 관찰, 측정이라는 뜻으로 해석할 수 있다.

즉, 서비스 품질 모니터링이란 서비스 품질을 관찰하는 행위라 할 수 있으며, 그 실무적 내용은 다음과 같다.

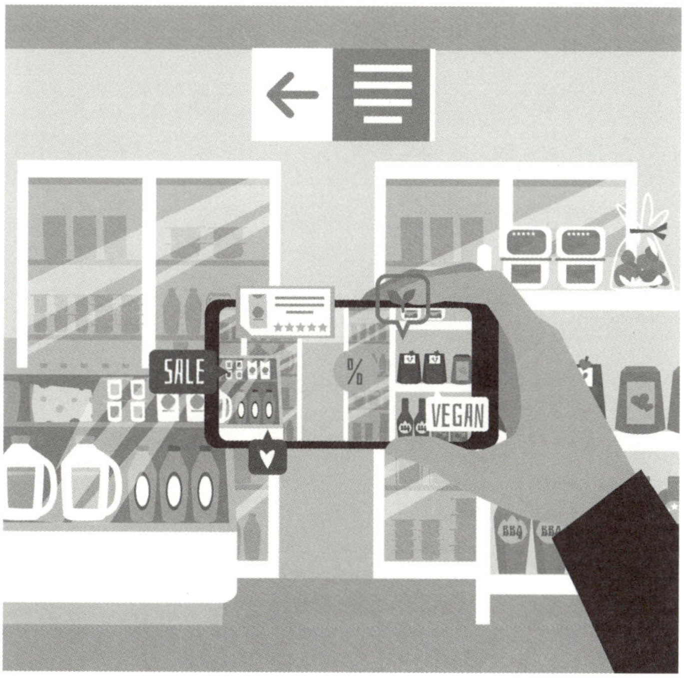

서비스 품질 모니터링 이해

Why : 고객접점 서비스 품질의 일류화를 목표로

Who : 고객으로 가장한 모니터가

What : 고객접점에서의 서비스 품질 특성을

When : 정해진 날짜, 요일과 시간대에

Where : 정해진 대상에 대해

How : 체크 시나리오에 따라 관찰하고, 서비스 품질기준과 비교 측정하는 행위

2) 모니터링의 목표(Why)

모니터링의 목적은 서비스 품질의 질 향상을 통해 경쟁자와 차별화하고 보다 나은 모습의 서비스 품질 수준을 가지고 가겠다는 것을 의미한다.

이를 위해서는 항상 경쟁자나 목표 대상의 수준을 지속적으로 비교·관리하고 피드백 프로세스도 잘 구축하여야 할 것이다.

3) 모니터(Who)

사람이 서비스 품질을 관찰하는 자체가 고객접점 직원에게 노출될 경우 올바른 측정이 어려우므로, 고객으로 가장하여 고객과 같은 상태로서 서비스 품질을 관찰한다.

- 직접 관찰법 : 고객으로 가장하여 직접 서비스를 받는 방법
- 간접 관찰법 : 다른 고객이 서비스받는 모습을 옆에서 관찰하는 방법

모니터 요원의 역량 : 상황에 대한 분해력, 표현력 – 서비스를 관찰한 상황을 머릿속에 이미지로 기억하는 역할이 필요

예 '인사를 잘 했다' – 두 손을 모았는가 / 웃으며 인사했는가 / 30도의 환영 / 인사인가, 15도의 가벼운 목례인가 등

4) 모니터링의 내용(What)

모니터링을 할 경우 어떠한 내용을 할 것인가에 대한 대상이 구분되어야 한다.

① Human Ware

Human Ware적 접점은 직원의 고객지향적인 정신과 고객이 만나는 접점인 인적 요소로서 직원의 판단과 행동양식이 고객의 만족도에 직접 영향을 주게 된다.

② Soft Ware

Soft Ware적 접점은 서비스와 일이 처리되는 속도와 정확성 등 무형요소에 대한 고객의 인상과 평가를 말한다.

③ Hard Ware

Hard Ware적 접점은 고객이 직접 보고 접촉하는 건물, 사무실, 주차장 등 각종 시설과 설비 등 유형요소에 대한 체험을 말한다.

5) 모니터링의 시기(When)

모니터링은 측정할 경우 고객접점별로 공정한 분포에 의해 진행되어야 한다.

일반적으로 고객접점의 서비스가 활발하게 이루어지는 오후 시간대로 규정하는 경우가 많다.

병원 내 환자가 많은 경우의 서비스 품질을 평가하기 위해서는 별도의 서비스 품질기준의 설정과 이에 적합한 모니터링 시트의 개발을 통해 별도의 모니터링을 실시할 수 있다.

6) 모니터링의 대상(Where)

모니터링을 할 수 있는 장소를 미리 정해 놓고 관찰할 대상(사람)이 미리 정해져 있어야 한다. 측정단위를 매장/조직/개인 단위로 할 것인가를 결정해야 한다.

7) 모니터링의 방법(How)

모니터링을 위해서는 관찰할 수 있는 내용의 시나리오가 있어야 한다.

상황에 대한 사례를 찾아 어색하지 않게 서비스를 유도하는 모니터의 스킬이 필요하다.

2 방문 시에 준비된 질문의 효과

① 효율적, 전문적인 상담을 할 수 있다.
② 불필요한 말을 줄일 수 있다.
③ 긍정적인 결과를 창출할 수 있다.
④ 많은 정보를 얻을 수 있다
⑤ 시간을 단축할 수 있다.
⑥ 성공적인 커뮤니케이션을 할 수 있다.
⑦ 자신감이 생긴다.

3 보고서 작성 준비와 방법 예시

1) 직무 준비

회사에서 주어진 매뉴얼을 자세히 읽고 일정을 메모한 다음 요구한 기간에 해당하는 특정일에 특정 시간이 비어 있다면 직무를 수행하면 된다. 어떤 직무는 시간에 관계없이 매장이 오픈한 경우 언제라도 수행할 수 있는가 하면, 어떤 직무는 지정된 특정 시간대에 직무를 수행해야만 한다. 그런데 만약 여러분이 엉뚱한 시간에 직무를 수행했다면 해당 직무 전체가 무효가 될 가능성이 높다. 그래서 결국은 미스테리 쇼핑 직무에 대한 보수를 받지 못하게 되거나 해당 장소에서 다시 미스테리 쇼핑 직무를 수행하게 될 수도 있을 것이다.

미스테리 쇼핑 직무 지침서에 따라 다운로드받거나 복사할 자료를 확인한다. 직무에 따라서 인쇄하거나 공부해야 할 교육 매뉴얼이 있을 수도 있고 그렇지 않을 수도 있다. 직무를 수행하기 전에 교육 매뉴얼 자료에 관해 반드시 통과해야 할 테스트가 있는 경우도 있다. 외국 브랜드의 글로벌 회사 제품의 평가인 경우에는 기본적으로 한다.

이런 경우 컴퓨터 화면을 통해서 자료를 공부하는 것보다 인쇄물로 공부하는 편이 더 수월하다. 그래서 필요할 경우에 대비해서 항상 참고자료를 인쇄해 놓고 있다. 또한 참고자료를 갖고 있으면 테스트를 치를 때도 도움이 된다.

가능한 미스테리 쇼핑 직무를 수행한 매장을 벗어나자마자 아직 직무에 관한 기억이 생생할 때 작성할 수 있도록 설문지를 작성하는 것이 좋다. 미스테리 쇼퍼 직무를 수행한 뒤 집에 돌아와서 메모에만 의존하기보다는 직무가 끝난 직후 설문지를 작성하는 편이 훨씬 수월하다. 그렇게 하면 커다란 실수를 막을 수 있고 온라인상으로 입력하는 보고서 작성시간을 절약할 수도 있다.

회사가 제공한 업무 지침 및 기타 자료를 자세히 읽고 난 후 이해하지 못하겠거나 애매한 부분이 생기는 경우 주저하지 말고 회사 담당자에게 전화를 하거나 이메일을 보내서 확인해야 한다. 이는 회사의 임무이기 때문에 엉뚱한 직무를 수행하거나 잘못을 저지르는 것보다 질문을 하는 것이 바람직하다.

2) 보고서 작업

보고서 방향대로 문서화하는 작업을 말하는데 여기에는 만족사례와 불만족사례를 정리하는 작업이 중요하다고 할 수 있다.

만족사례는 고객접점 직원 전체가 공유할 경우 접점 직원의 스킬을 키워줄 수 있는 역할뿐 아니라 사례 하나가 서비스평가에 관심을 집중시키는 행동요인이 되기 때문이다.

3) 보고회

관련자가 참석한 자리에서 보고서의 내용을 프리젠테이션하는 것을 말한다.

서비스 품질기준에 대한 정확한 이해와 모니터링 시스템에 대한 명확한 이해를 하고 있어야 한다.

4 다양한 형태의 미스테리 쇼핑 평가

1) 모니터형

일반 소비자가 회원 등록을 하고 미스테리 쇼퍼가 되는 방법이다. 회원이 된 소비자는 특전 등의 인센티브를 받고 번갈아가며 서비스평가를 수행한다.

2) 컨설턴트형

컨설팅 회사와 마케팅 리서치 회사가 서비스평가를 수행하는 방법이다. 컨설팅 회사는 자사의 전문분야 직원이 서비스평가를 수행하는 경우가 많고, 마케팅 리서치 회사는 조사의 폭을 넓히기 위해 행하는 경우가 많다.

3) 개인형

개인이 행하는 방법이다. 개인 컨설턴트와 ○○동호회 등이 이 그룹에 속한다. 개인형은 어떤 절차를 밟지 않고 손쉽게 바로 시작할 수 있다는 장점이 있다. 소규모의 점포 등을 대상으로 저렴한 비용으로 서비스평가를 수행하는 경우가 많다.

4) 직접의뢰형

매장의 주인이 고객을 직접 모집하는 방식이다. 찾아온 고객에게 직접 서비스평가사가 되어 줄 것을 의뢰하는 경우이다. 여러 개의 매장을 가진 주인이 행하는 경우가 대부분이다.

5) 프로조사원형

목적별로 맞춤대응을 수행한다. 경험 많은 프로 평가사로 구성된 특별팀으로 객관적인 평가를 실현하기 위해 고강도의 교육과 훈련을 받은 후에 투입된다. 입지 조건과 시장에 맞는 평가가 가능하고, 각 매장에 맞는 결과를 제시할 수 있다.

5 방문 시 주의사항(해외 프로젝트 사례)

"TesterID Login Passwort Jobnummer Porsche Centre Scenario JobID WBT Link Data Entry SPE Name

100038208 KOR1903 Zg0Ps3HI 1903 Porsche Centre Incheon(13) PKO_W13_SC_call_kor 100186270 WBT Link Data Entry Jinsoo Kim"

[서비스평가사 공통사항]

방문매장 및 시나리오

1. 조사 브랜드

예 페라리 브랜드

2. 조사 내용 & 시나리오

- 매장 방문 후 지정된 시나리오로 영업사원의 서비스평가
- 조사할 브랜드 모델명: ○○○○
- 예약 없이 방문, 시승 없음(단, 직원이 제안할 때는 수락하여도 됨)
  센터 외관사진 & 녹음파일(MP3) 필수!
- 방문 증빙자료: 매장 외관사진, 직원 명함, 차량 견적서, 녹음파일, 매장에서 받은 카탈로그 및 브로슈어

3. 방문시기 및 조사비용

- 방문기간 : 1월 11일(목요일)~1월 30일(일요일)
  * 매장이 바쁜 토요일, 일요일 또는 공휴일에는 방문을 금지합니다.

- 조사비용 : 세일즈 상담 : 000,000원(지급 금액은 프로젝트 완료 후 약 1달 뒤에 지급 예정입니다.)

4. 체크할 사항

- 판매 직원과 전화로 "페라리" 모델로 차량을 보고 있으며(시나리오, 페라리 MM Berlinetta)
- 주행 킬로미터는 약 15~25 사이의 차량
- Stock car : 페라리 센터에서 이미 주문한 차량이며 주행거리는 약 20에서 40 사이의 킬로미터
- 세일즈 상담 – (비구매) 본인이 운전할 차량 구매를 위한 상담

1. 방문하기 전에 해당 페라리 웹사이트에 방문하여 "페라리 모델"을 검색하고 대략적으로 모델의 정보를 찾고 난 후 매장을 방문합니다.
2. 방문하기 전에 '교육자료'와 '설문지'를 꼼꼼히 읽고 내용을 숙지합니다. 그리고 해당 프로젝트 담당자에게 '교육전화'를 받은 후 배정된 날짜에 방문을 합니다.
3. 매장에 들어가기 전에 매장의 외관사진을 찍고 방문을 합니다. 그리고 준비된 휴대폰 녹음기를 비행기 모드로 한 상태에서 가방 또는 외투의 바깥쪽에 넣고 마이크가 위로 향하게 한 상태에서 녹음을 시작합니다.
4. 영업사원을 만난 후, 세일즈 상담을 받습니다. 상담 시 들었던 내용을 자세히 기억한 후 나중에 설문지에 자세히 기재해야 합니다. 영업사원이 시승을 제안하면 시승을 합니다. 시승 시, 시승할 차량이 이미 준비되어 있었는지, 차량의 외관 및 내관이 깨끗한지 관찰합니다. 주행 중 직원은 차량에 관하여 언급한 내용 및 상황을 기억한 후 설문지에 기록합니다.

시승이 끝난 후 영업사원과 차량의 견적가 및 구매 여부를 놓고 상담을 받습니다. 이때 최대한 차량 구매 망설임을 보이며 좀 더 생각해 보아야겠다고 말하며, 비구매 의사를 알리고 방문을 마칩니다.

5. 방문 시 주의사항

① 방문 전 반드시 시나리오, 설문지를 확인합니다.

② 오픈 후 한 시간 이내, 마감 1시간 전, 바쁜 시간대는 피해서 일대일 응대가 가능한 상황에서 서비스평가를 진행합니다.

③ 매장 방문 시 적절한 옷차림을 갖추고 갑니다.

④ 상담시간은 최소 30분이 넘어야 합니다.

⑤ MP3(녹음용)를 지참하고 반드시 녹음을 합니다.

* 녹음파일 또는 매장 사진, 차량 견적서가 없을 경우 MS비용을 지급받지 못하오니 유의하시기 바랍니다.(휴대폰 녹음 시 비행기모드 필수)
* 방문을 마친 후 녹음상태를 확인하시고 녹음실패 시에는 즉시 담당자에게 연락합니다.
* 시나리오를 준수하지 않았을 경우 MS비용을 지급받지 못하오니 다시 한 번 확인합니다.

6 체크리스트 상황별 예시

1) 서비스 접점에서의 상황별 개선안

	권유사항	금지사항
잘못된 서비스 제공으로 인한 실패를 회복해야 할 때	• 문제를 인정한다. • 원인을 설명한다. • 사과한다. • 보상한다. • 해결대안을 제시한다. • 책임진다.	• 고객을 무시한다. • 고객을 비난한다. • 고객이 알아서 하도록 둔다. • 잘못이 없는 것처럼 행동한다. • 책임을 전가한다.
고객이 특별한 요구를 하거나 욕구에 대한 해결을 정할 때	• 욕구의 심각성을 파악한다. • 인정한다. • 수용하려 애쓴다. • 업무과정을 조정한다. • 규정이나 방침을 설명한다. • 책임을 진다.	• 무시한다. • 약속을 하지만 지키지 않는다. • 요구를 들어주려 하지 않는다. • 고객을 당황하게 한다. • 책임을 회피한다. • 책임을 전가한다.

2) 전화 응대 서비스평가 기준

서비스 응대 시 고객접점에서의 체크사항을 통해 응대 최적 개선안을 찾는다.

전화 응대		
수신의 신속성 [발신음 / 연결음악]	① 발신음 3회 이하(연결음악 12초 이하)	10점
	② 발신음 4~5회(연결음악 13~16초 이하)	5점
	③ 발신음 6회 이상(연결음악 17초 이상)	0점
	④ 수신 지연 시 양해 멘트 사용	10점

※ 맞이 인사말 :

[안녕하십니까?(전화 바꿨습니다) / ○○○부(팀) / ○○○입니다.]

• 늦게 받을 경우 양해 멘트 [늦게 받아 죄송합니다.]

인사말 인정

<table>
<tr><td rowspan="4">최초인사</td><td>① 인사말 + 소속 + 성명</td><td>15점</td></tr>
<tr><td>② 인사말 + 소속, 인사말 + 성명, 소속 + 성명</td><td>10점</td></tr>
<tr><td>③ 인사말, 소속, 성명 중 한 가지만 실시</td><td>5점</td></tr>
<tr><td>④ 인사를 실시하지 않은 경우(네 / 여보세요 등)</td><td>0점</td></tr>
<tr><td rowspan="3">맞이인사</td><td>① 밝고 부드러운 음성으로 편안하게 인사한다.</td><td>10점</td></tr>
<tr><td>② 힘없고 사무적인 음성으로 인사한다.</td><td>5점</td></tr>
<tr><td>③ 짜증스러운 말투로 불쾌하게 인사한다.</td><td>0점</td></tr>
<tr><td rowspan="3">업무처리</td><td>① 신속하고 적극적으로 응대한다.</td><td>10점</td></tr>
<tr><td>② 다소 머뭇거리거나 문의사항에 형식적으로 응대한다.</td><td>5점</td></tr>
<tr><td>③ 무성의하게 응대한다.(예 양해 없이 다른 직원을 연결)</td><td>0점</td></tr>
<tr><td rowspan="3">화법</td><td>① 긍정적인 화법으로 예의바르고 공손하게 응대한다.</td><td>15점</td></tr>
<tr><td>② 예의바르나 다소 딱딱하게 응대한다.</td><td>8점</td></tr>
<tr><td>③ 고객을 존중하지 않거나 부정적인 화법으로 응대한다.</td><td>0점</td></tr>
<tr><td rowspan="3">마무리 멘트</td><td>① 2가지 이상의 인사말 실시</td><td>20점</td></tr>
<tr><td>② 1가지 인사말 실시</td><td>10점</td></tr>
<tr><td>③ 네 / 인사말 없음</td><td>0점</td></tr>
<tr><td rowspan="2">종료 시점</td><td>① 고객보다 후 종료</td><td>5점</td></tr>
<tr><td>② 고객보다 선 종료</td><td>0점</td></tr>
</table>

3) 업장 방문 시 고객접점 응대 평가기준 1

<table>
<tr><th colspan="6">고객 응대</th></tr>
<tr><td rowspan="6">맞이 인사</td><td rowspan="3">기본 인사</td><td rowspan="3">5</td><td rowspan="3">1. Eye-contact이 이루어진다.
2. 밝은 미소가 있다.
3. 인사말이 있다.
4. 인사행동이 있다.</td><td>① 4개 항목을 실시한다.</td><td>5점</td></tr>
<tr><td>② 3~2개 항목을 실시한다.</td><td>3점</td></tr>
<tr><td>③ 1개 이하 항목을 실시한다.</td><td>0점</td></tr>
<tr><td rowspan="3">적극적 맞이</td><td rowspan="3">5</td><td rowspan="3">1. 자리에서 일어서서 고객을 맞이한다.
2. 고객에게 자리를 권유한다.</td><td>① 2개 항목을 실시한다.</td><td>5점</td></tr>
<tr><td>② 1개 항목을 실시한다.</td><td>3점</td></tr>
<tr><td>③ 모두 실시하지 않는다.</td><td>0점</td></tr>
</table>

<table>
<tr><td colspan="2" rowspan="3">경청태도</td><td rowspan="3">15</td><td colspan="2">① 고객의 문의사항을 복창 및 경청표현하며 끝까지 잘 듣는다.</td><td>15점</td></tr>
<tr><td colspan="2">② 고객의 말을 자르거나 복창 및 경청표현을 잘 하지 않는다.</td><td>8점</td></tr>
<tr><td colspan="2">③ 고객의 말을 귀기울여 듣지 않는다.</td><td>0점</td></tr>
<tr><td rowspan="7">설명
태도</td><td rowspan="4">업무
처리</td><td rowspan="4">15</td><td colspan="2">① 고객의 문의사항을 신속하고 정확하게 적극적으로 설명한다.</td><td>15점</td></tr>
<tr><td colspan="2">② 고객의 문의사항을 정확하게 설명하나 다소 머뭇거린다.</td><td>10점</td></tr>
<tr><td colspan="2">③ 고객의 문의내용만 단답형으로 답변을 한다.</td><td>5점</td></tr>
<tr><td colspan="2">④ 무성의하거나 확실하지 않은 답변을 한다.</td><td>0점</td></tr>
<tr><td rowspan="3">상담
Skill</td><td rowspan="3">15</td><td colspan="2">① 질문을 통해 고객의 니즈를 파악하며 간결하고 이해하기 쉽게 설명한다.</td><td>5점</td></tr>
<tr><td colspan="2">② 간결하고 이해하기 쉬우나 고객의 니즈파악을 위한 질문이 없다.</td><td>3점</td></tr>
<tr><td colspan="2">③ 장황하거나 어려운 용어를 사용하여 이해하기가 어렵다.</td><td>0점</td></tr>
<tr><td rowspan="9">응대
태도</td><td rowspan="3">응대
음성</td><td rowspan="3">10</td><td colspan="2">① 밝고 부드러운 음성으로 편안하게 응대한다.</td><td>10점</td></tr>
<tr><td colspan="2">② 힘이 없거나 사무적인 음성으로 응대한다.</td><td>5점</td></tr>
<tr><td colspan="2">③ 짜증스러운 말투로 불쾌하게 응대한다.</td><td>0점</td></tr>
<tr><td rowspan="3">화법
진행</td><td rowspan="3">10</td><td colspan="2">① 긍정적인 화법으로 예의바르고 공손하게 응대한다.</td><td>10점</td></tr>
<tr><td colspan="2">② 예의바르나 다소 딱딱하게 응대한다.</td><td>5점</td></tr>
<tr><td colspan="2">③ 고객을 존중하지 않거나 부정적인 화법으로 응대한다.</td><td>0점</td></tr>
<tr><td rowspan="3">응대
표정</td><td rowspan="3">5</td><td colspan="2">① 고객 상담 시 부드러운 표정으로 시선응시를 잘한다.</td><td>5점</td></tr>
<tr><td colspan="2">② 고객 상담 시 표정이 사무적이거나 시선응시가 부족하다.</td><td>3점</td></tr>
<tr><td colspan="2">③ 사무적인 표정으로 시선응시를 잘 하지 않는다.</td><td>0점</td></tr>
<tr><td colspan="2" rowspan="2">결과 확인</td><td rowspan="2">5</td><td colspan="2">① 처리결과 만족확인을 한다.(“더 궁금하신 사항은 없으십니까?” 추후 연락방법 안내, 전화 및 예약권유)</td><td>5점</td></tr>
<tr><td colspan="2">② 처리결과 만족확인을 하지 않는다.</td><td>0점</td></tr>
<tr><td rowspan="6">배웅
인사</td><td rowspan="3">기본
인사</td><td rowspan="3">5</td><td rowspan="3">1. Eye-contact이 이루어진다.
2. 밝은 미소가 있다.
3. 인사말이 있다.
4. 인사행동이 있다.</td><td>① 4개 항목을 실시한다.</td><td>5점</td></tr>
<tr><td>② 3~2개 항목을 실시한다.</td><td>3점</td></tr>
<tr><td>③ 1개 이하 항목을 실시한다.</td><td>0점</td></tr>
<tr><td rowspan="3">적극적
배웅</td><td rowspan="3">5</td><td colspan="2">① 고객이 일어선 후에 자리에서 일어서서 고객을 배웅한다.</td><td>5점</td></tr>
<tr><td colspan="2">② 고객이 일어서기 전에 자리에서 일어서서 고객을 배웅한다.</td><td>3점</td></tr>
<tr><td colspan="2">③ 일어서지 않는다.</td><td>0점</td></tr>
</table>

예시 1) 공기업 공통조사 주요 품질요인

구분	주요 품질요인	구분	주요 품질요인
담당직원의 대응성 측면 (3)	전화문의 시 담당직원의 접근용이성	업무처리 편리성 측면 (4)	서류의 간소화 정도
	전화상담 시 담당직원의 친절성		요청자료 및 정보제공의 신속/충분성
	고객요구 및 문제에 대한 적극성		업무처리절차의 간편성
담당직원의 업무처리 태도 측면 (9)	담당직원의 업무처리 정확성		e-mail이나 전화를 이용한 업무처리 편리성
	담당직원의 업무처리 공정성	불평처리 측면 (4)	불만/건의 접수창구의 이용 편리성
	담당직원의 업무처리 신속성		불만사항에 대한 전문적 상담
	담당직원의 친절성		불만/요구사항 처리에 대한 성실성
	담당직원의 성실성		잘못된 서비스로 인한 피해보상
	담당직원의 책임감	편의시설 측면 (4)	주차시설의 편리성
	담당직원의 전문성		사무실내 편의시설(의자/공중전화/휴식공간 등)
	담당직원의 상담능력		건물 내 안내표지판 설치의 적절성
	담당직원의 요청사항 해결정도		건물 내외의 청결성

우수사례

- 고객이 매장상품의 위치를 문의했을 때, 고객에게 다가와서 "차량용품코너를 찾으십니까"라고 문의를 재확인했으며, 3걸음 정도 이동해서 손으로 방향을 가리키면서 "앞쪽 끝에서 오른쪽으로 가시면 됩니다"라고 정확하게 안내해 주었음.

부진사례

- 문의를 위해 다가서는 고객을 응대하는 모습이 *무표정하고 인사말은 사용하지 않으며* 고개숙여 인사하는 모습임. 제자리에서 고객을 맞아 가전매장이 어디에 있는지를 확인하자 "이층에 있습니다." 하며 또렷하게 안내함. 호응어가 잘 이루어지지는 않으며 가야 할 곳으로 몸을 돌리고 손으로 안내하는 정도의 응대가 이루어지고 있음.
- *도움을 요청하는 고객을 무표정한 얼굴로 맞이하고 인사말 없이 쳐다 보기만 하고 다가서는 행동이 없었음.* 대화 눈높이를 맞추나 대화를 하면서 입점하는 다른 고객을 쳐다보며 *고객에게 집중하지 않고 있었음.* "문구는 어디에 있어요?" 하자 "이 층에 있고요. 반대편으로 가세요"라며 *제자리에서 말로만 대충 사무적인 어투로 무성의하게 안내했음.*

♠ 주요 지적사항

- 무표정한 표정, 무성의한 인사동작 및 인사말

KTSEC 한국관광서비스평가원

예시 2) 보고서

종합

Sample

- 전 접점의 기본 예절 지키기가 필요한 시점이며, 특히 인사예절에 대한 재교육 및 실천이 필요함.

- 보안 – 입퇴점 인사말 : 88.6점 / 고객대면 인사말 : 82.9점
- 환경 – 고객대면인사말 : 44.6점
- 주차 – 입차 인사말 : 72.8점 / 출차 인사말 : 73.1점 / 주차유도 인사말 : 78.9점 / 고객대면인사말: 64.0점

- 인사말의 생활화, 규율 있는 서비스 문화 구축 : 전 접점에 대해서 인사말의 생활화를 통한 규율 있는 서비스 문화를 구축해야 할 것으로 보임.

- 실천방안
  1) 직원동선에서 직원 간 인사하기
  2) 매장에 나가기 전에 거울 보고 연습하기
  3) 동료 간 비멘트 시 지적해 주기
  4) 점 또는 협력사 차원에서 최고의 인사왕 뽑기

CHAPTER

14 서비스평가사들의 가치를 높이는 체크리스트 작성법

1 체크리스트 작성과정

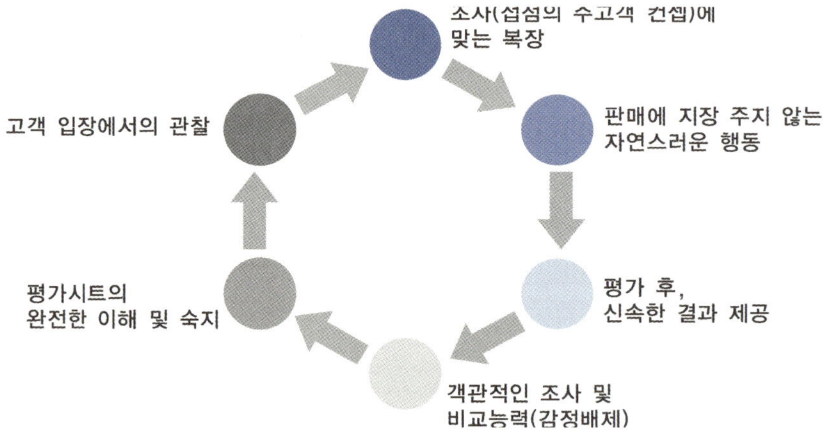

| 서비스평가사(미스테리 쇼퍼)의 자세와 역량 |

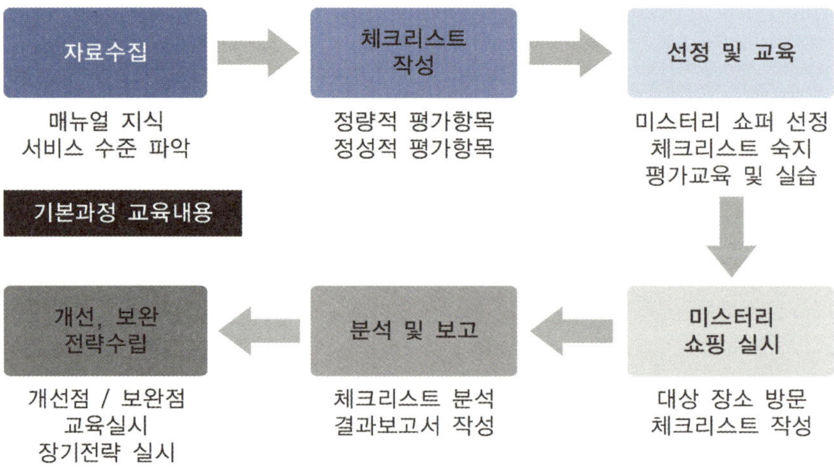

| 미스테리 쇼핑 프로세스 |

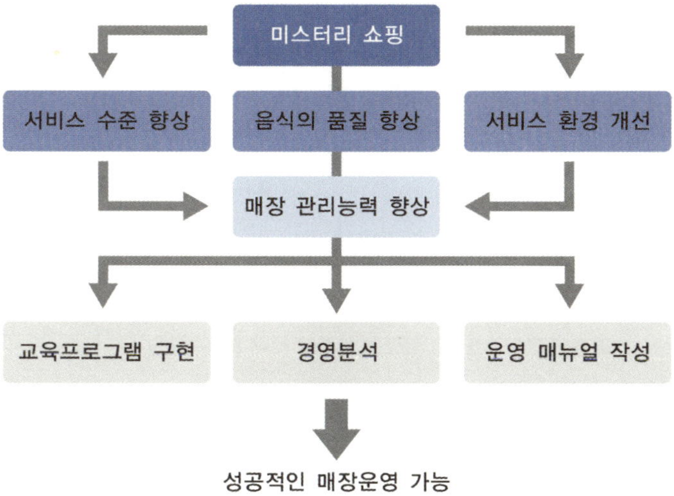

| 미스테리 쇼핑의 기대효과 |

2 체크리스트 작성 시 주의사항

쉽게, 상세하게, 객관적으로 말해줌

맛있다.	→	어떤 맛인지?
친절하다.		어느 부분의 친절인지?
깔끔하다.		어느 곳이 깔끔한지?
인테리어가 좋다.		어떤 식으로 좋은지?
내 취향이다.		업체이미지와의 연관성은?
저렴하다/비싸다.		비교대상이나 취향을 설명하기

추상적인 표현으로 짧은 단문형식의 평가서는 지양한다.

① 잘못된 예

"직원들이 매우 친절하여 기분이 좋았으며, 음식은 맛있었고 분위기도 좋았음. 다~ 좋았음"

② 올바른 예

"직원들이 메뉴에 대한 정확한 정보를 알려주고 항상 밝은 모습으로 고객 한 분 한 분을 대하는 모습이 고객으로서 매우 기분이 좋았음. ○○메뉴는 야채는 아삭하게 적절히 조리되었고 매콤한 양념과 은은한 조명과 능 뒤로 비춰지는 한지 느낌 등이 분위기를 한층 부드럽게 만들어

주었으며, 경쾌한 느낌의 째즈풍 음악은 차분한 분위기를 연출하여 술자리를 한층 즐겁게 만들어주었음"

예시)

방문매장	00점	일자	2016. 0 .00
응대자	000 (160 정도의 키, 보통 체형, 20대 초반, 어깨까지 오는 머리 묶음앞머리 없음, 안경X)		

구분	문항	평가 점수
고객맞이	매장에 들어갔을 때, 직원은 반갑게 맞이 인사를 한다.	Y ---(N)
업무	신속하게 업무를 처리한다.	(Y)--- N
계산	받은 금액과 거스름돈을 확인하여 준다.	Y ---(N)
배웅	계산 완료 후, 친절하게 배웅 인사를 한다.	(Y)--- N
환경	매장은 전반적으로 청결하다.	(Y)--- N
복장	직원의 복장과 용모는 단정하다.	(Y)--- N
평가의견 작성 실습		
고객이 매장에 들어갔으나 직원은 제품을 정리하며 인사를 하지 않았음. 고객이 빵을 고르며 "이 빵은 맛이 단가요?"라고 물어보자 직원은 고객을 보고 "아니요, 그렇게 달지는 않아요. 단 것 찾으세요?"라며 고객이 무엇을 원하는지 물어보는 태도가 좋아 보였음. 고객이 빵을 골라 계산대로 다가가자 신속히 계산하여 주었고 포인트 카드나 할인 카드가 있는지 물어보았으며 봉투가 필요한지 물어보았으나 받은 금액만 "00원 받았습니다"라고 확인하여 줄 뿐 거스름돈의 확인은 하지 않았음. 웃는 얼굴로 상냥하게 대하여 주었음. 고객이 계산을 마치고 매장을 나가려 하자 "안녕히 가세요"라며 인사말을 하였음. 매장에는 빵이 흐트러진 것 없이 정리가 잘 되어 있었고 케이크나 아이스크림 등도 잘 정리가 되어 깔끔해 보였음. 직원은 파란색 유니폼과 파란색 앞치마를 깔끔하게 착용하고 있었고 용모도 단정하여 보기 좋았음		

3 잘못된 평가는 왜 발생하는가?

① 고객의 요구 불이행 – 체크리스트 숙지 미흡

② 평가사항에 대한 이해 부족

③ 구체적이지 못한 서술 평가

④ 신속하지 못한 보고서 작성

⑤ 잘못된, 불성실한 관찰과 기록

⑥ 자신의 관찰기록이 직원에게 나쁜 평가로 이어질까 안타까워 관찰결과의 내용을 제대로 기록하지 않는 경우

⑦ 미확인된 사실을 확인된 것처럼 평가하는 경우, 평가결과의 왜곡현상 발생

⑧ 불성실한 평가로 작성된 관찰기록을 근거로, 개선활동이 어려움

⑨ 피해를 보는 사람 또는 집단 발생

4 평가방법

- 정성평가 - 세부적 묘사가 가능(상황 설명용이) 누구라도 그 상황을 이해할 수 있도록 묘사
- 기타(쇼퍼의 주관적인 의견, 고객사에서 특별히 요청한 내용에 대한 언급)
- 정량평가 – 통계적인 수치로 나타나서 비교평가할 수 있음
- 보고서 작성 = 정성평가 + 정량평가 + 영수증 첨부

보고서 작성방법	정성평가	정량평가
장점	세부적인 묘사 가능	통계적인 평가 가능
단점	통계적인 평가가 어려움	세부적인 묘사가 어려움

➜ 체크리스트 작성 시 주의사항

긍정 질문에 대한 예
Q : 화장실은 깨끗한가
A : 예(깨끗함, 평가는 상),
아니요(더러움, 평가는 하)

부정 질문에 대한 예
Q : 화장실은 더러운가
A : 예(더러움, 평가는 하),
아니요(깨끗함, 평가는 상)

부정 질문에 대한 서술평가는 긍정으로 답하고 체크리스트에는 "최하"를 표시

5 작성한 체크리스트의 중요성

작성한 체크리스트 보고서를 통해 다음과 같은 개선 전략을 작성할 수 있다. 매장에 방문하는 고객은 처음 방문하는 고객일 수도 있고 자주 방문하는 단골 고객일 수도 있으며, 방문하는 고객들 중에서 누가 서비스평가사인지 알 수 없는 상황에서 생생한 정보를 수집할 수 있다.

1) 누가 무엇을 샀는가?

예를 들어 남성은 빵을 사고, 여성고객은 주스를 구매했다는 데이터를 수집할 수 있다.

2) 무엇이 잘 팔리는가?

주스라고 하더라도 종류가 다양하므로 상세한 데이터를 필요로 한다.

3) 고객의 쇼핑 스타일은?

고객이 일주일에 몇 번 방문하고 몇 시에 왔으며, 어떤 제품을 구매했다는 세세한 부분까지 관리하면 고객의 라이프 스타일을 파악할 수 있다.

4) 고객의 움직임은?

업장 내에서 고객의 움직이는 동선을 파악해서 수집하는 것이다.

5) 진열대 어느 위치의 상품이 많이 팔리는가?

진열대에서 어느 위치에 있는 상품이 잘 팔리는지를 파악하면 전체 제품 중에서 주력상품의 진열배치를 조정할 수 있다.

이렇게 평가 보고서를 활용하여 방문 고객이 처음 방문인지 재방문인지 파악하고 환대하여 주는 것은 매우 중요하고, 선호하는 제품을 고객에게 추천하여 주고 좋은 위치에 배치하는 전략이 필요하다.

CHAPTER

15 MMS를 활용한 체크리스트 작성방법

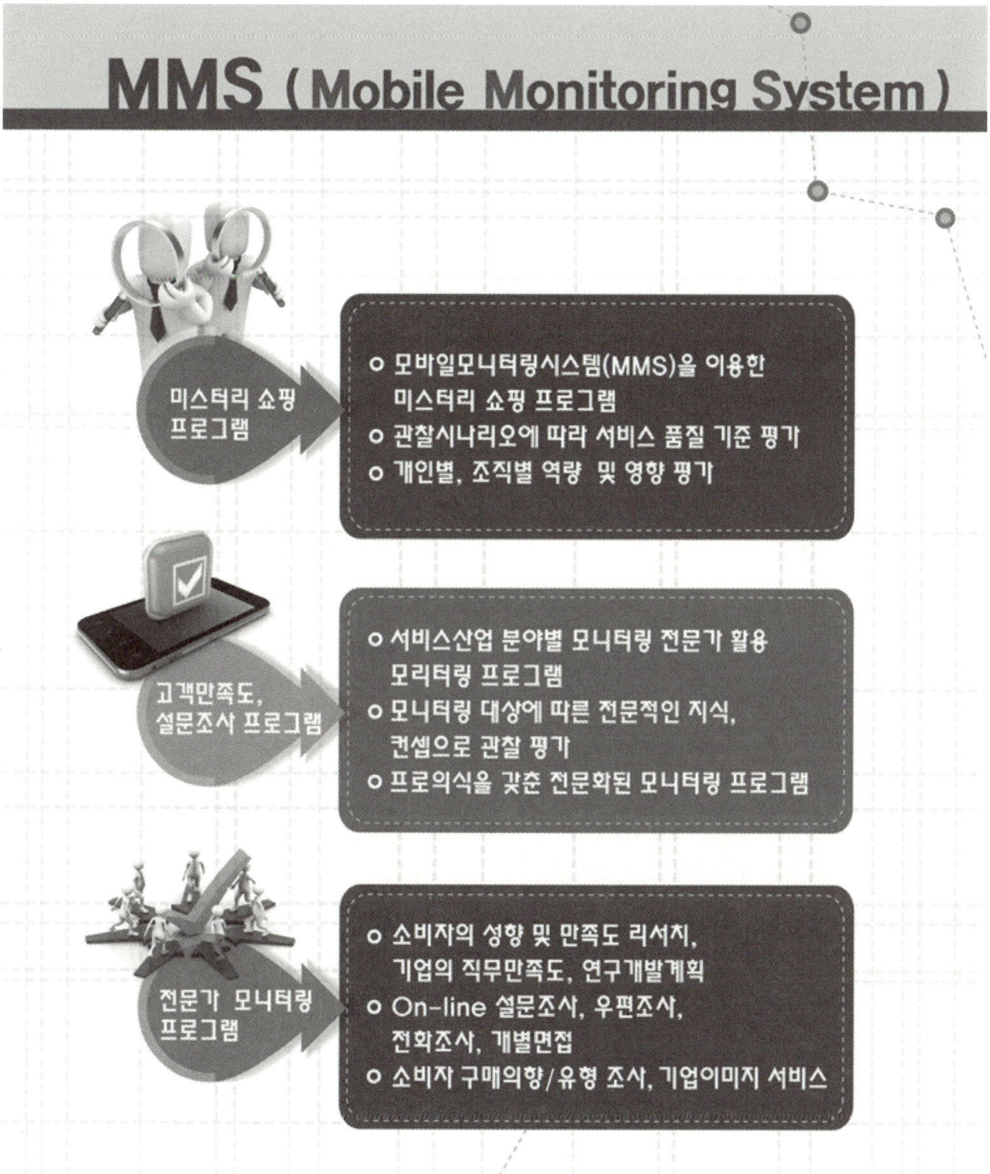

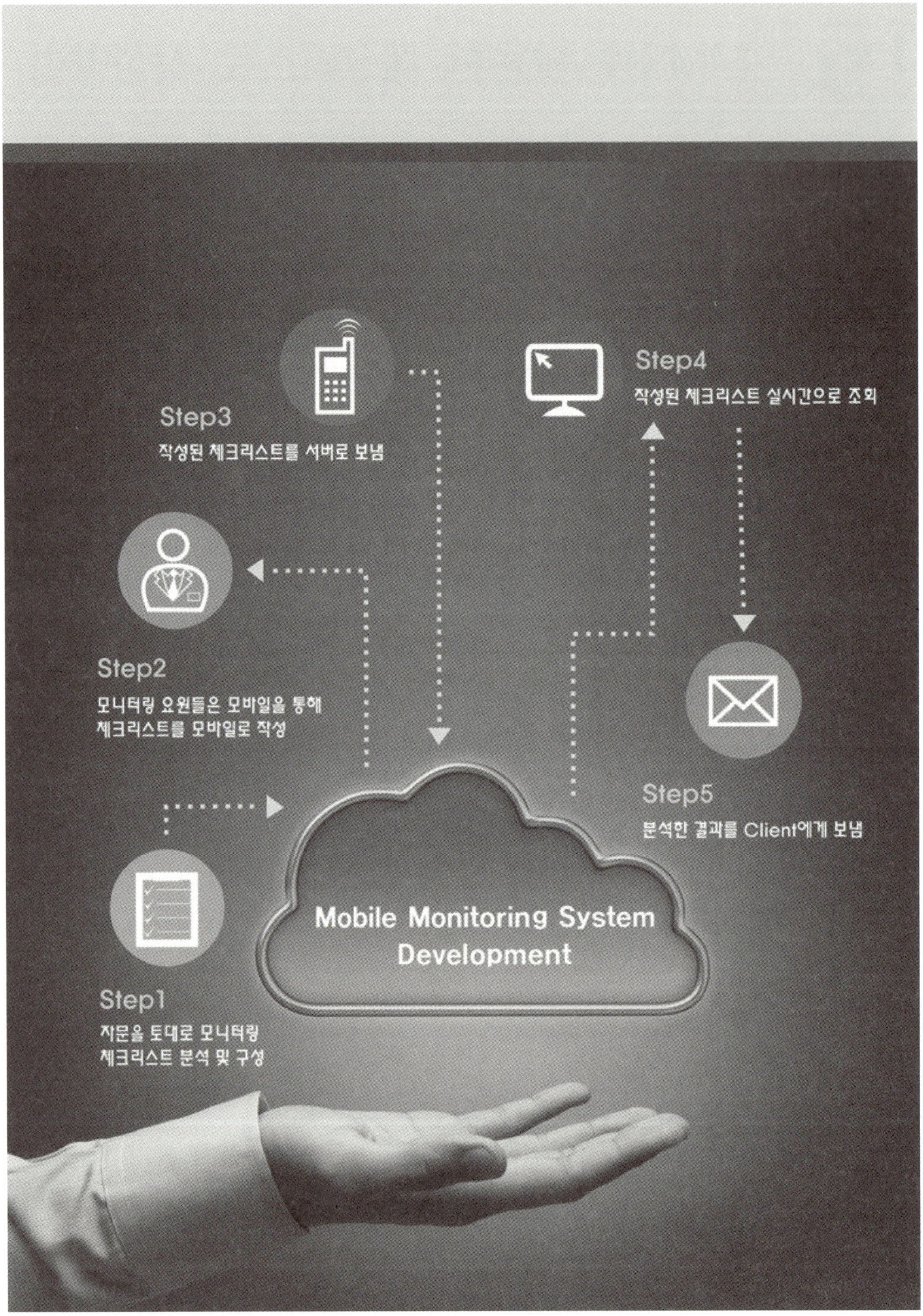
Step3
작성된 체크리스트를 서버로 보냄
Step4
작성된 체크리스트 실시간으로 조회
Step2
모니터링 요원들은 모바일을 통해
체크리스트를 모바일로 작성
Step5
분석한 결과를 Client에게 보냄
Mobile Monitoring System
Development
Step1
자문을 토대로 모니터링
체크리스트 분석 및 구성

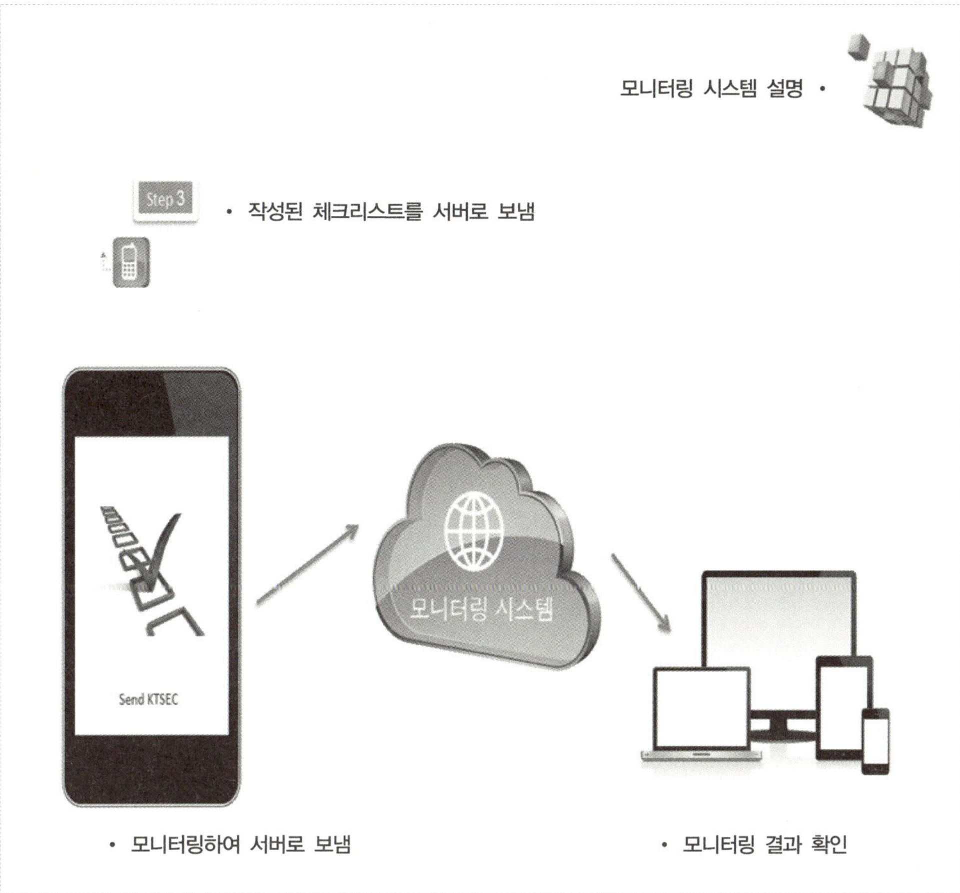

1. 모니터 요원 선정
2. 사전교육(매뉴얼 / 평가주의사항 등)
3. 문자로 PW / ID 부여
4. 체크리스트 확인 후 평가
5. 모바일 or 웹을 통해 보고서 작성

| MMS 시스템 모니터링 Process |

MMS 이용방법

문자로 ID / PW
미스터리 쇼핑 내용 전송

1. www.ktsec.org/board
접속

- 인터넷 주소창에 위 주소를 컴퓨터나 모바일로 접속하여 로그인 할 수 있다.

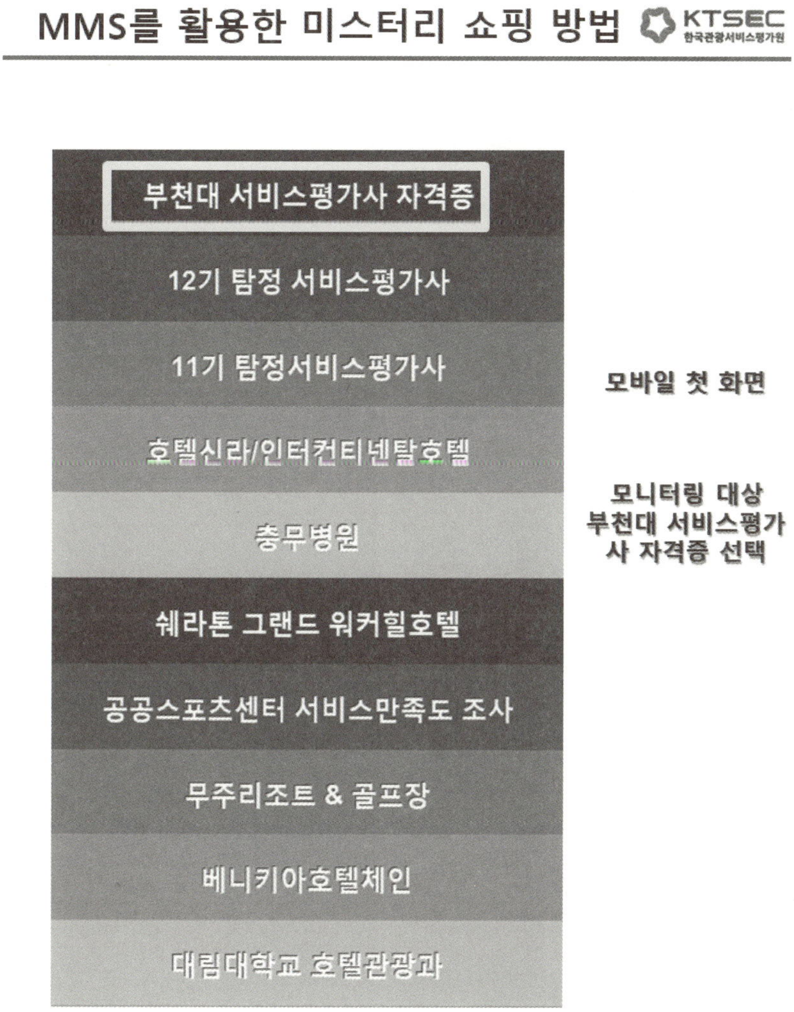

- 본인의 평가 대상을 선택하여 아이디/ 비번을 입력하면 본인에게 해당되는 체크리스트를 확인할 수 있다.

• 본인에게 공유하거나 복사하면 다시 접속하는 번거로움 없이 곧바로 아이디/비번을 입력할 수 있다.

아이디, 패스워드 사례

NO.	아이디	패스워드	NO.	아이디	패스워드
1	09m0v	xigto	21	obinb	z8f3y
2	hrubc	yp3bc	22	o03ke	7359m
3	rdxix	uxsgm	23	b3ft5	pn7se
4	0hxjf	92jm6	24	l33qu	0oqff
5	oik81	uhg5p	25	d6453	e3wws
6	3x13h	r0jjy	26	ge4o9	wtp95
7	ytv8u	1xbt0	27	jn6uk	2694x
8	cmy3f	0qnh1	28	68x8o	i4nb1
9	4kdox	998le	29	smvi3	7ukk8
10	ti274	3ek7e	30	7pktj	sydbb
11	qozl2	y5bz1	31	gn0k5	ynz5y
12	hqbbo	rmi5i	32	cy2is	4ygvs
13	1kkhp	vhztp	33	tvjc7	92xs2
14	o6cmh	hkv8m	34	i63n7	kxolu
15	rejzr	i9j2d	35	u3ff7	hdphn
16	xupco	mhtsu	36	hgw12	mhhxs
17	fmepg	xuj48	37	hxdb0	p6y36
18	rl15o	5ki7g	38	n99kd	qm1z2
19	lxt18	l5v14	39	vy2rd	8gzxx
20	e70lq	zj0e7	40	3zbqk	ys1k5

- 아이디와 패스워드가 위와 같이 개인별로 문자로 주어진다.
- 이름은 작성자 본인 이름을 기입하고, 응대자는 접객한 종사원 이름이나 인상착의 등 특징적인 것을 기입한다.
- 비고에는 정량평가로 주어진 평가 점수에 근거가 되는 내용을 작성한다.

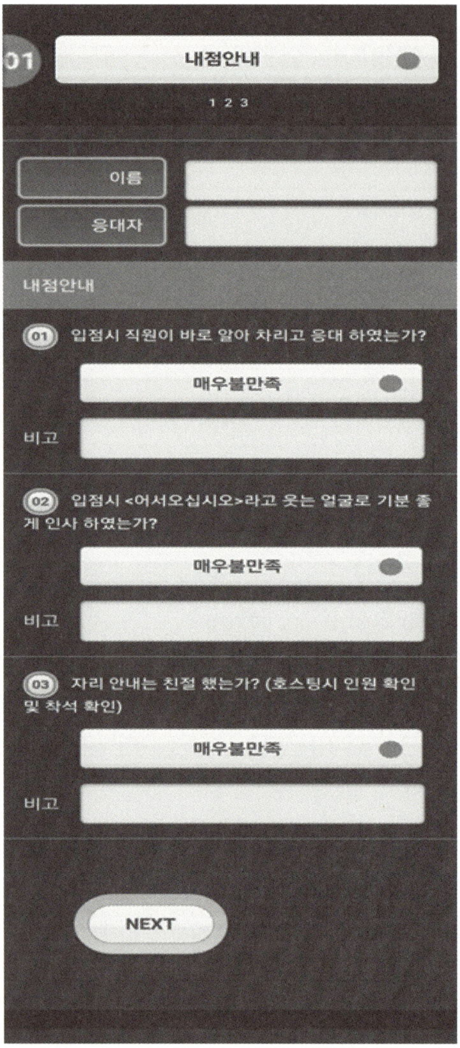

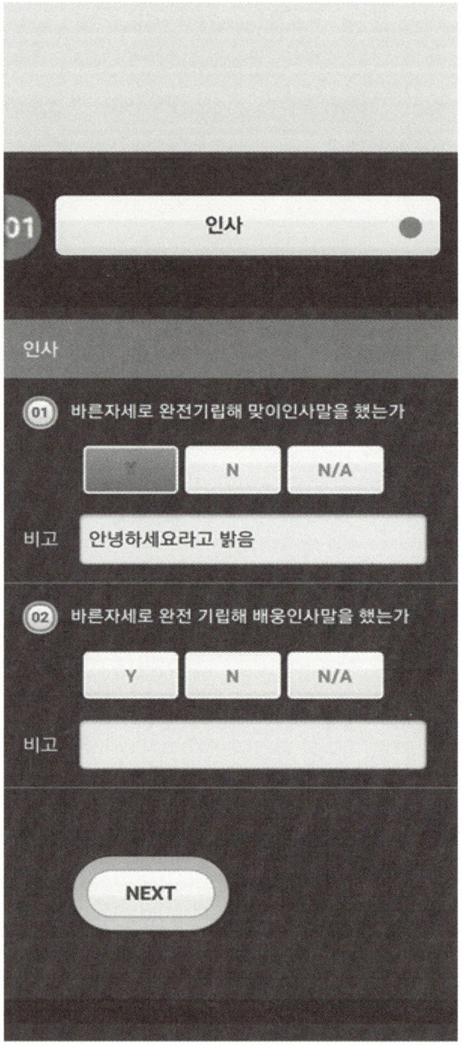

- 평가내용을 입력하면서 NEXT를 누르면 다음 부문으로 넘어가고 마지막 평가부문에 가서 SEND를 누르면 현재까지 입력한 내용이 저장된다.
- 비고란에는 평가한 점수에 대한 설명이 반드시 추가되어야 한다.

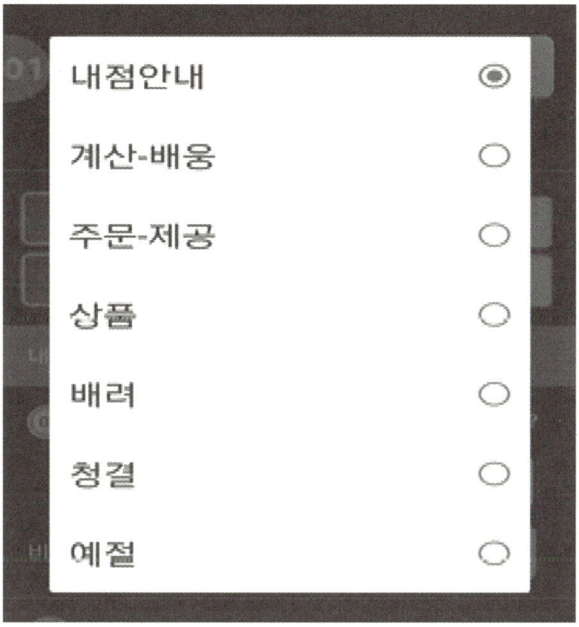

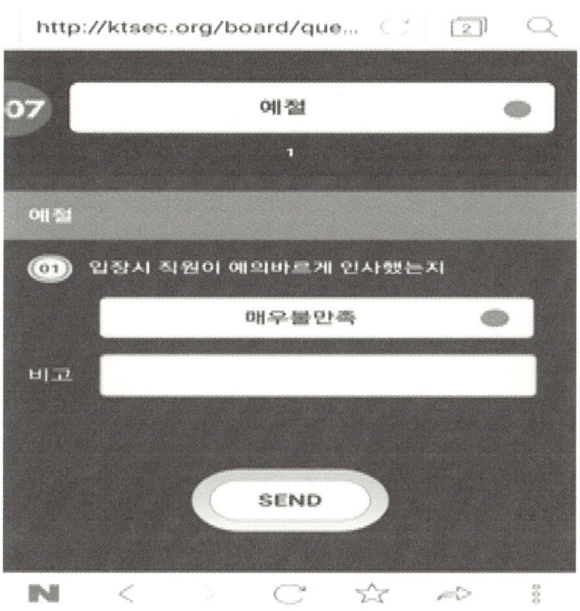

• 마지막 평가부문에 SEND가 있으며 도중에 저장하고 싶으면 마지막 부문으로 가서 SEND를 누르면 저장이 된다. 다시 추가로 입력할 사항이 있으면 로그인해서 추가로 입력할 수 있다.

CHAPTER

16 각 접점별 서비스평가 롤플레잉

서비스평가 롤플레잉 실습

[Role-playing]

고객과 종사원의 역할을 조별 시나리오를 나름대로 자유롭게 작성하여 실습하면서 잘된 점과 잘못된 점을 서로 평가하여 본다.

실습 후에 평가할 장소를 직접 방문한 후 내용을 공유하고 코칭해 준다.

1. 주변의 카페 실습
    - 체크리스트 지참 30분 정도
2. 판매 매장 실습
    - 편의점, 화장품, 휴대폰, 옷가게 등등
3. 레스토랑 실습
    - 점심, 저녁시간을 활용한 평가

카페 Check List

5점 척도

구분	번호	항목	점수
전화응대	1	전화벨이 4번 이상 울리기 전에 전화를 받습니까?	
	2	전화를 받을 때의 멘트는 정확했는가? ('소속점' / '이름' / '무엇을 도와드릴까요?'를 말했는가?)	
	3	통화가 끝날 때 감사인사를 했는가?	
	4	친절하고, 참을성 있게 전화를 받았으며, 더 필요한 것은 없는지 질문했는가?	
외부환경	5	매장입구는 청결한가?	
	6	쇼케이스는 깨끗하게 정리되어 있으며, 모든 메뉴는 먹음직스러운 느낌을 주는가? (메뉴가 세팅된 용기가 깨끗하게 유지되어 있어서 깔끔하고 먹음직스러운지 여부)	
	7	화장실 청결상태는 깨끗한가?(일단위 체크리스트 작성여부 등)	
	8	Pick up 바의 청결상태는?	
	9	간판 등 시간대별 전등(소등)상태는 어떠한가?	
서비스	10	접객 준비활동을 하거나 바른 자세로 근무하고 있는가? – 거부감을 주는 자세(뒷짐, 팔짱, 기대어 서 있는 자세, 짝다리) – 고객을 의식하지 않고 잡담, 취식, 장난하는 행동 – 고객동선상에 서서 통행에 불편을 주거나, 지나친 호객행위로 지나가기가 부담스러움	
	11	고객이 매장에 다가섰을 때 30초 이내에 인지하여 신속하고 친절하게 응대하는가?	
	12	고객을 맞이하는 첫인사는 밝은 표정으로 눈을 맞추며 인사하는가? – Eye Contact 후 신속한 응대를 하는가?	
	13	성의있게 메뉴제안을 하며 편안하게 선택할 수 있도록 응대하는가? – 고객 방치 및 무관심 여부	
	14	메뉴에 대한 문의 시 친절하고 상세하게 설명해 주는가? – 고객이 문의하는 내용에 적극적이며, 성실하게 설명하는가? – 친절하고 웃는 얼굴로 고객을 대하는가?	
	15	메뉴에 문의 시 자신감 있게 정확한 정보를 제공하는가? – 스탭은 메뉴지식에 대하여 학습되어 숙지하고 있는가? – 메뉴에 대한 조리법 및 특성 등의 정보를 정확하게 제공하는가?	
	16	주문한 메뉴와 어울리는 메뉴를 추가로 추천 및 권유하는가? – 고객이 메뉴 선택을 망설일 경우 적극적으로 메뉴를 권유하는가?	
	17	메뉴 제공시간은 신속하였는가?(5분 이내)	
	18	고객의 상황에 맞게 메뉴 및 서비스가 제공되었는가? – 점내 식사 시: 드시기 편하게 네워드리거나 포크 및 냅킨 등을 준비해 드렸는가?	

구분	번호	항목	
캐셔	19	계산 시 태도는 정중했는가? – 고객의 카드나 현금을 전달받았을 때 두 손으로 소중하게 취급하는가? – 계산은 신속하게 이루어지는가? – 고객에게 카드나 잔돈을 두 손으로 소중하게 전달하는가? – 고객이 요구하기 전에 (현금)영수증을 제공하는가?	
	20	주문한 메뉴를 고객에게 공손히 전달하는가? – 포장 시: 두 손으로 고객이 포장된 메뉴를 잡기 편하게 제공하는지 여부 – 점내 시식 시: 고객이 이용하기 편하게 쟁반을 이용하여 두 손으로 제공하는가? * 공통: 주문한 메뉴를 전달할 때 "맛있게 드세요." 등의 멘트를 했는가?	
	21	계산 후 감사의 인사와 재방문의 인사를 하였는가?	
공통	22	진열대의 모든 메뉴의 명칭과 가격표가 누락된 곳 없이 눈에 띄고 알기 쉽게 관리되고 있는가? – 가격표가 보기 편하도록 세팅되어 있으며, 관리상태는 양호한가?	
	23	스탭의 복장은 규정에 맞추어 청결하게 착용되고 있는가? – 모자 / 앞치마 / 유니폼 / 신발 / 양말 – 바지 착용 및 손 상처 유무, 손톱관리 상태, 두발, 면도 상태 등	
	24	음식의 포장상태는 어떠한가? – 포장상태는 깨끗한가? 소스가 밖으로 흐르거나 새어 나오는 것은?	
개인 의견	25	전체적인 메뉴 구성은 어떠신지요?(개인적인 생각을 적어주세요)	
	26	커피 및 와플(선택 젤라또) 맛에 대한 느낌은 어떤지?	
	27	고객에게 현재 진행하고 있는 프로모션에 대해서 설명하였는가? 무엇을 설명하였는가? (각 분기별 이벤트성 프로모션이 있을 경우만 체크항목에 포함)	
	28	매장인테리어에 대한 느낌을 적어주세요.(상세히)	

정성평가

〈우수사항〉

〈미흡사항 및 개선사항〉

〈기타 쇼퍼의견〉

직원 평가	

판매업 접점 관찰 항목

매장명:

조사일	월 일	응대자:
관찰시간	부터 까지(분간)	

흐름		평가내용	YES	NO	평가불가
맞이	1	매장에 들어선 직후인사를 받았습니까? (예: 안녕하십니까, 어서오십시오 등)			
	2	밝은 표정으로 인사를 했습니까?			
	3	인사말을 하는가? ▸ 실시한 인사말:			
	4	매장에 들어선 순간 판매원이 다가왔습니까? – 예라고 한 경우, 먼저 매장을 둘러보고 싶다고 말합니다. – 아니오라고 한 경우, 몇 분 동안 매장 안을 둘러봅니다.			
	5	매장 안에서 몇 명의 고객(1 커플 = 고객 1명)을 봤습니까?			명
	6	둘러보고 난 후 매장에서 몇 명의 판매원을 볼 수 있습니까?			명
	7	매장을 둘러보는 도중 다른 손님을 상대하고 있지 않은 판매원과 마주쳤을 때 귀하에게 인사하거나 귀하를 인지했습니까?(미소, 목례, 눈짓 또는 적절한 인사말)			

이제 당신은 몇 분 동안 몇 가지 품목을 보고 있습니다.
3~4분 후에 판매원이 자발적으로 서비스를 하지 않는 경우, 판매원 한 사람에게 접근합니다.
이제 한 판매원의 서비스를 받고 있습니다.

배려	8	판매원이 자발적으로 고객을 상대합니까?			
	9	기다리게 해서 죄송하다고 사과합니까?			

○을 구매하고 싶다고 판매원에게 말합니다.
판매원이 귀하의 요구사항을 파악하고 몇 가지 제품을 보여줄 때까지 그냥 이것저것 둘러보시고, 자발적으로 어떠한 정보도 제공하지 마십시오.
판매원이 질문하는 내용에만 답변합니다.
판매원이 질문하는 경우: 지금까지 착용했던 옷에 싫증이 났습니다.
판매원이 안내하여 조언하도록 하십시오.

배려	10	판매원이 한 가지 이상의 제품을 안내하거나 귀하의 관심을 끌 만한 제품을 볼 수 있는 곳으로 안내합니까?			
	11	판매원이 귀하가 찾는 스타일에 대한 질문을 합니까?			
	12	판매원이 귀하가 찾는 소재에 대한 질문을 합니까?			
	13	판매원이 귀하가 찾는 색상에 대한 질문을 합니까?			
	14	판매원이 보여주는 모델에 대해 귀하가 어떻게 생각하는지 질문을 합니까?			
	15	판매원이 옷을 착용해 보라고 제안합니까?(아닌 경우 요청합니다.)			
	16	판매원이 옷을 착용한 모습을 거울로 보라고 권합니까?			

옷을 착용해 본 후, 판매원에게 선택한 모델이 마음에 들지만 색상이 마음에 들지 않는다고 말씀하십시오.

서비스	17	판매원이 다른 제품을 보여주겠다고 제안합니까? (그렇지 않은 경우 다른 색상 또는 디자인을 요청합니다.)			
	18	판매원이 신속하게 다른 제품을 가지고 왔습니까?			
	19	판매원이 명확하게 조언합니까?(예를 들어, 이 옷을 권합니다.…)			
	20	판매원이 판매하기 위한 의지를 보입니까?(주장하고, 다른 제품을 제시하며, 귀하가 원하는 제품을 찾으려고 매우 노력하는 등)			

귀하는 선택한 옷이 마음에 들지만 주저합니다.
판매원이 자발적으로 말하지 않은 경우, 판매원에게 내일 친구와 함께 방문하여 친구의 의견을 들어보겠다고 합니다.

서비스	21	판매원이 귀하의 주저함에 짜증이나 피곤함을 표시하진 않습니까?			
	22	귀하가 관심을 가졌던 옷 이외의 ㅇ을 볼 때 판매원의 태도는 어떻습니까? 귀하에게 다가와 제품에 대한 설명을 합니까?			

다른 제품을 잠시 둘러본 후 아까 보았던 옷을 보기 위해 친구와 함께 다시 오겠다고 얘기합니다.

배웅	23	판매원이 귀하의 방문에 감사를 표합니까?			
	24	판매원이 매장 출입문까지 따라옵니까?			
	25	판매원이 친근한 태도로 매장에 다시 방문하라고 말합니까?			
	26	판매원이 친절한 태도로 '안녕히 가십시오'라고 인사합니까(또는 다른 인사 표현 등)?			

<table>
<tr><td rowspan="5">종합</td><td rowspan="5">27</td><td colspan="2">이 매장의 응대와 서비스에 대해 어떻게 생각하십니까? 해당사항에 ○표 하십시오.</td></tr>
<tr><td>모든 것이 완벽합니다. 추가할 사항이 없습니다. 고객을 응대하기 위해 더 필요한 개선사항을 찾을 수 없습니다.</td><td></td></tr>
<tr><td>전반적인 서비스는 훌륭하지만 고객을 더욱 잘 응대하기 위해 특정한 측면을 개선해야 합니다.</td><td></td></tr>
<tr><td>보통입니다. 개선해야 하는 점이 많습니다.</td><td></td></tr>
<tr><td>형편없습니다. 응대 및 서비스와 관련된 대부분의 사항에 주의가 필요합니다.</td><td></td></tr>
</table>

구분	모니터 전체 평가 의견(우수 / 미흡사례 발생 시 상황에 대한 구체적인 기술 및 직원명 명시요망)
우수 내용	
미흡 사항 및 개선 사항	
기타 의견	
직원 평가	우수직원(사유):
	미흡직원(사유):

한, 분식 Check List

5점 척도

구분	번호	항목	점수
외부환경 및 주차장	1	고객입점 시 현관 및 주차장은 청결한가?(휴지 등 이물질)	
	2	주차직원이 밝은 표정으로 인사하는가?	
맞이	3	고객이 매장에 들어오는 것을 인지하고 환대하는가?(5초 이내)	
	4	밝은 표정과 정확한 발음으로 인사하는가?	
안내	5	인원수를 확인하고 정확한 테이블 안내를 하는가?(혹은 서버에게 전달하는가?)	
	6	테이블이 없는 경우 양해를 구하는가?	
주문	7	고객과 눈을 마주치는가?	
	8	주문을 정확히 받으며, 재확인을 하는가?	
	9	주문방법 및 메뉴에 대해 상세하게 설명을 하는가? (예, 떡라면에 계란 들어갑니까? 설렁탕이 어떻게 나와요? 등)	
	10	메뉴 확인 후 인사를 하는가?(잠시만 기다려주십시오.)	
	11	음식은 신속하게 나오며 주문과 일치하는가?	
	12	음식 제공 시 식사도착 알림과 주의사항에 대해서 얘기해 주는가? (식사 나왔습니다. 뚝배기가 뜨거우니 조심하십시오.)	
	13	음식 제공 후 인사를 하는가?(맛있게 드세요.)	
	14	음식 제공 시 바른 자세로 제공하는가?	
	15	고객 요청 시 즉각 응답하고 대응하는가?	
	16	불만사항을 적극적으로 해결하는가?	
	17	테이블 정리 시 주의를 기울이는가?	
	18	메뉴 확인 및 감사멘트를 하는가?	
계산 배웅	19	밝은 표정과 정확한 발음으로 응대하는가?	
	20	맛은 어떠한가?	
음식 수준	21	뜨거운 음식은 뜨겁게, 차가운 음식은 차갑게 제공되는가?	
	22	양은 적당한가?	
	23	음식 세팅은 깔끔하고 먹음직스러워 보이는가?	

청결	24	탁자 위와 세팅은 청결한가?	
	25	계산대 및 주변은 청결한가?	
	26	바닥청소 상태는 깨끗한가?	
	27	벽 및 천장은 깨끗한가?	
	28	실내 환기 및 온도는 적당한가?	
	29	매장의 음악은 적정한가?	
	30	주방에서 큰 소리가 나거나 냄새가 나는가?	
	31	화장실은 청결한가?(공용화장실 평가 불가)	
직원 복장	32	용모는 단정한가?	
	33	명찰을 착용하고 있는가?	
	34	복장은 청결한가?	

정성평가

〈미흡사항 및 개선사항〉

〈기타 쇼퍼의견〉

직원 평가	

CHAPTER

17 호텔 서비스평가

1 호텔등급평가 기준이 무궁화에서 별제로 변경

- 암행평가방식 추가
- 국제적 관례에 따라 등급과 표시개체 수 일치로 소비자 혼동 해소

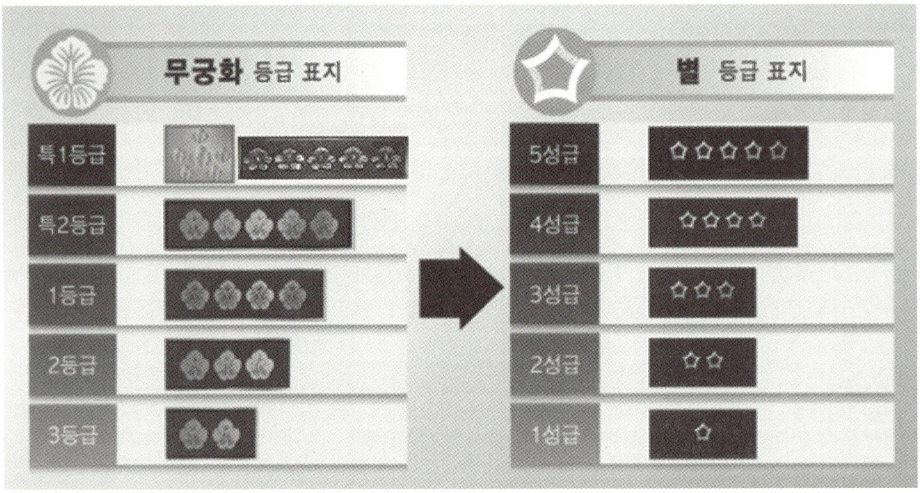

2 호텔업 등급결정 소비자 평가요원 선발 관련

□ 소비자 평가요원 추가 선발기준

1. 호텔 등 동종 서비스업계 서비스품질 소비자 모니터링 평가경험자
2. 일반소비자로서 국내외 호텔투숙경험이 많고 호텔 관련 지식이 풍부하여 호텔등급결정 암행/불시 평가에 적합한 자

3. 국내거주 외국인으로서 호텔등급결정 평가요원 업무 진행이 가능한 자(호텔등급평가표 해석/평가 및 평가 결과보고서 작성이 가능한 자)

□ 등급평가요원 선정 시 고려사항

- 국내외 호텔 투숙경험과 호텔 관련 지식이 풍부한 자
- 호텔 서비스 소비자 평가 등 심사경력 유경험자
- 호텔관련 자격증 소지자
- 아래 사항 이행이 가능한 자
  - 등급평가요원 선발 테스트에 참가가 가능한 자(호텔전문용어 및 인성)
  - 필수교육과정 및 세미나 참여가 가능한 자
  - 공정하고 객관적인 호텔등급결정을 위하여 전국 호텔을 대상으로 수시로 암행평가, 불시평가를 진행할 수 있는 자

□ 소비자 평가요원 모집인원 : 50명

- 공사 홈페이지 공모 및 관련 사이트 홍보
- 소비자 평가요원 이력서 및 관련증빙 제출기한 : 2020.0.00~0.00
- 소비자로서 호텔투숙 경험 및 평가 전문지식 등 관련 이력서와 증빙
- 암행 · 불시평가표를 활용 과거 국내외 투숙호텔 모의평가 결과보고서 제출

3 각 체크리스트 평가 실습

PROJECT : 0000 2019-12.11			
방문날짜 : 2019-05-15 20:20:00, 퇴점날짜 : 2019-05-15 22:45:00			
NO.	Question	Answer	Score
내점-안내			
1	점포에 전화가 왔을 때 "감사합니다. ㅇㅇ점 ㅇㅇㅇ입니다"라고 기분 좋은 인상을 주었는가?	10	
2	입점 시 직원이 바로 알아차리고 응대하였는가?	10	
3	입점 시 〈어서오십시오〉라고 웃는 얼굴로 기분 좋게 인사하였는가?	10	
4	자리 안내는 친절했는가?(호스팅 시 인원 확인 및 착석 확인)	10	
계산-배웅			
5	계산은 정확하고 친절하게 진행되었는가?	10	
6	계산 시 포인트(마일리지)카드 문의나 권유가 있었는가?	10	
7	배웅인사 〈감사합니다. 안녕히 가세요. 또 오세요〉에는 감사의 마음이 느껴졌는가?	10	
주문-제공			
8	고객이 직원을 불렀을 때, 빠른 대답과 함께 민첩하게 응대했는가?	10	
9	주문 시 공손한 자세로 정중히 오더를 받았나?	10	
10	주문 시 친근하고 자연스럽게 권해주는 메뉴가 있었습니까?	10	
11	메뉴에 대해서 질문했을 때, 알기 쉽고 친절하게 설명해 주었는가?(시나리오 참고)	10	
12	주문을 재촉하거나 서두르지 않고 고객의 속도에 맞추어 응대했는가?	10	

Mystery shopper Checklist			
평가자		영업장 혼잡도	1. 혼잡하고 바쁨 2. 보통(적정함) 3. 한산하고 여유로움
방문일시	2019년 월 일	방문장소	레스토랑(한식당/양식당)

◆ 체크항목(Check Items)

	문항	5	4	3	2	1
1	고객님께서 영업장을 들어설 때 직원이 바른 대기 자세를 유지하고 있으며, 밝은 표정으로 먼저 반갑게 인사하였습니까?					
2	고객님께서 예약하셨는지 또는 일행이 몇 분이신지 여쭈어보았습니까?					

	문항	5	4	3	2	1
3	좌석 안내 시 좌석위치에 대한 만족여부를 여쭈어보았습니까?					
4	좌석에 앉으신 후 곧바로 생수와 메뉴북을 제공하였습니까?					
5	메뉴선택 시간을 충분히 드린 후 바른 자세와 밝은 표정으로 주문을 받았습니까?					
6	메뉴선정과 관련하여 직원은 신메뉴, 인기메뉴, 추천메뉴 등 메뉴선택에 도움을 드렸습니까?					
7	주문하신 메뉴에 대하여 직원이 받아 적고 다시 한 번 확인시켜 주었습니까?					
8	주문하신 메뉴가 나오는 시간은 늦지 않고 적정하였습니까?(지연될 시에는 사과인사말, 시연사유와 예상소요시간 안내 여부)					
9	직원은 선택하신 음식을 서브하면서 그 메뉴의 이름을 알려드렸습니까?					
10	제공된 음식의 간 정도, 맛과 양은 적정하고 맛있었습니까?					
11	제공된 음식 중 hot 메뉴는 뜨겁게, cool 메뉴는 차갑게 제공되었습니까?					
12	제공된 음식은 알맞은 색감과 식기에 정돈되어 담겨서 제공되었습니까?					
13	식사 중 물, 반찬 리필 등 부족한 것이 없는지 확인하고 친절히 제공되었습니까?					
14	식사 중 직원은 잡담 등을 하지 않고 고객님의 호출에 대기하고 있었습니까?					
15	식사 후 음료 및 디저트, 추가 주문에 대하여 확인하고 신속히 제공되었습니까?					
16	식사 후 빈 그릇에 대하여 깨끗하고 바르게 정리해 드렸습니까?					
17	직원이 계산서를 제시하기 전에 식사에 만족하셨는지 여쭈어보았습니까?					
18	정산 전 직원은 회원 우대 및 할인 등 우대사항에 대하여 확인하였습니까?					
19	직원이 정산내역에 대한 설명, 결제취소, 재결제 등 정산은 신속 정확히 이루어졌습니까?					
20	직원이 영수증을 공손히 전해드렸습니까?					
21	직원들이 착용한 유니폼은 청결하며 명찰을 바르게 패용하고 있었습니까?					
22	직원들의 헤어, 화장, 손톱, 액세서리 등은 청결, 단정하였습니까?					
23	직원이 영업장 이용에 대한 감사의 인사말을 전하였습니까?					

척도설명 5: '매우 만족(친절)' 또는 '매우 그렇다'
4: '만족(친절)' 또는 '그렇다'
3: '보통'
2: '불만족(불친절)' 또는 '그렇지 않다'
1: '매우 불만족(불친절)' 또는 '매우 그렇지 않다'

CHAPTER

18 서비스평가사 자격증 시험 예상문제

01 미스테리 쇼핑의 유래로 적당한 말은?

① 매출증대를 위하여
② 고객관리 차원에서
③ 종업원의 절도를 막기 위해
④ 품위 유지를 위하여

02 서비스평가사와 유사한 의미로 사용하지 않는 용어는?

① 암행평가사 ② 미스테리 쇼퍼
③ 모니터링 요원 ④ 민간조사원

03 다음 중에서 서비스평가사의 주 활동분야와 거리가 가장 먼 것은?

① 호텔업 ② 판매업
③ 제조업 ④ 공공서비스

04 국제 미스테리 쇼핑 산업협회를 부르는 약칭은?

① MSPA ② MBTI
③ FRMS ④ MOPA

05 다음 중 서비스평가사가 대상을 방문하여 평가하는 항목과 가장 거리가 먼 것은?

① 상품수준
② 직원의 서비스수준
③ 월급여 수준
④ 서비스 환경

06 유통매장에서의 평가사항으로서 관계가 가장 먼 것은?

① 직원들의 용모
② 매장의 외관
③ 제품에 대한 지식
④ 제공된 음식의 온도

07 레스토랑에서의 평가사항으로서 다음 중에서 관계가 가장 먼 것은?

① 음식의 시각적인 면
② 회사 이미지
③ 제공된 음식의 적절한 온도
④ 음식의 제공시간

08 금융기관에서 평가하는 사항으로서 가장 관계가 먼 것은?

① 직원의 상품제공서비스
② 직원의 투자상담서비스
③ 직원의 대출서비스 절차
④ 직원의 유니폼 색상

09 일반적인 평가보고서를 제출하는 시간으로서 거리가 가장 먼 것은?

① 1달 이내 ② 1주 이내
③ 24시간 이내 ④ 12시간 이내

정답 01.③ 02.④ 03.③ 04.① 05.③ 06.④ 07.② 08.④ 09.①

10 서비스평가사의 자질로 적절하지 것은?

① 주관적 판단력 ② 뛰어나 관찰력
③ 사교적 성격 ④ 기억력

11 서비스평가사로서 요구되는 필요능력이 아닌 것은?

① 의사소통 능력 ② 문서작성 능력
③ 컴플레인 대처능력 ④ 컴퓨터 활용능력

12 미스테리 쇼퍼의 자격요건과 관계가 먼 것은?

① 대상에 대한 학습의지
② 정확하고 구체적인 평가
③ 노출되지 않도록 주의
④ 주위의 시선을 집중시킴

13 서비스평가사 자격증을 필요로 하는 대상과 관계가 가장 먼 사람은?

① 경력단절 여성
② 서비스업종에 근무하거나 경영할 사람
③ 진학을 목적으로 한 사람
④ 1인 기업으로 경영할 사람

14 서비스평가사의 정의에 맞는 설명으로 적당하지 않은 것은?

① 훈련된 종사원이 신분을 감추고 고객으로 위장한다.
② 비밀리에 점검한다.
③ 기준에 맞는 서비스와 환경을 평가한다.
④ 매출 증진을 위해 노력한다.

15 다음 중 미스테리 쇼핑의 목적과 거리가 가장 먼 것은?

① 종사자들의 재교육 계획 지원
② 단골고객 확보
③ 고객만족도 향상을 위해
④ 서비스 개선

16 다음 중 서비스평가사의 책임과 거리가 먼 것은?

① 업체에 노출되지 않음
② 공정하고 정확한 평가
③ 비밀 유지
④ 주관적인 상황 묘사

17 다음 미스테리 쇼핑의 서비스항목 주의사항에 해당하지 않는 것은?

① 매장 입구에서 대기시간을 먼저 물어보지 않음
② 호출 시 서버가 오기까지의 시간
③ 컴플레인 대처능력
④ 식사 후의 고객 응대

18 다음 미스테리 쇼핑의 관리항목 주의사항에 포함되지 않는 것은?

① 메뉴에 대한 설명
② 직원들의 용모, 복장 상태
③ 컴플레인 대처능력
④ 매니저의 통솔력

19 다음 중 서비스평가사로서 현장에서 주의해야 할 사항으로 가장 거리가 먼 것은?

① 너무 많은 질문은 삼가
② 체크리스트 필히 지참
③ 직원들의 명찰을 확인하려 애쓰지 않음
④ 두리번거리지 않음

정답 10.① 11.③ 12.④ 13.③ 14.④ 15.② 16.④ 17.③ 18.① 19.②

20 잘못된 평가가 발생하는 이유로 적당하지 않은 것은?

① 체크리스트 숙지 미흡
② 평가사항에 대한 이해 부족
③ 신속하지 못한 보고서 작성
④ 혼자서 방문하여 평가

21 다음 중 서비스평가 항목에서 음식부문의 평가 항목이 아닌 것은?

① 제공 시간 ② 음식 맛
③ 음식 온도 ④ 음식 재료

22 다음 중 평가보고서 작성방법이 아닌 것은?

① 평가의견의 끝은 '~임'형식
② 주관적 판단의견
③ 구체적이고 타당성 있는 점수 설명
④ 채팅채 사용 금지

23 외식업에서 평가내용 중 테이블 정리 및 계산은 어느 항목에 들어가는가?

① 서비스평가 ② 맛평가
③ 서비스 환경평가 ④ 관리평가

24 보고서 작성 시 평가방법 중 통계에는 어려움이 있으나 세부적인 묘사가 가능한 것은?

① 정량평가 ② 정성평가
③ 주관평가 ④ 상대평가

25 미스테리 쇼핑 시 주의할 사항 중 틀린 것은?

① 방문 전에 체크리스트를 자세히 살펴본다.
② 되도록 많은 질문을 한다.
③ 방문업체에 어울리는 복장을 한다.
④ 직원들의 이름을 확인한다.

26 잘못된 평가가 발생하는 이유로 틀린 것은?

① 고객의 요구 불이행
② 평가사항에 대한 이해 부족
③ 구체적이지 못한 서술평가
④ 신속한 보고서 작성

27 체크리스트 작성 시 요구되는 필요사항 중 맞는 것은?

① 객관성과 내구성
② 주관성과 타당성
③ 객관성과 타당성
④ 주관성과 내구성

28 구체적 응답으로 맞는 것은?

① 맛있다.
② 비교대상이나 취향 얘기하기
③ 인테리어가 좋다.
④ 친절하다.

29 체크리스트 작성 시의 주의사항 중 틀린 것은?

① 누락주의
② 일관성 유지
③ 주관적 응답
④ 구체성 확보

30 화장실은 더러운가?에 대한 항목에 대한 올바른 평가는?

① 예(깨끗함, 점수는 상)
② 아니요(더러움, 점수는 하)
③ 아니요(깨끗함, 점수는 하)
④ 예(더러움, 점수는 하)

정답 20. ④ 21.④ 22.② 23.① 24.② 25.② 26.④ 27.③ 28.② 29.③ 30.④

31 잘된 평가보고서 작성의 기준 중 가장 거리가 먼 것은?

① 한 항목도 빠뜨림 없이 기재
② 구체적이고 긴 내용의 문장
③ 내가 경험한 직원 외의 다른 곳의 행동에도 주시
④ 신속한 보고서 작성 및 제출

32 세부적인 묘사가 어렵지만 통계적인 평가가 가능한 평가방법은?

① 정성평가 ② 구두평가
③ 정량평가 ④ 주관평가

33 다음 중에서 서비스평가사로서 준비하여야 할 사항이 아닌 것은?

① 대상지의 체크리스트 지침서 점검
② 평가하기 위한 시나리오 작성
③ 예측치 못한 상황의 대처능력
④ 평가사로서 현장에 어울리는 복장

34 서비스평가 중에 현장에서 해야 할 내용으로 거리가 먼 것은?

① 녹음기를 사용한다.
② 사진기를 활용한다.
③ 중간에 내용을 메모해 두는 것이 좋다.
④ 일행과 평가내용을 자세히 얘기한다.

35 미스테리 쇼핑의 결과로 인한 영향으로 볼 수 없는 것은?

① 경영 전략의 변화
② 종사원의 인사고과
③ 대상지의 매출 향상
④ 직원들의 직무능력

36 이미지에 대한 설명으로 올바르지 않은 것은?

① 남에 눈에 비쳐진 나의 모습
② 첫인상의 기회는 단 한번이다.
③ 한번 결정된 이미지도 바꾸기 쉽다.
④ 첫인상은 빠르게 결정된다.

37 이미지 형성 요소에서 시각적 요소가 아닌 것은?

① 억양 ② 태도
③ 표정 ③ 제스처

38 호감 가는 시선관리가 아닌 것은?

① 부드러운 시선으로 눈맞춤
② 상대방의 코 정도 위치를 보며 대화
③ 상대방이 이름을 부를 때 시선을 마주침
④ 눈을 자주 깜빡거림

39 밝은 표정과 미소의 효과로서 가장 거리가 먼 것은?

① 건강증진 효과
② 마인드컨트롤 효과
③ 감정이입 효과
④ 다이어트 효과

40 인사의 의미를 설명한 것 중에서 가장 거리가 먼 것은?

① 마음가짐의 외적 표현
② 상대방에 대한 존경심과 친절
③ 형식적인 대인관계에서 필요
④ 상대방보다 자신을 위한 것

41 인사의 5대 포인트에서 T.P.O.의 설명이 아닌 것은?

① Time ② Point
③ Place ④ Occasion

정답 31.② 32.③ 33.③ 34.④ 35.③ 36.③ 37.① 38.④ 39.④ 40.③ 41.②

42 일반적인 인사로서 보통례라고도 하며 보편적으로 처음하는 인사의 설명으로 맞는 것은?

① 고개를 15도 정도 굽힌다.
② 상체를 30도 정도 굽힌다.
③ 상체를 45도 정도 굽힌다.
④ 상체를 90도 정도 굽힌다.

43 여성의 경우 단정한 용모의 설명으로 옳지 않은 것은?

① 밝고 호감가는 표정을 한다.
② 화장은 밝고 청결한 느낌을 주도록 한다.
③ 진한 느낌을 주지 않게 향수를 뿌린다.
④ 화장을 전혀 하지 않는다.

44 여성의 세련된 복장으로서 적절하지 않은 것은?

① 피부색과 가까운 것은 피한다.
② 무늬 있는 색은 피한다.
③ 올이 나갔거나 늘어진 것은 피한다.
④ 여분의 스타킹을 준비한다.

45 남성의 단정한 용모로서 적절하지 않은 것은?

① 앞머리는 이마를 가리지 않는다.
② 옆머리는 귀를 덮는다.
③ 뒷머리는 드레스깃을 넘지 않는다.
④ 흰 머리는 염색으로 깔끔하게 정리한다.

46 친근감을 주는 자세로서 서 있는 자세로 바르지 않은 것은?

① 시선을 정면보다 위를 향한다.
② 손은 가지런히 바지 재봉선에 붙인다.
③ 시선은 정면보다 약간 아래를 향한다.
④ 양발의 뒤꿈치를 붙인다.

47 고객에게 방향이나 안내할 시에 바른 방법은?

① 손바닥으로 안내
② 손가락으로 안내
③ 볼펜으로 안내
④ 눈으로 안내

48 대화의 1, 2, 3화법의 설명으로 바르지 않은 것은?

① 1번 말하고
② 2번 듣고
③ 3번 맞장구 치고
④ 3번 눈인사 한다.

49 경어의 종류에서 자신을 낮추어 하는 말은?

① 겸손어
② 경어
③ 경청어
④ 정중어

50 적극적 경청의 7가지 법칙에 들어가지 않는 것은?

① 말하는 사람을 주시하라.
② 가끔 상대방 쪽으로 몸을 기울여라.
③ 질문은 하지 마라.
④ 말하는 중에 끼어들지 마라.

51 커뮤니케이션에서 말할 때의 유의점이 아닌 것은?

① 내용의 요점을 강조하여 반복한다.
② 밝은 표정으로 상대방을 본다.
③ 상황에 맞는 호칭과 경어를 사용한다.
④ 내 입장을 고려하여 말한다.

정답 42.② 43.④ 44.① 45.② 46.① 47.① 48.④ 49.① 50.③ 51.④

52 다음 중 호감가는 부드러운 화법과 거리가 가장 먼 것은?

① 확인해 보겠습니다.
② 휴대폰에 문자가 표시됩니다.
③ 전화 돌려드리겠습니다.
④ 내용 확인하여 연락드리겠습니다.

53 전화 불만고객에 대한 응대 요령으로 바르지 않은 것은?

① 사과로부터 시작하라.
② 회사의 규정을 먼저 알려준다.
③ 불평에 공감하고 적극적인 경청을 한다.
④ 사유를 설명하고 대안을 제시한다.

54 사람이 첫인상을 결정하는 세 가지 요인에 해당하지 않는 것은?

① 시각적인 요인 ② 청각적인 요인
③ 후각적인 요인 ④ 언어적인 요인

55 서비스 종사원의 대기 시 자세에 대한 설명으로 바르지 않은 것은?

① 가슴을 펴고 바른 자세를 취한다.
② 두 다리는 붙여서 앞이 45도가량 벌린다.
③ 항상 고객을 주시한다.
④ 양손을 뒤로 하고 대기한다.

56 직원의 주문받는 상황을 설명한 것이라고 볼 수 없는 것은?

① 고객에게 재촉하는 인상을 주지 않음
② 품절 제품을 확인함
③ 비싼 음식을 우선적으로 추천함
④ 잘못된 주문은 자세한 정보를 제공함

57 다음 중에서 레스토랑 미스테리 쇼핑 시의 일반적인 평가대상이 아닌 것은?

① 서비스 관련 ② 메뉴 관련
③ 위생 관련 ④ 인테리어 관련

58 다음 중에서 메뉴 관련 평가내용으로 거리가 먼 것은?

① 음식의 맛
② 그릇에 담긴 형태
③ 음식의 적절한 온도
④ 음식점의 시설

59 고객들이 서비스 본질을 느끼고 평가하게 되는 순간을 무엇이라 하는가?

① 결정적 순간 ② 간접적 순간
③ 직접적 순간 ④ 평가적 순간

60 서비스 품질평가에서 고객의 동선에 따른 종사원의 접객능력 평가내용과 관계가 먼 것은?

① 위치 ② 동작
③ 표정 ④ 성별

61 다음 중 서비스평가사의 역량으로 필요하지 않은 것은?

① 분석력 ② 표현력
③ 기억력 ④ 상상력

62 서비스평가사의 역량조건으로 보기 어려운 것은?

① 노출방지
② 주관적 감정
③ 상황의 정확한 이해
④ 상황의 정확한 표현

정답 52.③ 53.② 54.③ 55.④ 56.③ 57.④ 58.④ 59.① 60.④ 61.④ 62.②

63 미스테리 쇼핑을 할 경우 평가하여야 할 내용과 거리가 먼 것은?

① Human Ware ② Soft Ware
③ Broad Ware ④ Hard Ware

64 서비스와 일이 처리되는 속도와 정확성 등 무형요소에 대한 고객의 인상과 평가를 말하는 것은?

① Soft Ware ② Hard Ware
③ Human Ware ④ Broad Ware

65 질문을 잘 함으로써의 이점이 아닌 것은?

① 불필요한 말을 줄일 수 있다.
② 자신감이 생긴다.
③ 시간을 단축할 수 있다.
④ 부정적인 결과를 가져올 수 있다.

66 미스테리 쇼핑 보고서 작성방법으로 옳지 않은 것은?

① 평가 결과를 쉽게 이해할 수 있어야 한다.
② 의사결정을 쉽게 내릴 수 있는 정보를 제공해야 한다.
③ 보고서의 내용은 많을수록 좋다.
④ 고객이 누구인지에 대한 검토가 선행되야 한다.

67 잘못된 서비스 제공으로 인한 실패를 회복해야 할 때 권유사항이 아닌 것은?

① 문제를 인정한다.
② 원인을 설명한다.
③ 고객이 알아서 하도록 한다.
④ 해결대안을 제시한다.

68 고객이 특별한 요구를 하거나 욕구에 대한 해결을 요구할 때의 금지사항이 아닌 것은?

① 수용하려 애쓴다.
② 약속을 하지만 지키지 않는다.
③ 고객을 당황하게 만든다.
③ 책임을 전가한다.

69 고객 서비스 실천항목으로 거리가 먼 것은?

① 고객을 중요하게 내가 먼저 생각하라.
② 고객에게 관심을 가져라.
③ 적극적으로 듣는다는 태도를 표현하라.
④ 자기를 잘 내세워라.

70 전화 받기에서 고객문의에 대한 경청방법이 아닌 것은?

① 고객의 말을 중간에 툭툭 끊지 않는다.
② "네, 네"를 습관적으로 표현하라.
③ 고객에게 호응 표현을 꼭 하도록 한다.
④ "아, 네 ~~그러셨어요?"라고 표현한다.

71 평가의견서 작성하는 방법으로 옳지 않은 것은?

① 점수의 근거를 명확하게 한다.
② 평가의견의 끝은 ~합니다, ~입니다 등의 형식으로 한다.
③ 주관적이고 과격한 표현은 자제한다.
④ 구체적으로 작성해야 한다.

72 전화 불만고객에 대한 응대 요령이 아닌 것은?

① 사과부터 시작하라.
② 해결해 주지 못하는 사유를 설명한다.
③ 고객의 불평에 공감한다.
④ 거듭 사과하고 감사를 표하라.

정답 63.③ 64.① 65.④ 66.③ 67.③ 68.① 69.④ 70.② 71.② 72.②

73 서비스평가사로서 꼭 지켜야 하는 것이 아닌 것은?

① 업체에 노출되지 않아야 한다.
② 공정하게 주관적인 평가를 한다.
③ 정확한 상황표현을 구체적으로 한다.
④ 보고서 기한을 엄수하고 비밀을 지킨다.

74 우수리포트의 기준이 될 수 없는 것은?

① 구체적이고 짧은 문장으로 정확하게 기재
② 객관적이고 사실적으로 묘사
③ 정량평가와 정성평가를 일치
④ 내가 경험한 테이블만 정확하게 묘사

75 정성평가의 장점을 설명한 것은?

① 세부적인 묘사가 가능하다.
② 통계적인 평가가 가능하다.
③ 정량적으로 평가를 할 수 있다.
④ 주관적인 평가가 가능하다.

76 이미지 형성요소로서 시각적 요소가 아닌 것은?

① 태도 ② 어조
③ 제스처 ④ 표정

77 다음 중 고객 응대 자세로 바르지 않은 것은?

① 고객 응대 시 모든 자세와 동작은 목례와 함께한다.
② 물건을 전달할 경우 가슴선 위로 전달한다.
③ 주고받을 때는 두 손으로 전달한다.
④ 고객에 대한 안내와 전달 동작은 말과 함께한다.

78 경어의 종류가 아닌 것은?

① 경청어 ② 경어
③ 겸손어 ④ 정중어

79 말할 때 유의할 점이 아닌 것은?

① 말하기 전에 내용을 미리 마음속에 정리한다.
② 내용의 요점을 강조하여 반복한다.
③ 밝은 표정으로 상대방을 보면서 말한다.
④ 정확하게 빠른 속도로 말한다.

80 서비스 모니터링을 올바르게 설명하는 것이 아닌 것은?

① 관찰, 측정이라는 의미
② 서비스 품질을 관찰하는 행위
③ 방문평가를 기본으로 진행
④ 미스테리 쇼핑과 유사

81 미스테리 쇼핑이 기업에 주는 혜택이 아닌 것은?

① 기업의 장점을 살리기
② 약점을 보완, 개선하기
③ 차별화된 서비스 경쟁력을 바탕으로 한 도약의 기회를 얻기
④ 경쟁사의 약점을 분석하여 비즈니스 성공을 목표로 하기

82 고객경험관리를 통한 서비스 접점에서의 미스테리 쇼핑기법 중 잘못된 것은?

① 동일한 조건 ② 동일한 사람
③ 동일한 점검표 ④ 동일한 기준

정답 73.② 74.④ 75.① 76.② 77.② 78.① 79.④ 80.③ 81.④ 82.②

83 서비스평가사 역량조건 중 거리가 가장 먼 것은?

① 노출 방지
② 상황의 정확한 이해
③ 상황의 정확한 표현
④ 주관적 감정 노출

84 미스테리 쇼핑을 할 경우 어떠한 내용을 할 것인가에 대한 대상 구분 중 틀린 것은?

① Business ware ② Human ware
③ Soft ware ④ Hard ware

85 다음 중 서비스평가사의 역할과 거리가 가장 먼 것은?

① 고객의 입장에서 매장 직원들의 평상시 근무 및 고객 응대 태도에 대한 실태를 파악
② 고객에게 제공되는 음식들에 대한 모양, 온도, 식감, 제공 시간 등을 파악
③ 내, 외부 고객에 대한 진단을 실시
④ 고객의 입장에서 평가함으로 인해 내부 경영자 및 관리자 수준에서 발견되지 않은 매장의 정보를 획득

86 경청의 효과적인 방법 중 가장 거리가 먼 것은?

① 반복적 경청 ② 공감적 경청
③ 반응적 경청 ④ 탐색적 경청

87 타인에게 좋은 첫인상과 설득적이며 신뢰감을 줄 수 있는 메라비언 차트의 요소에 해당하지 않는 것은?

① 시각적 요소 ② 성향적 요소
③ 청각적 요소 ④ 말의 내용

88 3 YES 중 틀린 것은?

① 긍정의 YES ② 경청의 YES
③ 거절의 YES ④ 재확인의 YES

89 정중한 표현이 주는 이미지에 해당하는 것은?

① 고급스러운 이미지
② 안정적인 고객 응대
③ 귀빈으로의 대접
④ 기품 있는 직원

90 브랜드를 경험하게 하기 위한 조건으로 맞지 않는 것은?

① 직원의 친절함
② 서비스의 방향성
③ 직원의 서비스
④ 고객의 경험

91 다음 중 고객이 서비스 종사원에게 기대하는 것 중에서 가장 거리가 먼 것은?

① 친절성 ② 신뢰성
③ 꼼꼼함 ④ 신속성

92 고객의 신뢰를 얻기 위해 필요한 항목에서 가장 거리가 먼 것은?

① 고객만족
② 상호작용
③ 쌍방향의 서비스
④ 신념과 태도, 능력의 서비스

93 서비스받는 고객의 반응을 크게 4가지로 볼 때, 다음 중 가장 거리가 먼 것은?

① 충족 ② 무덤덤
③ 불만 ④ 기쁨

정답 83.④ 84.① 85.③ 86.④ 87.② 88.④ 89.② 90.① 91.③ 92.② 93.②

94 이미지를 형성하는 요소에 대한 설명 중 옳지 않은 것은?

① 이미지를 형성하는 데에는 언어적인 요소가 있다.
② 시각적인 요소로는 얼굴 표정, 옷차림, 자세 등을 말할 수 있다.
③ 청각적인 요소는 목소리, 어조, 음색 등이다.
④ 이미지를 형성하는 데 비언어적인 요소가 필요 없다.

95 상황별 인사방법의 연결이 잘못된 것은?

① 상대방이 멀리서 올 때 인사말을 먼저 하고 인사한다.
② 앉아서는 인사할 필요가 없다.
③ 전화 통화 중일 때 눈인사를 한다. 용무가 있을 경우, "잠시 기다려주시겠습니까"라고 부탁한다.
④ 업무 중 상사가 지나갈 때 앉아서 눈인사나 목례를 한다.

96 인사 자세에 대한 설명 중 맞는 것은?

① 여성은 평상시 왼손 위에 오른손이 오도록 한다.
② 남성은 평상시 오른손이 위에 오도록 한다.
③ 몸을 숙일 때 손은 그대로 움직이지 않도록 한다.
④ 상대를 향해서 바르게 서지 않도록 한다.

97 일반적인 인사 요령이 아닌 것은?

① 자세를 바르게 하고 상대의 눈을 본다.
② 숙일 때보다 조금 빠르게 속도를 하여 몸을 일으킨다.
③ 등을 펴고 허리에서 직선으로 정중하게 머리를 숙인다.
④ 손은 양옆에 붙인 채, 몸을 자연스럽게 따라 숙인다.

98 고객 응대에 대한 바른 예절이 아닌 것은?

① 명함은 명함지갑에 보관하도록 한다.
② 가급적 고객은 직접 안내해 드리는 것이 좋다.
③ 악수를 할 때, 혹 손이 땀에 젖었다면 닦고 하는 것이 예의이다.
④ 고객님이라는 호칭은 모든 고객이 좋아하므로 꼭 써야 한다.

99 고객 응대 자세에 대해 설명한 것 중 틀린 것은?

① 고객 응대 시 모든 자세와 동작은 목례와 함께한다.
② 물건의 경우 고객이 받기 편한 방향으로 전달한다.
③ 고객 응대 시 시선은 항상 고객의 눈을 응시해야 한다.
④ 모든 물건과 서류 전달은 허리선과 가슴선 사이에서 전달한다.

100 고객접점 응대 시 고객 응대를 위한 기본적인 자세라고 볼 수 없는 것은?

① 내가 회사를 대표하고 있다는 자세로 품위 있게 응대한다.
② 잘 모를 때에는 적절히 대답한 후 확인하여 차후에 알려주도록 한다.
③ 고객을 지위나 신분으로 차별하지 않도록 한다.
④ 고객의 성격과 스타일에 맞추어 응대하도록 노력한다.

정답 94.④ 95.② 96.① 97.② 98.④ 99.③ 100.②

101 다음 명함을 주고받는 요령 중 옳은 것은?

① 윗사람이 아랫사람에게 먼저 명함을 건넨다.
② 동시에 주고받을 때는 왼손으로 내밀며 오른손으로 받는다.
③ 상담 시 테이블 위에 올려놓고 보면서 이야기한다.
④ 모르는 한자가 있더라도 묻지 않는다.

102 다음 중 악수 예절의 순서로 맞는 것은?

① 지위가 높은 사람이 낮은 사람에게
② 나이가 어린 사람이 많은 사람에게
③ 남성이 여성에게
④ 후배가 선배에게

103 다음 소개 예절에서 소개의 순서로 맞지 않는 것은?

① 남성을 먼저 여성에게 소개
② 상사를 먼저 소개하고 부하직원을 나중에 소개
③ 어린 사람을 먼저 소개하고 나이 많은 사람을 소개
④ 지위/연령이 같은 경우 친한 사람부터 소개

104 깨진 유리창의 법칙의 특징으로 맞지 않는 것은?

① 투명 테이프로 숨길 수 있다.
② 사소한 곳에서 발생하고 예방이 쉽지 않다.
③ 제대로 수리하면 큰 보상을 준다.
④ 문제가 확인되더라도 소홀히 대응한다.

105 말할 때의 태도로 옳은 것은?

① 상대가 민망하므로 시선은 상대방의 얼굴에 두지 않는다.
② 팔짱을 끼거나 다리를 포개지 않는다.
③ 중간에 화제를 다른 데로 돌린다.
④ 나 혼자만 독점해서 말한다.

106 전화 응대의 3원칙이 아닌 것은?

① 신속 ② 친절
③ 정확 ④ 대기

107 전화 응대 서비스 요소에 해당하지 않는 것은?

① 목소리 조절 ② 통화 내용
③ 통화 태도 ④ 통화 예절

108 불만고객을 응대하는 기본자세가 아닌 것은?

① 사과 ② 사유 설명
③ 대안 제시 ④ 변명

109 다음 중 질문에 대한 대답으로 옳은 것은?

① 화장실은 깨끗한가? 예 (평가 : 상)
② 화장실은 깨끗한가? 예 (평가 : 하)
③ 화장실은 더러운가? 아니요 (평가 : 하)
④ 화장실은 더러운가? 예 (평가 : 상)

110 다음 중 미스테리 쇼핑 프로젝트 프로세스로 올바른 것은?

① 체크리스트 작성 → 미스테리 쇼핑 실시 → 선정 및 교육 → 자료수집 → 분석 및 보고
② 선정 및 교육 → 체크리스트 작성 → 미스테리 쇼핑 실시 → 자료수집 → 분석 및 보고

정답 101.③ 102.① 103.② 104.④ 105.② 106.④ 107.② 108.④ 109.① 110.②

③ 자료수집 → 체크리스트 작성 → 선정 및 교육 → 미스테리 쇼핑 실시 → 분석 및 보고
④ 체크리스트 작성 → 자료수집 → 선정 및 교육 → 분석 및 보고 → 미스테리 쇼핑 실시

111 보고서 작성 내용에 들어가지 않는 것은?

① 정량평가 ② 영수증
③ 정시평가 ④ 정성평가

112 호감을 주는 인사법에 해당하지 않는 것은?

① 허리를 굽혀서 인사한다.
② 시선은 상대를 향한다.
③ 고개를 숙이고 잠시 정지한다.
④ 여성은 왼손을 위로 한다.

113 MMS 시스템 모니터링 프로세스의 순서로 올바른 것은?

① 사전교육 → 문자로 PW/ID 부여 → 모니터 요원 선정 → 보고서 작성 → 체크리스트 확인 후 평가
② 모니터 요원 선정 → 사전교육 → 문자로 PW/ID 부여 → 체크리스트 확인 후 평가 → 보고서 작성
③ 문자로 PW/ID 부여 → 사전교육 → 모니터 요원 선정 → 보고서 작성 → 체크리스트 확인 후 평가
④ 사전교육 → 모니터 요원 선정 → 문자로 PW/ID 부여 → 보고서 작성 → 체크리스트 확인 후 평가

114 화장실 및 공공장소에서 할 수 있는 인사는?

① 부드러운 눈인사
② 가벼운 인사(목례)
③ 일반적 인사(보통례)
④ 정중한 인사

115 다음 중 에티켓에 대한 설명이 아닌 것은?

① 프랑스의 '꼬리표', '팻말'
② 사람들이 지켜야 할 기본적인 생활규범
③ 사람마다 가지고 있는 독특한 몸가짐이나 습관
④ 사람들 사이의 합리적 행동기준

116 고객에게 방향이나 안내할 시에 바른 방법은?

① 손바닥으로 안내 ② 손가락으로 안내
③ 볼펜으로 안내 ④ 눈으로 안내

117 서비스 종사원 대기 시의 자세에 대한 설명으로 바르지 않은 것은?

① 가슴을 펴고 바른 자세를 취한다.
② 두 다리는 붙여서 앞이 45도 되도록 벌린다.
③ 항상 고객을 주시한다.
④ 양손을 뒤로 하고 대기한다.

118 다음 중 고객 응대 자세로 바르지 않은 것은?

① 고객 응대 시 모든 자세와 동작은 목례와 함께
② 물건을 전달할 경우 가슴선 위로 전달
③ 고객에 대한 안내와 전달 동작은 말과 함께
④ 주고받을 때는 두 손으로 전달

정답 111.③ 112.④ 113.② 114.① 115.③ 116.① 117.④ 118.④

119 미스테리 쇼핑을 할 경우 어떠한 내용을 할 것인가에 대한 대상 구분 중 틀린 것은?

① Business Ware ② Human Ware
③ Soft Ware ④ Hard Ware

120 다음 중 서비스평가사의 역할과 거리가 가장 먼 것은?

① 고객의 입장에서 매장 직원들의 평상시 근무 및 고객 응대 태도에 대한 실태를 파악
② 고객에게 제공되는 음식들에 대한 모양, 온도, 식감, 제공 시간 등을 파악
③ 내, 외부 고객에 대한 진단 실시
④ 고객의 입장에서 평가함으로 인해 내부 경영자 및 관리자 수준에서 발견되지 않은 매장의 정보를 획득한다.

121 서비스평가사가 지켜야 할 책임으로 맞지 않는 것은?

① 업체에 노출되지 말아야 한다.
② 공정하고 정확한 평가를 해야 한다.
③ 보고서 작성 시 자세한 상황을 묘사할 필요는 없다
④ 비밀유지에 힘쓴다.

122 다음 중 미스테리 쇼핑의 윤리문제로 볼 수 없는 것은?

① 시험당하는 매장직원의 인권문제
② 경쟁사 조사 시 윤리문제
③ 조사원의 보호문제
④ 고객의 보호문제

123 방문 시 좋은 질문의 효과라고 볼 수 없는 것은?

① 효율적, 전문적인 상담을 할 수 있다.
② 경비를 절감할 수 있다.
③ 시간을 단축할 수 있다.
④ 자신감이 생긴다.

124 서비스평가사(Mystery Shopper)의 유래와 관련이 없는 것은?

① 소매점 업주들이 종업원의 절도를 막기 위해
② 사립탐정을 고용한 데서 유래
③ 1940년대 고객 서비스평가에 사용하기 시작
④ 미국 식품회사에서 처음 사용

125 고객이 서비스에 대한 지식과 경험이 풍부해 그 차이에 민감하게 반응하는 것을 무엇이라고 하는가?

① 서비스 가치
② Stock effect
③ 고객접점 임파워먼트
④ 서비스 패러독스

126 존 구드만 법칙을 설명한 것을 찾으시오.

① 고객이 평소에 이용하여 아무런 문제를 느끼지 못한 상태에서는 일반적으로 10% 정도의 재방문을 보이지만, 만약 불만사항을 말하러 온 손님에게 진지하게 응대했을 때 고객의 65%가 다시 온다는 법칙
② 고객만족도 지수를 설명한 것
③ 기업의 경쟁력은 고객에게 있다고 이야기한 것을 말한다.
④ 기업과 조직이 직접 위기에 직면하기 전 미리 대응해야 한다는 법칙이다.

정답 119.① 120.③ 121.③ 122.④ 123.② 124.④ 125.② 126.①

127 불만고객을 효과적으로 대응하는 방법이 아닌 것은?

① 고객의 불만을 직접 듣도록 한다.
② 고객이 불만을 이야기할 수 있도록 경청 지역을 설치한다.
③ 접점 직원에게 권한을 부여한다.
④ 제기된 불만만을 해결한다.

128 감정을 색깔하하여 분류할 때 무덤덤한 푸른색의 고객에 대한 설명으로 옳지 않은 것은?

① 화가 난 결정적인 단서를 표현하지 않는다.
② 고객의 기분을 맞추어주도록 한다.
③ 일이 잘못되어 자신의 계획에 차질이 생신나면 무척 화를 낸다.
④ 고객의 기분을 알아주지 않을 때, 무척 서운해 한다.

129 고객불만 해결의 가장 좋은 시스템은 고객불만이 바로 처리되고 처음 접촉하였을 때 바로 처리되도록 하는 것이다. 이것을 무슨 시스템이라고 하는가?

① Fix it now
② CSI
③ 데미지 컨트롤
④ 리스크 매니지먼트

130 전화 응대 태도를 설명한 것 중 잘못된 것은?

① 전화 응대 시 자세는 고객을 마주 대한다는 생각으로 바른 자세를 취하도록 한다.
② 고객과의 전화 통화에 몰입하고 열중해야 한다.
③ 복잡한 용건을 주고받을 때는 반드시 메모하고 확인한다.
④ 얼굴이 보이지 않으니까, 목소리만 신경 써서 받는다.

131 전화 응대에서는 상대방에게 어떻게 언어를 표현하느냐도 중요하다. 다음 중 바르지 않게 설명한 것은?

① 전문용어보다는 이해하기 쉬운 용어로 선택한다.
② 시종 일관 상담용어로만 사용해서 전문화를 주어야 한다.
③ 부정형보다는 긍정형을 사용한다.
④ 플러스 대화법을 활용하도록 한다.

132 불평 전화를 받았을 때 응대가 잘못된 것은?

① 일단 고객의 말을 끝까지 듣는다.
② 사실을 확인하기 전에 먼저 사과하고 불만사항을 해결한다.
③ 일단 상황을 먼저 듣도록 한다.
④ 상황이 종료된 후에도 해피콜을 하도록 한다.

133 전화가 주는 업무능력을 설명하지 않은 것은?

① 시간이 효율화될 수 있다.
② 경비가 절감될 수 있다.
③ 정보가 효율화될 수 있다.
④ 행동이 바뀔 수 있다.

134 전화 응대의 ART 응대방법에 대해 잘못 설명한 것은?

① A : 태도를 정중하게 응대하기
② R : 공감적으로 수용하기
③ A : 적극적으로 응대하기
④ T : 신뢰관계 형성하기

정답 127.④ 128.③ 129.① 130.④ 131.② 132.③ 133.④ 134.①

135 전화는 보이지 않는 얼굴이라고 할 정도로 기업에서는 중요하다. 전화의 중요한 특성이 아닌 것은?

① 보안이 되지 않기 때문에 잘 들어야 한다.
② 얼굴이 보이지 않기 때문에 회사의 이미지가 결정된다.
③ 오해가 발생할 수 있다.
④ 회사 비용의 전화니까 편하게 사용해도 된다.

136 텔레커뮤니케이션의 3가지 요소가 아닌 것은?

① 경청능력 ② 태도
③ 언어 ④ 음성

137 Hard Were적 접점이라고 볼 수 없는 것은?

① 사무실 ② 주차장
③ 상품 ④ 시스템

138 진실의 순간(Moments of Truth)의 개념을 서비스 현장에 최초로 도입한 최고 경영자는 누구인가?

① 잭 웰치(제너럴 일렉트릭)
② 얀 칼슨(스칸디나비아 항공)
③ 포드(포드자동차)
④ 레이 크록(맥도날드)

139 고객접점에 대한 설명 중 적절하지 않은 것은?

① 진실의 순간(MOT)이라 말할 수 있으며 기업의 성공과 실패를 가늠한다.
② 회사에서 직원 한 사람이 고객과 만나는 짧은 시간에 회사 전체의 인상이 결정된다.
③ 고객이 특별한 요구를 할 때 회사 내의 규정과 방침을 설명하며 이해를 구한다.
④ 관리자들은 고객에 대한 표준 접점의 대상이 되지 않는다.

140 다음 중 고객만족 서비스 품질을 결정하는 요소에 대한 설명이 바르지 못한 것은?

① 대응성 : 위험, 리스크, 의심으로부터의 자유, 육체적·금전적 안전, 비밀보장 등을 의미한다.
② 신뢰성 : 약속된 서비스를 정확하게 수행하는 능력을 의미한다.
③ 숙련성 : 서비스를 수행하는 데 요구되는 숙련과 지식의 소유, 접촉자의 지식과 숙련, 조직의 연구능력 등을 의미한다.
④ 접근성 : 접근의 용이함, 전화로 쉽게 접근 가능, 전화 대기시간, 편리한 영업시간, 편리한 입지 등을 의미한다.

141 다음 중 MOT의 3요소를 바르게 설명하지 못한 것은?

① Human Ware적 접점은 직원의 고객지향적인 정신과 고객이 만나는 접점인 인적 요소를 의미한다.
② Human Ware적 접점은 직원의 판단과 행동양식이 고객의 만족도에 직접 영향을 주게 된다.
③ Soft Ware적 접점은 서비스와 일이 처리되는 속도와 정확성 등 무형요소에 대한 고객의 인상과 평가를 말한다.
④ Hard Ware적 접점은 고객이 느끼는 프로세스를 의미한다.

정답 135.④ 136.② 137.④ 138.② 139.④ 140.① 141.④

142 고객접점 응대 시 고객 응대를 위한 기본적인 자세라고 볼 수 없는 것은?

① 내가 회사를 대표하고 있다는 자세로 품위 있게 응대한다.
② 잘 모를 때에는 적절히 대답한 후 확인하여 차후에 알려주도록 한다.
③ 고객을 지위나 신분으로 차별하지 않도록 한다.
④ 고객의 성격과 스타일에 맞추어 응대하도록 노력한다.

143 고객접점에서 고객만족 서비스에 대한 설명으로 틀린 것은?

① 고객에게 주의를 집중하고 응대한다.
② 기계적이지 않고 자연스러운 행동으로 열정적으로 응대한다.
③ 회사의 원칙을 내세워 고객을 이해시킨다.
④ 나는 고객의 대리인이라는 마음으로 고객의 문제에 대해 깊이 생각하고 응대한다.

144 고객 응대 자세에 대한 설명 중 틀린 것은?

① 고객 응대 시 모든 자세와 동작은 목례와 함께한다.
② 물건의 경우 고객이 받기 편한 방향으로 전달한다.
③ 고객 응대 시 시선은 항상 고객의 눈을 응시한다.
④ 모든 물건과 서류 전달은 허리선과 가슴선 사이에서 전달한다.

145 명함 예절에 대한 설명이 아닌 것은?

① 명함은 아무 곳이나 깨끗하게 보관하면 된다.
② 상대방의 명함으로 부채질을 하는 행위는 잘못된 것이다.
③ 명함은 아랫사람이 윗사람에게 먼저 드리는 것이다.
④ 명함은 받은 후에 반드시 소속과 이름을 확인한다.

146 소개 예절에 대한 설명 중 맞는 것은?

① 직원을 손님에게 소개해야 한다.
② 직위가 높은 분에게 직위가 낮은 사람을 소개해야 한다.
③ 여성을 남성에게 소개한다.
④ 연령이 다른 경우 연장자를 먼저 소개하고 다음에 연소자를 소개한다.

147 악수 예절에 어긋나는 것은?

① 악수는 지위가 높은 사람이 낮은 사람에게 먼저 권한다.
② 악수를 할 때, 땀은 닦고 하도록 한다.
③ 왼손잡이일 경우, 부득이하지만, 왼손으로 하는 것은 괜찮다.
④ 악수를 할 때는 데드 피시가 되지 않도록 신경쓴다.

148 고객 안내 시 예절에 대한 설명 중 맞는 것은?

① 방향 안내 시 손의 위치는 허리 높이에 의해 조절한다.
② 계단 안내 시 올라갈 때는 고객이 먼저 올라가는 것이 예의이다.
③ 방향 안내 시 고객의 위치를 고려하지 않는다.
④ 엘리베이터 안내자가 있을 때 고객이 나중에 타고 먼저 내리게 한다.

정답 142.② 143.③ 144.③ 145.① 146.② 147.③ 148.②

149 사람마다 가지고 있는 자신만의 독특한 습관이나 몸가짐을 OOO이라고 한다. OOO 안에 들어갈 말은 무엇일까요?

① Manner(매너)
② Etiquette(에티켓)
③ Service(서비스)
④ Attitude(태도)

150 고객 응대에 대한 바른 예절이 아닌 것은?

① 명함은 명함지갑에 보관하도록 한다.
② 가급적 고객은 직접 안내해 드리는 것이 좋다.
③ 악수를 할 때, 혹 손이 땀에 젖었다면 닦고 하는 것이 예의이다.
④ 고객님이라는 호칭은 모든 고객이 좋아하므로 꼭 써야 한다.

151 깨진 유리창 이론에 대한 설명 중 바른 것은?

① 깨진 유리창 이론은 범죄학 이론이었는데 비즈니스에 도입해 큰 성공을 얻은 이론이다.
② 깨진 유리창은 고객이 감동받는 사례를 이야기한 것이다.
③ 깨진 유리창 이론은 기업의 큰 문제를 해결하면 사소한 문제들은 저절로 해결된다는 이론이다.
④ 깨진 유리창은 예방하고 수리해도 소용이 없는 것이다.

152 깨진 유리창 이론의 특징이 아닌 것은?

① 사소한 것에서 발생하며 예방이 쉽지 않다.
② 문제가 확인되어도 소홀하게 대응한다.
③ 깨진 유리창은 투명테이프로 숨길 수 있다.
④ 문제가 커진 후 치료하려면 몇 배의 시간과 노력이 필요하다.

153 깨진 유리창의 점검대상이 아닌 것은?

① 회사 내부의 청결상태
② 회사 내부 직원의 조직도
③ 고객의 사후관리 서비스
④ 직원의 유니폼 착용 여부 등 관리상태 여부

154 다음은 깨진 유리창을 예방하는 방안이다. 해당되지 않는 것은?

① 고객을 상냥하고 친절하게 도울 수 있는 직원을 채용하라.
② 고객 서비스 직원을 끊임없이 훈련하라.
③ 고객은 변화하는 것을 싫어하므로 이전 방법만 고집한다.
④ 고객을 기다리게 하지 마라.

155 깨진 유리창 이론을 설명한 것 중 틀린 것은?

① 비즈니스 세계에서는 고객의 인식이 가장 중요하다.
② 고객은 불만을 쉽게 말하지 않는다.
③ 깨진 유리창은 감춰지지 않는다.
④ 깨진 유리창은 깨진 유리창 부분만 수리하면 된다는 이론이다.

156 기업의 깨진 유리창 점검 중에서 하드웨어의 시스템적인 깨진 유리창이 아닌 것은 무엇일까?

① 불편한 교통편의
② 주차장의 불편사항
③ 직원의 불친절한 태도
④ 청결상태가 불결한 것

정답 149.① 150.④ 151.① 152.③ 153.② 154.③ 155.④ 156.③

157 인사의 5대 포인트에 해당되지 않는 것은?

① 내가 먼저 한다.
② 표정은 밝게 한다.
③ 인사말을 명랑하고 분명하게 한다.
④ 아이 컨택을 하지 않으며 인사한다.

158 상황별 인사방법의 연결이 잘못된 것은?

① 상대방이 멀리서 올 때 인사말을 먼저 하고 인사한다.
② 앉아서는 인사할 필요가 없다.
③ 전화 통화 중일 때 눈인사를 한다. 용무가 있을 경우, "잠시 기다려주시겠습니까"라고 부탁한다.
④ 업무 중 상사가 지나갈 때 앉아서 눈인사나 목례를 한다.

159 인사 자세에 대한 설명 중 맞는 것은?

① 여성은 평상시 왼손 위에 오른손이 오도록 한다.
② 남성은 평상시 오른손이 위에 오도록 한다.
③ 몸을 숙일 때 손은 그대로 움직이지 않도록 한다.
④ 상대를 향해서 바르게 서지 않도록 한다.

160 일반적인 인사 요령이 아닌 것은?

① 자세를 바르게 하고 상대의 눈을 본다.
② 숙일 때보다 조금 빠른 속도로 몸을 일으킨다.
③ 등을 펴고 허리에서 직선으로 정중하게 머리를 숙인다.
④ 손은 양옆에 붙인 채, 몸을 자연스럽게 따라 숙인다.

161 인사방법에 대한 설명 중 그릇된 것은?

① 목례 : 고객을 맞이할 때 하는 인사이다.
② 목례 : 고객을 응대하거나 계단에서 고객을 자주 만날 때 한다.
③ 정중례 : 고객에게 감사하거나 죄송할 때 한다.
④ 보통례 : 고객에게 일반적으로 하는 인사이다.

162 인사는 무엇보다 상황에 맞춰서 해야 한다. 상황에 맞는 인사에 대한 설명 중 틀린 것은?

① Time
② Place
③ Occasion
④ People

163 인사의 의미에 대한 설명 중 틀린 것은?

① 마음에서 우러나오는 만남의 첫걸음이다.
② 마음가짐의 외적 표현이다.
③ 인사는 자기 자신보다는 상대방을 위해서 한다.
④ 상대방에 대한 존경심과 친절을 나타내는 형식이다.

164 감성 서비스의 3단계 표현에 해당하지 않는 것은?

① 고객을 환영하는 단계
② 고객을 배웅하는 단계
③ 친근하게 맞이하는 단계
④ 칭찬과 감사로 마음의 문을 여는 단계

정답 157.④ 158.② 159.① 160.② 161.① 162.④ 163.③ 164.②

165 감성 표현 중 칭찬의 여러 가지 스킬이 아닌 것은?

① 사회적 인정, 존경의 표현을 칭찬한다.
② 장기 거래 회원과 고객에 대한 감사의 표현을 칭찬한다.
③ 구체적인 고객의 행동이나 장점을 칭찬한다.
④ 일반적인 칭찬만 하면 된다.

166 감성 서비스에 대한 여러 예 중 잘못된 것은?

① 고객에게는 항상 90도의 정중례만 해야 한다.
② 오감을 자극하는 감성 서비스를 제공한다.
③ 고객에게 상황에 맞는 인사말을 한다.
④ 자연스럽고 적극적인 접근을 한다.

167 고객의 wants에 해당되지 않는 것은?

① 고객 스스로에게 맞는 맞춤상담을 한다.
② 가족 같은 서비스를 제공한다.
③ 특별대우를 받는다는 느낌이 들도록 한다.
④ 정확하게 업무처리를 한다.

168 여성 고객이 지니고 있는 감성 심리에 대해 설명한 것 중 잘못된 것은?

① 언어관계를 중시한다.
② 좌뇌와 우뇌의 뚜렷한 구분
③ 신뢰, 호감도를 중시한다.
④ 25,000단어를 하루에 사용한다.

169 고객을 사로잡는 백만 불의 첫인상이 주는 효과가 아닌 것은?

① 회사의 외적 이미지가 강화된다.
② 내적 이미지와 외적 이미지가 어우러져 시너지 효과를 얻게 된다.
③ 개인뿐 아니라 회사를 찾는 고객이 많아진다.
④ 고객만 많아지고 얻는 소득은 별로 없다.

170 표정의 중요성에 대해 설명한 것이 아닌 것은?

① 회사의 첫인상을 좋게 한다.
② 자신과 상대방을 즐겁게 해준다.
③ 고객만 좋지 나 자신은 너무 힘들다.
④ 업무가 효율적으로 진행된다.

171 회사를 백만 불의 첫인상으로 만드는 요소는 무엇일까?

① 직원들의 고객을 대하는 밝은 표정
② 고객의 이야기를 무시하는 듯한 표정
③ 아무렇게나 입고 있는 유니폼
④ 고객에게 함부로 대하는 말투

172 고객에게 긍정적인 이미지를 주는 것은?

① 비딱하게 서 있는 자세
② 책상 위에 있는 지저분한 서류
③ 고객이 오면 밝게 일어나서 응대하는 직원의 표정
④ 덧붙임의 인사말

173 이미지를 형성하는 요소에 대한 설명 중 옳지 않은 것은?

① 이미지를 형성하는 데에는 언어적인 요소가 있다.
② 시각적인 요소로는 얼굴 표정, 옷차림, 자세 등을 말할 수 있다.
③ 청각적인 요소로는 목소리, 어조, 음색 등이 있다.
④ 이미지를 형성하는 데 비언어적인 요소는 필요 없다.

정답 165.④ 166.① 167.④ 168.② 169.④ 170.③ 171.① 172.③ 173.④

174 첫인상을 결정짓는 요인 중 가장 많은 영향을 주는 요소는 무엇일까?

① 시각적인 요소 ② 청각적인 요소
③ 대화의 내용 ④ 내면적 요소

175 고객에게 신뢰를 얻기 위해 필요한 4가지 항목이 아닌 것은?

① 제품에 대한 지식 ② 달변의 기술
③ 회사에 대한 지식 ④ 문제해결의 능력

176 프로 서비스 직원으로서 갖추어야 할 경쟁력 중 프로 마인드에 해당되지 않은 것은?

① 프로로서의 서비스 마인드
② 진정한 서비스 정신과 사명의식
③ 고품질의 서비스
④ 형식적인 서비스 마인드

177 젝 웰치는 서비스 리더에게 필요한 4E를 말한 바 있다. 해당하지 않는 것은?

① 끊임없는 연습
② 조직에 활력을 불어넣는 에너지
③ 중요한 결정을 현명하게 내릴 줄 아는 결단력
④ 조직원들에게 동기부여를 주는 것

178 제조업과 서비스업의 고객만족 구성요인을 비교한 것을 설명한 것 중 잘못된 것은?

① 고객에게 만족을 주는 요인은 업종과 상관없이 보편적이다.
② 서비스업의 가장 중요한 핵심요소는 인적 요소이다.
③ 제조업의 가장 중요한 핵심요소는 제품, 기술 요소이다.
④ 서비스 리더십의 핵심요소는 제품과 기술 요소이다.

179 서비스 리더십의 3요소에 해당하지 않는 것은?

① 고객만족
② 상호작용
③ 쌍방향의 서비스
④ 신념과 태도, 능력의 서비스

180 서비스 리더로서 필요한 리더십의 조건에 해당되지 않는 것은?

① 감성적인 서비스 리더가 되어야 한다.
② 헌신적인 봉사의 서번트 리더십이 필요하다.
③ 일에 대한 자신감과 열정만 있으면 된다.
④ 커뮤니케이션 능력이 필요하다.

181 서비스의 세 가지 중요한 요소가 아닌 것은?

① 고객 ② 미소
③ 신속 ④ 성의

182 서비스가 지니고 있는 특징을 바르게 설명한 것은 무엇일까?

① 서비스는 유형성이다.
② 서비스는 무형성이다.
③ 서비스는 의무적으로 해야 한다.
④ 서비스는 항상 똑같아야 한다.

183 서비스맨으로서 가져야 하는 서비스 태도가 아닌 것은?

① 호감을 주는 인상을 지녀야 한다.
② 예의 바른 인사를 하여야 한다.
③ 친절한 대화를 해야 한다.
④ 꼭 지켜야 하는 서비스만 한다.

정답 174.① 175.② 176.④ 177.① 178.④ 179.② 180.③ 181.① 182.② 183.④

184 고객만족의 세 가지 요소가 아닌 것은?

① 스마일
② 서비스
③ 스피드
④ 고객의 욕구

185 고객만족에 대해 설명한 것 중 올바르지 않은 것은?

① 고객만족은 치열한 생존 경쟁 시대에서 살아남기 위한 필사적인 전략이다.
② 고객만족에 대한 교육은 소모가 아닌 생산을 위한 투자라는 인식을 한다.
③ 고객의 이익도 중요하지만, 기업의 이익이 더 중요하다.
④ 고객만족도 조사를 통하여 고객만족의 변화를 관찰하고 측정한다.

186 고객만족에서 만족이란 말은 라틴어에서 유래된 것이다. 이를 잘 해석한 것이 아닌 것은?

① satis(충분)+facere(만들다)라는 라틴어의 유래이다.
② 많이 채워 넣어서 더 이상 채울 것이 없다는 뜻이다.
③ 성취하거나 무엇을 채우다라는 뜻이다.
④ 고객의 마음을 만족감으로 풍족하게 채우라는 뜻이다.

187 고객감동을 위해 실천해야 할 것은?

① 서비스는 한 번만 잘하면 된다는 생각을 갖고 임한다.
② 매일 반복적인 일이므로 문제만 없으면 된다.
③ 매일 새로운 서비스만 제공하기 위해 노력한다.
④ 고객이 원하는 것이 무엇인지 끊임없이 공부하고 개발한다.

188 고객감동을 위해 해야 하는 고객 지향적 서비스가 아닌 것은?

① 고객의 입장에서 생각하고 판단하기
② 고객 개개인에게 정성을 다하기
③ 고객의 마음을 읽기
④ 고객이 관심 있는 사항이 무엇인지에 대해 관심 없어 하는 태도

189 고객의 입장에서 받고 싶은 서비스는 무엇일까?

① 매일 방문했는데도 고객의 이름을 모르는 경우
② 고객이 기다리는 동안 사적인 일로 통화를 길게 하는 경우
③ 고객의 입장에서 예의 바르고 친절하게 응대하는 경우
④ 의미 없는 기계적인 미소만 짓는 경우

190 서비스와 일이 처리되는 속도와 정확성 등 무형요소에 대한 평가를 말하는 것은?

① Human Ware
② Soft Ware
③ Hard Ware
④ Product Ware

191 사람들 사이의 거리에서 사교 모임이나 친구 모임 등의 거리를 무엇이라 하는가?

① 친밀거리
② 개인거리
③ 사회적 거리
④ 공공적 거리

정답 184.④ 185.③ 186.② 187.④ 188.④ 189.③ 190.② 191.②

192 서비스평가사가 업체 방문 시 주의할 사항과 거리가 먼 것은?

① 방문 전 반드시 시나리오, 설문지를 확인한다.
② 오픈 후 한 시간 이내, 마감 전 등 바쁜 시간대는 피해 응대 가능한 상황에서 평가를 진행한다.
③ 평가 상담시간은 가능한 빨리 끝내는 것이 좋다.
④ 평가 시에 녹음하는 것이 필요하다.

193 미스테리 쇼핑의 다양한 평가 형태의 전문용어와 거리가 먼 것은?

① 무니터형 ② 소비자형
③ 컨설턴트형 ④ 직접의뢰형

194 다음 중 미스테리 쇼핑 형태와 설명이 바르지 않은 것은?

① 모니터형 - 일반 소비자가 회원 등록을 하고 미스테리 쇼퍼가 되는 방법
② 컨설턴트형 - 컨설팅 회사와 마케팅 리서치 회사가 서비스평가를 수행하는 방법
③ 직접의뢰형 - 매장의 주인이 고객을 직접 모집하여 평가하는 방식
④ 개인형 - 경험 많은 프로 평가원으로 구성된 특별 팀으로 평가하는 방법

195 다음 중 먼저 들어온 정보가 나중에 들어온 정보보다 전반적인 인상 형성에 강력한 영향을 미치는 현상을 말하는 것은?

① 대비효과 ② 현저성 효과
③ 방사효과 ④ 초두효과

196 다음 중 미스테리 쇼핑 평가 중 서비스 항목에 해당하지 않는 것은?

① 식사 중 필요 물품 제공 등 고객 응대
② 호출 시 서버가 오기까지의 시간, 메뉴 추천, 이벤트 안내 여부
③ 직원들의 복장, 용모상태 점검
④ 매장입구에서 대기시간에 대한 안내

197 다음 중 미스테리 쇼핑 평가항목 중에서 관리항목에 해당하지 않는 것은?

① 필요 물품 제공 등 고객 응대
② 매니저의 통솔력, 솔선수범
③ 컴플레인 대처능력
④ 적정 인원 근무 확인

198 미스테리 쇼핑의 윤리문제라고 볼 수 없는 것은?

① 시험당하는 매장 직원의 인권문제
② 경쟁사 조사 시 윤리문제
③ 조사원의 보호문제
④ 무면허 평가사의 자격문제

199 여성고객의 비즈니스 아이존(Business Eye Zone)을 적절하게 설명한 것은?

① 이마에서 목걸이 라인까지
② 눈썹에서 목걸이 라인까지
③ 이마에서 어깨 라인까지
④ 눈썹에서 어깨 라인까지

200 남성고객의 비즈니스 아이존(Business Eye Zone)을 적절하게 설명한 것은?

① 눈에서 목 라인까지
② 눈썹에서 어깨 라인까지
③ 눈썹에서 넥타이 매듭까지
④ 뉴에서 허리 라인까지

정답 192.③ 193.② 194.④ 195.④ 196.③ 197.① 198.④ 199.② 200.③

HR Frontier

국내 호스피탈리티산업의 서비스 질 높인다

한국관광서비스평가원(KTSEC) 김진수 대표

Q. 한국서비스평가원(KTSEC)을 설립하게 된 취지는 무엇인가?

Q. MMS(Mobile Monitoring System)란 무엇인가?

한국관광서비스평가원(KTSEC)

홈페이지 : www.ktsec.org

이메일 : ktsec@ktsec.org

연락처 : 070-4038-5572 / 010-2288-5572

참고문헌

1. 논문과 서적

고창배(2003). CRM 성과에 영향을 미치는 요인에 관한 실증적 연구. 경기대학교 박사학위 논문

공윤주(1999). 여행사의 축제여행상품 개발전략에 관한 연구. 경기대학교 석사학위논문

공윤주(2010). 항공사의 환경변화에 따른 여행사 전략 연구. 경기대학교 박사학위논문

공윤주(2019). NCS 기반 국외여행인솔자의 직무분석에 관한 탐색적 연구. 백석논단. 제10호

기업 CS연구팀. 이것이 고개 서비스이다. 현대미디어

김경회(2001). 관광산업에서 CRM의 적용을 위한 탐색적 연구. 중앙대학교 석사학위논문

김봉관(2000). 데이터베이스마케팅을 위한 고객관리. 남두도서

김성혁(1999). 마케팅의 이해. 백산출판사

김위찬 외. 블루오션. 비즈니스북스

김진수. 서비스 마인드실무. 기문사

김진수. 호텔 외식산업 식음료관리론. 새로미

디비딕 닷컴 네티즌 엮음. 너 그거아니? 문학세계사

롬 젬키. 서비스 달인의 비밀 노트. 세종서적

리처드 와이즈먼. 미스터리 심리학. 웅진지식하우스

마이크 레빈. 깨진 유리창 법칙. 흐름출판

민웅기 · 김남조(2015). 한국사회에서 소규모 여행사의 사회적 책임활동(CSR)과 신전략경영에 대한 탐색적 연구. 관광학연구

박승영(2000). 관광자만족에 따른 관광서비스품질관리에 관한 연구. 관광품질시스템연구

박시사(2001). 관광소비자행동론. 대왕사

박영실. 서비스는 힘이 세다. 룩스북

박주영·최순식·홍석기(2011). 중소기업의 시장지향성과 마케팅역량이 경쟁우위와 기업성과에 미치는 영향에 관한 연구. 대한경영학회지

박창규(1998). 관광자만족 결정경로와 요인에 관한 연구. 경기대학교 박사학위논문

박혜정. 서비스맨의 이미지메이킹. 백산출판사

서성희 · 박혜정. 매너는 인격이다. 현실과미래

서자원. 친절하면 행복합니다. 생활지혜사

송지영(2001). 여행사의 CRM 활용방안에 관한 연구. 경희대학교 석사학위논문

시미즈 히토시. 서비스산업을 위한 호스피탈리티 코칭. 한국외식정보

심재철(2014). 박람회여행사 마케팅믹스와 만족 및 행동의도 간 영향관계 연구. 관광연구

안미헌. 고객의 영혼을 사로잡는 50가지 법칙. 거름

안영면(2002). 관광인적자원관리. 대명

앨런 피스(1992). 바디랭귀지. 을지서적

양정영(2001). 여행업의 전자상거래에 관한 연구. 경기대학교 박사학위논문

윤대순(2004). 여행사경영론. 기문사

이경모(1997). 여행사의 업무조직과 직무분석에 관한 연구. 관광정책학연구

이민규. 끌리는 사람은 1%가 다르다. 더난출판

이승일 외. 프리젠테이션 코칭북. 길벗

이철우. 관계의 심리학. 경향미디어

이화직(2000). CRM 이론과 사례. 한국능률협회

임재훈(2017). 본원적 경쟁 우위 전략에 따른 디자인 함축적 정보에 관한 연구. Journal of Cultural Product & Design

임헌국(2003). 여행업의 CRM 마케팅에 관한 이론적 연구. 문화관광연구

장원청. 심리학을 만나 행복해졌다. 미디어숲

정찬종(1996). 일반여행업의 직무분석에 따른 교육방향개선에 관한 연구. 여행학연구

조 배너로 외. 행동의 심리학. 리더스북

표성수 · 장혜숙(1998). 최신관광계획개발론. 형설출판사

한국직업능력개발원(1998). 여행안내원 직무분석

혼다 마시키츠. 미스터리 쇼핑 마케팅. 에프알렘에스

MARK E. PATTON. 서비스 경영론. 현학사

2. 관광기관

관광지식정보시스템(https://www.tour.go.kr/)

국외여행인솔자 인력관리시스템(http://tchrm.or.kr)

금융감독원 전자공시시스템(http://dart.fss.or.kr)

한국관광협회중앙회(http://www.ekta.kr)

한국산업인력공단(http://q-net.or.kr)

한국여행업협회(https://www.kata.or.kr/v2/)

3. 관광언론

세계여행신문: http://www.gtn.co.kr

여행신문: http://www.traveltimes.co.kr

티티엘뉴스: http://www.ttlnews.com

4. 일반

나무위키: https://namu.wiki

네이버 지식백과: https://terms.naver.com

두산백과: http://www.doopedia.co.kr

외교부 해외안전여행: http://www.0404.go.kr

워크넷: https://www.work.go.kr

위키피디아: https://ko.wikipedia.org

5. 여행사

내일투어 http://www.naeiltour.co.kr/

노랑풍선 https://www.ybtour.co.kr/

땡처리닷컴 http://www.ttang.com/

레드캡투어 https://www.redcap.co.kr/

롯데관광개발 http://www.lottetour.com/

롯데JTB http://www.lottejtb.com/

마이리얼트립 https://www.myrealtrip.com/

모두투어 https://www.hanatour.com/

부킹닷컴 https://www.booking.com/

비욘드코리아 https://www.beyondkorea.co.kr/

세중여행 http://www.sejoong.com/

스카이스캐너 https://www.skyscanner.co.kr/

승우여행사 http://www.swtour.co.kr/

아고다 https://www.agoda.com/ko-kr/

아름여행사 https://www.arumtr.co.kr/

야놀자 https://www.yanolja.com/

에어비앤비 https://www.airbnb.co.kr/

여기어때 https://www.goodchoice.kr/

온라인투어 https://www.onlinetour.co.kr/

와그 https://www.waug.com/ko/

이모하여행사 http://www.imoha.net/

익스피디아 https://www.expedia.co.kr/

인도로가는길 http://www.indoro.co.kr/

인터파크투어 http://tour.interpark.com/

참좋은여행 http://www.verygoodtour.com/

카약 https://www.kayak.co.kr/

케이케이데이 https://www.kkday.com/ko

클룩 https://www.klook.com/ko/

타이드스퀘어 http://www.tidesquare.com/

트리플 https://www.triple.guide/

트립닷컴 https://kr.trip.com/

프립 https://www.frip.co.kr/

하나투어 https://www.hanatour.com/

한국자전거나라 http://www.koreabiketour.kr/

한진관광 http://www.kaltour.com/

해밀여행사 http://www.ktx7788.co.kr/

현대드림투어 http://home.hyundaidreamtour.com/

혜초여행사 http://www.hyecho.com/

호텔스닷컴 https://kr.hotels.com/

홍익여행사 https://www.ktxtour.co.kr/

KRT여행사 https://www.krt.co.kr/

SBTM http://www.shillasbtm.com/

6. 기타

미국대사관 ESTA 신청서 https://esta.cbp.dhs.gov/

인천국제공항 https://www.airport.kr/

중국대사관 비자신청 http://kr.china-embassy.org/kor/lshyw/

한국소비자원 https://www.kca.go.kr/

https://platum.kr/archives/69086

http://www.hani.co.kr/arti/economy/marketing/912614.html#csidx2b3c258d5fbbf1e9a21ead0b3dae778

http://www.hani.co.kr/arti/economy/marketing/912614.html#csidx7511a7592d977aeb18d6496f7358ae9

▪김 진 수

저자는 그랜드인터컨티넨탈호텔 서울에서 식음료부서와 객실 프런트에서 10년간 근무하였으며, 경기대학교 대학원에서 관광학 박사학위를 취득하였다.

하와이주립대학교 KCC에서 호텔&레스토랑학과 방문 연구교수로 재직하면서 중저가호텔 마케팅에 대하여 연구하였으며, 현재는 부천대학교 호텔외식조리과 교수로 재직 중이다.

인터컨티넨탈호텔 재직 시부터 체인 본사에서 전 세계 체인호텔을 대상으로 매년 시행하는 서비스 암행평가에 대하여 관심이 많았다. 하와이주립대학교를 다녀온 후 중소기업청에 '중저가호텔의 명품호텔 만들기' 과제를 제안하여 선정, 지원을 받아 한국관광서비스평가원(KTSEC)을 설립하여 원장으로 활동하고 있으며, MMS(Mobile Monitoring System)를 개발하여 모바일로 접점 현장에서 서비스평가를 체크, 입력하여 결과를 얻을 수 있는 시스템을 개발하였다. 그 후 한국관광공사 베니키아호텔 전국 체인과 롯데호텔 체인, 신라호텔, 인터컨티넨탈호텔, 전북개발공사, 담양군 펜션, 천안의료원, 페라리, 제냐, 로렉스, 백세주마을, 오늘와인한잔 등 다양한 분야의 서비스산업군에서 미스테리 쇼핑으로 서비스품질을 평가하였다. 현재는 국내 최초로 미스테리 쇼핑을 기본으로 하는 서비스평가사 자격증과 서비스평가지도사 자격증을 등록하여 이론과 실무를 겸한 서비스품질평가 전문가를 양성하고 있다. 그리고 2019년에 한국관광서비스평가협회(KOTMA)를 창립하여 자격을 취득한 서비스평가사 회원들의 활동을 지원하기 위하여 준비하고 있다.

저자와의
합의하에
인지첩부
생략

서비스산업평가 실무론

2020년 8월 20일 초 판 1쇄 발행
2022년 9월 10일 제2판 1쇄 발행

지은이 김진수
펴낸이 진욱상
펴낸곳 (주)백산출판사
교 정 성인숙
본문디자인 이문희
표지디자인 오정은

등 록 2017년 5월 29일 제406-2017-000058호
주 소 경기도 파주시 회동길 370(백산빌딩 3층)
전 화 02-914-1621(代)
팩 스 031-955-9911
이메일 edit@ibaeksan.kr
홈페이지 www.ibaeksan.kr

ISBN 979-11-6567-562-2 13980
값 25,000원